U0439876

總策畫　林慶彰　劉楚華
主編　翟志成

新亞書院二十周年
新亞研究所十六周年
紀念論文集　下冊

景印香港
新亞研究所

# 新亞學報

第一至三十卷

第十八冊・第九卷・第二期

# 景印香港新亞研究所《新亞學報》（第一至三十卷）

總策畫　林慶彰　劉楚華
主　編　翟志成
編輯委員　卜永堅　李金強　李學銘
吳　明　何冠環　何廣棪
張宏生　張　健　黃敏浩
劉楚華　鄭宗義　譚景輝
編輯顧問　王汎森　白先勇　杜維明
李明輝　何漢威　柯嘉豪（John H. Kieschnick）
科大衛（David Faure）
信廣來　洪長泰　梁元生
張玉法　張洪年　陳永發
陳　來　陳祖武　黃一農

景印香港新亞研究所《新亞學報》（第一至三十卷）

黃進興　廖伯源　羅志田

饒宗頤

執行編輯　李啟文　張晏瑞

（以上依姓名筆劃排序）

# 景印香港新亞研究所《新亞學報》第十八冊

## 第九卷・第二期　目　次

# 新亞學報

第九卷第二期

新亞研究所

本學報由美國
哈佛燕京學社
贈資印行特此
誌謝

新亞研究所

# 新亞書院二十周年
# 新亞研究所十六周年
# 紀念論文集

## 下冊

# 目錄

# 新亞學報編輯畧例

（一）本刊宗旨專重研究中國學術，只登載有關中國歷史、文學、哲學、教育、社會、民族、藝術、宗教、禮俗等各項研究性的論文爲限。

（二）本刊由新亞研究所主持編纂，外稿亦所歡迎。

（三）本刊年出兩期，以每年二月八月爲發行期。

（四）本刊文稿每篇以五萬字爲限；其篇幅過長者，當另出專刊。

（五）本刊所載各稿，其版權及翻譯權，均歸本研究所。

# 倫敦藏斯二七二九號暨列寧格勒藏一五一七號敦煌毛詩音殘卷綴合寫定題記

潘重規

王重民敦煌古籍叙錄云：「倫敦藏斯二七二九號敦煌毛詩音殘卷，始周南關雎第一，至唐風蟋蟀第十，存者百六十九行，開端稍殘，末九行僅存下截，民字不缺筆，世字作世，當是諱避，初唐寫本也。」余前歲秋，旅游倫敦，始得披閱是卷，愛翫珍重，而頗苦其文字難讀。去夏，訪京都大學小川環樹教授，承以旅蘇時所錄列寧格勒藏一五一七號敦煌毛詩音殘卷假抄，凡十七行，下半截斷爛，返香港後，取與斯二七二九號卷子相校，前九行與斯二七二九號卷子末九行僅存下截者，適相吻合，蓋一卷分裂爲二，而又散在異域也。國寶漂零，文字離合，爲之感愴不勝。因發憤取倫敦影片及小川教授抄本，臨寫一通，綴成一卷，以供學者觀覽焉。

間嘗論之，古抄卷子，珍逾拱璧，必藉新法攝影，以延其壽命，廣其傳播。然卷子緜歷歲年，或字跡漫漶，或紙墨損泐，或油漬蠹傷，或摺痕疊迹，則攝影有時失眞，非細辨原卷，有不能得其本來面目者，故攝影之外，又必擇飽學細心能讀書者，臨寫原卷，一筆不苟，以補攝影之不足。既臨寫原卷而得其眞矣，然仍不能盡其用。蓋六朝唐人手寫字體，至不劃一，俗字、訛文、變體、簡寫、盈紙滿目，若不寫定爲楷字，則讀者必至茫然。是雖有攝影臨本，亦不過插架增一複製品耳，不能供學者籀讀之用也。即以此卷而論，所存不過百數十行，而字體之紛紜，令人閱之，神昏目眯，不能終卷。故今考訂此卷之作者時代與夫關繫學術諸大端之前，先臨寫原卷，附於攝影之後，以存其眞。又迻寫原卷，譯爲楷書，以盡其用。歷時數月，厪得寫定，亦云愼矣。

考此卷民字、世字、治字皆不避諱，王重民氏謂「世字避諱」，疑非。蓋唐石經世字避諱作廿，作世特省體耳。且此卷第一〇二行袂字反音爲「民世」，若在初唐，不當用太宗名諱作音，足明此卷作者當在唐世以前。

又案王重民此卷叙錄云：「體例頗似巴黎所藏徐邈毛詩音，持與釋文所引徐音相校，則殊少合者。且毛鄭音外，兼引徐音。如芄蘭『能不我甲』卷子本云：『瓜狎，徐胡甲反，』，釋文引徐胡甲反。雞鳴『會且歸矣』，卷子本『七野，徐子餘反』，釋文引沈子餘反。南山『衡從其畝』，卷子本『下庚，徐音爲横』，釋文不引。甫田『維莠桀桀』，卷子本『京竭，徐居竭反』，釋文引徐又居謁反。敝笱之『敝』，卷子本『脾世，徐扶滅反』，釋文引徐扶滅反。載驅之『驅』，卷子本『冋踈，徐起諭反』，釋文不引。十畝之間『桑者閑閑』，卷子本作『閒閒』，云『下艱，徐音賢』，釋文不引。以上七條中與釋文徐音合者三條，則所引徐音即徐邈，而此詩音當撰於徐邈之後。」重規案：此卷引徐音七條：衡、驅、閑三音，釋文未引；甲、敝二音全同；「且」引沈子餘反，據釋文，徐、沈切音頗多同者，陳風東門之枌釋文：「穀旦，本亦作且，徐子餘反，」是且字徐沈同音「子餘反」也。至於「桀」，釋文云：「居竭反，徐又居謁反」謂徐音居竭反，又音居謁反也。觀詩釋文正月有菀：「音鬱，徐又於阮切；」都人士菀結云：「徐音鬱，又於阮反，」可爲明證，蓋「桀居竭反」實爲徐音。是此卷所引徐音與釋文全同，王氏謂此詩音殘卷當撰於徐邈之後，其言是也。

王氏又云：「六朝時撰詩音者，何胤有毛詩隱義，沈重有毛詩音，多爲陸氏釋文所徵引，持相勘校，有同有不同，則亦非何沈二家書。然持與陸氏釋文相校，其所取之音則極相近。因知作者時代，當與陸氏相去不遠。草虫『我心則說』，卷子本『今說字』。燕燕『仲氏任只』，卷子本『毛平，鄭去』。匏有苦葉『濟盈不濡軌』，卷子本『范凡之上聲』。此種作音方法，又與敦煌本文選音爲近，則當爲隋唐間撰述可知。」重規案倫敦藏斯二〇七一號隋陸法言切韻殘卷四十七拯云：「無反語，取蒸之上聲。」五十一范云：「無反語，取凡之上聲。」蓋四聲之說，興於宋齊。此卷及切韻此類作音方法，皆宋齊以後之現象，用知此卷當與陸法言時代相近。至釋文與此卷音之異同，當於下文詳之，王氏所言，殊嫌濶畧。若文選音，大抵爲隋代蕭該、許淹輩之作，則亦與陸法言時代相近也。

王氏又云：「葛藟箋『王又無母恩也』，卷子本『又或誤爲后』，按正義云：『定本及諸本又作后，義亦通。』南山傳『種之然後得麻』，卷子本作『重』，云『重或誤爲種』，正義云：『今定本云重之然後得麻，義雖得通，不如種字也』。此兩條殆指顏氏定本。然則此詩音殆撰成於顏氏後，孔氏前耶？」重規案：劉文淇左傳舊疏考正自序曰：「按顏師古本傳云：『帝嘗歎五經去聖久遠，傳習寖訛，詔師古於秘書省考定，多所釐正。』是師古原有定本。然漢魏以來，校定書籍者，正復不少。即如北齊郎茂，于秘書省刊定載籍。隋蕭該開皇初奉詔與何妥正定經史。又劉焯傳云：「焯與諸儒於秘書省考定羣言。」是齊隋以前皆有定本（原註：詩關雎序故正得失疏云：「今定本皆作正字。」襄二十三年傳：申鮮虞之傳摯爲右，杜注：傳摯，申鮮虞之子。疏云：俗本多云：申鮮虞之子，今案注云：傳摯，申鮮虞之子，若傳先有子字，無煩此注，故今定本皆無。」皆之云者，非一本之詞也。）疏中所云今定本者，當係舊疏指齊隋以前而言。」據劉氏所言，證驗明確，則正義中所稱定本者，顯非顏師古之作，王氏謂「此詩音殆撰成於顏氏後孔氏前者」，其說不能成立矣。

王氏又云：「按此卷作音之外，兼釋字義，其說與唐以前經解或同或否。漢廣：『不可休息』，卷子本『炛以休求息韻，疑息當爲忍(思)。』按正義云：『疑經休息之字作休思也。何則？詩之大體，韻在辭上，疑休求字爲韻，二字俱作思，但未見如此之本，不敢輒改耳。』行露箋：『不以角，乃以咮，』卷子本『中救，說文鳥口，』按釋文引何胤云：『都豆反，鳥口也。』……其說多可與釋文正義互相發明。攷隋志注稱梁有徐邈等毛詩音十六卷，唐志有鄭玄等諸家音十五卷，疑是同書。或一爲原本，一爲增修本，而均爲集詩音之大成者也。梁本首徐邈，唐志著錄本始鄭玄（原注：徐邈多因鄭玄作音，鄭音實已見徐音內），因其晚出，而又爲彙編本也，故間及釋義。余故疑此詩音殘卷，殆隋唐志著錄徐鄭等詩音彙編本之類也。」重規案：「漢廣：「南有喬木，不可休息，漢有游女，不可求思。」毛傳云：「興也。南方之木，美喬上竦也。思，辭也。漢上游女無求思者。」據毛傳行文，「南方之木美喬上竦」釋「南有喬木不可休息」，「漢上游女無求思者」釋「漢有游女不可求思」。而「思辭也」一訓在「解經文漢有游女」之前，則此解非釋「不可求思」之思，乃釋「不可休思」之思。且思乃語辭，語辭上字，例宜叶韻。是休息之息，當爲思字之誤。故孔穎達正義曰：「以泳思方思之等皆不取思爲義，故爲辭也。經求思之文，在游女之下，傳解喬木之下先言思辭，然後始言漢上，疑經『休息』之字作『休思』也。何則？詩之大體，韻在辭上，疑休求字爲韻，二字俱作思。但未見如此之本，不敢輒改耳。』是正義謂「休息」當作「休思」。惟陸德明毛詩釋文云：「休息，並如字，古本皆爾。本或作休思，此以意改耳。」是陸氏以休息爲不誤。今觀此卷：「炫以休求息（規案：此息字蓋衍文。）韻，疑息當爲思。」（重規案：卷子「炛」乃「炫」字，王氏不能辨認。）是此卷以爲休求當叶韻，疑息當爲思，其說與正義全同。考詩正義多本劉炫舊疏。劉文淇左傳舊疏考正自序曰：「襄二十九年傳爲之歌頌疏云：『成功者，營造之功畢也。天之所營，在於命聖，聖之所營，在於任賢，賢之所營，在於養民，民安而財豐，衆和而事濟，如是則司牧之功畢矣，故告於神明也。劉炫又云：干戈旣戢，夷狄來賓，嘉瑞悉臻，遠近咸服，羣生遂其性，萬物得其所，即成功之驗也。』此疏似前爲唐人之說，及檢詩關雎序頌者美盛德之形容疏，文義與此大同，惟刪去劉炫又云四字，據詩疏，知此疏皆光伯語，據此疏，知詩疏皆非沖遠筆也。」是知毛詩正義實多本劉炫舊文。此卷稱「炫以」，正劉炫自稱之辭。觀左氏文十三年「其處者爲劉氏」疏云：「討尋上下，其文不類，深疑此句或非本旨。蓋以爲漢室初興，捐棄古學，左氏不顯於世，先儒無以自申，劉氏從漢從魏，其源本出劉累，插注此詞，將以求媚於世。」又襄二十四年傳「在周爲唐杜氏」疏云：「炫於處秦爲劉，謂非丘明之筆；豕韋唐杜，不信元凱之言。己之始祖，數自譏訐，或聞此義，必將見嗤，但傳言於人，懼誤後學，意之所見，不敢有隱，唯賢者裁之。」比證兩疏，知皆劉炫舊疏。疏文與此卷，皆稱名以自抒己見，行文之例，亦正符同。證以此卷，足明詩疏爲劉炫之筆；證以詩疏，知此卷作者自稱其名，是此卷即劉炫所撰之毛詩音。孔穎達毛詩正義序，自云據劉焯劉炫舊疏爲本。而疑休息爲休思之誤，惟首見於孔疏，孔疏本於劉炫，得此卷益足證明。此卷不諱世字民字，且以「民世」作音，其時代當在初唐以前，早於孔疏甚明。而此卷爲劉炫所撰毛詩音亦甚明。

劉炫博通羣經，著述宏富，遭逢世亂，凍餒而死。隋書本傳述其著作，詩類僅舉毛詩述議四十卷，注詩序一卷，而隋志則復著錄毛詩譜注一種，固知劉氏著作失傳失載者必多。此詩音一卷，殆亦劉炫之作而遺佚者歟？

今試取此卷周南音與釋文一一比較之。

王（釋文無此音）。于放　騶（釋文同）側流。（釋）本亦作騶，側留反。　虞
于元。　岐□宜。（釋）其宜反，山名也。或音祇。　閒下艱。（釋）音閑。。　耦五口。（釋）五口
反。　參創今。（釋）初金反·　差楚宜。（釋）初宜反，又初佳反。　苦（釋文作荇）□□
。（釋）衡猛反。本亦作莕·接余也。沈有並反。　左（左右）宰賀。（釋）王申毛如字·鄭上音佐·下
音佑，助也。　右于□。　妾（接）直葉。（釋）本或作妾茶，非。　葅（菹）側居反。（釋）阻魚反
，字又作葅。　覺留孝。（釋）音教　展（輾）張輦。（釋）本亦作展，哲善反。呂忱從車展。
芼莫報·（釋）毛報反·擇也。　樂□□。（釋）音洛，又音岳。或云：協韻宜五教反。　覃音□
。（釋）本亦作蕈，徒南反，覃，延也。　澣胡管。（釋）本又作浣·戶管反。　濯棖割。（釋）直角反。
施羊豉。（釋）毛以豉反·移也。鄭如字。　萋千兮。（釋）切奚反，茂盛貌。　絺勑梨（釋）耻知
反，葛之精者，曰絺。　綌（綌）卿逆。（釋）去逆反，麤日綌。　皀前李·　浸子鳩。（釋）子鳩。

反。樌(灌)古囗・〔釋〕古亂反，叢木也。喈更諸。〔釋〕音皆，和聲之遠聞也。摶團丸・〔釋〕

徒端反。叢存東。〔釋〕才公反俗作驟，一本作最，作外反。遠聞囗囗。音問又如字。

刈(艾)言發。〔釋〕本亦作刈，魚廢反。韓詩云：刈取也。穫(濩)胡郭・〔釋〕胡郭反，煮也。韓

詩云：濩，瀹也，音羊灼反。斁羊石。〔釋〕本又作斁，音亦，厭也。煮直汝。厭

(猒)因豔。〔釋〕於豔反・本亦作厭。紞當敢。〔釋〕都覽反。紞，織五絲如縚狀，用懸瑱也。紘

懷泓。〔釋〕獲耕反，纓之無緌者，從下卬屬於冠。綖盈旗・〔釋〕音延，冕上覆也。衣應氣，〔釋〕

於既反。適成石。告古篤。污(汙)汪故。〔釋〕音烏，煩也，褘勳歸。〔釋〕音輝

，王后六服，一曰褘衣。撋辱囗反，說囗囗囗相囗也。〔釋〕諸詮之音而專反，何胤沈重皆而純反・

阮孝緒字畧云：煩撋猶挼莎也。褖通亂・〔釋〕吐亂反，六服之最下者。害何割。〔釋〕戶割反・

曷何也。否甫久。〔釋〕方久反・清秦生・〔釋〕如字，沈音淨。卷囗囗・〔釋〕眷免反・

險·戲跐　筐曲狂：〔釋〕起狂反。毛云：頃筐·畚筥。韓詩云：頃筐，欹筐也。　苓歷丁·〔釋〕

音零·　畚甫衮。〔釋〕音本·何休云：草器也。說文同。　易盈豉。〔釋〕以豉反。　賓〔寘〕

征豉。〔釋〕之豉反。　行恆剛。〔釋〕户康反，·行，列位也。　陟張力·　崔存罪。〔釋〕徂回反·

虺化壞。〔釋〕呼回反，徐呼懷反，說文作瘣·　隤濁壞。〔釋〕徒回反，徐徒壞反·虺隤，病也·爾雅同

。孫炎云：馬退不能升之病也。　使所吏。〔釋〕色吏反。　離□□。〔釋〕力智反。　壘盧回·〔釋〕

盧回反。韓詩云：天子以玉飾，諸侯大夫皆以黃金飾，士以梓。禮記云：夏曰山壘，具形似壺，容一斛，

刻而畫之，為雲雷之形。　勞郎到。〔釋〕力到反。　觵瓜宏。〔釋〕古橫反，罰爵也，以兕角為之·

字又作觥。韓詩云：容五升。禮圖云：容七升。　砠〔碹〕七余。〔釋〕本亦作砠，同七餘反。毛云：石

山之戴土也。　瘏同都。〔釋〕音塗，病也·本又作屠，非。　痡妃于。〔釋〕音敷·又普烏反，病也。

·本又作鋪，同。　忓〔吁〕凶于。〔釋〕香于反，憂也。　樛居虬·〔釋〕居虯反。木下句曰樛。字林。

九綢反•馬融韓詩本並作枓，音同。字林己周反。詠文以枓為木高。 逮 唐愛。〔釋〕徒愛反，又徒帝反

• 嫉 從七•〔釋〕音疾•徐音自。 妬 田路。〔釋〕丁路反•以色曰妬。 虆（藟） 力癸。〔釋〕

本亦作虆，力軌反，似葛之草也•草木疏云：一名巨苽•似燕薁，亦連蔓•葉似艾，白色，其子亦可食。

纍 力隹。〔釋〕力追反，繞也，本又作虆。 • 纏 蔓 亡販，〔釋〕音萬。 只 囗是•〔釋〕之是反，

猶是也。 綏 荀口。〔釋〕音雖，安也• 帶 因營。〔釋〕本又作縈，烏營反，旋也。說文作縈•

螽 支嵩。〔釋〕音終，螽斯，蚣蝑也。 詵 生臻。〔釋〕所巾反，眾多也。詵文作辨。 蚣 宣容。〔釋〕

粟容反。字林作蚣，先凶反•郭璞先工反，許慎思弓反。 蝑 息余•〔釋〕粟居反，許慎呂沈並先呂反

•郭璞才與反。案•一名斯螽，七月詩云：斯螽動股是也•揚雄許慎皆云舂黍•草本疏云：幽州謂之舂箕

，蝗類也•長而青，長股，股鳴者也。郭璞注方言云：江東呼為蚱蜢，音竹白反。蜢音猛。 振

征□•〔釋〕音真，仁厚也。 揖 剠立•〔釋〕子入側立二反。會聚也。 蟄 □十。〔釋〕尺十反，徐又

倫敦藏斯二七二九號暨列寧格勒藏一五一七號敦煌毛詩音殘卷綴合寫定題記 九

直立反，和集也。

夭 英驕。〔釋〕於驕反，桃，木名。夭夭，少壯也，說文作祅，云木少盛貌。

鰥 公頑。〔釋〕本亦作鰥，古頑反，老無妻曰鰥。

蕡 扶文。〔釋〕浮雲反，實貌。

蓁 側仁。〔釋〕側巾反，至盛也。

罝 子邪。〔釋〕子斜反。菟罟也。說文子余反。

椓 竹角。〔釋〕陟角反。

打（丁） 竹耕。〔釋〕陟耕反，椓杙聲，

罟 工戶。〔釋〕音古，罔也。

杙 羊力。〔釋〕本又作弋，羊職反。郭羊北反。爾雅云：樴謂之杙。李巡云：橛也。

赳 吉酉。〔釋〕居黝反，武貌，爾雅云：勇也。

干 剛寒。〔釋〕如字。爾雅云：干，扞也，孫炎注云：干，楯所以自蔽扞也。鄭云：干也，城也，皆以禦難也。舊戶旦反，沈音幹。

扞 恒旦。〔釋〕戶旦反。

禦 言巨。〔釋〕魚呂反。

難 乃旦。〔釋〕乃旦反，下同，

施 式支。〔釋〕如字。

逵 權追。〔釋〕求龜反，九達道也。杜預注春秋云：逵，方九軌。

斷 都亂。〔釋〕丁亂反。

芣 薄不。〔釋〕音浮。

苢 盈耳。〔釋〕苢本亦作苡。音以，芣苢，馬舄也。又名車前。韓詩云：直曰車前，曰芣苡。郭璞云：江東呼為蝦蟇衣。草木疏云：幽州人謂之牛舌。又名當道。

其子治婦人生難。本草云：一名牛遺，一名勝舄。山海經及周書王會皆云：芣苡木也，實似李，食之宜子

出于西戎。衛氏傳及許慎並同此，，王肅亦同。。王基已有駮難也。舄(舄)息石。〔釋〕音昔。

掇東活。〔釋〕都奪反。拾也。一音知劣反。捋盧括。〔釋〕刀活反。袺經切音結。〔釋〕音結，執

衽也。襭(擷)刑結。〔釋〕戶結反。扱衽也。一本作襭，同。扱差洽。〔釋〕初洽反。衽

而口。〔釋〕入錦反。又而鴆反。衣際也。□(被)皮義。〔釋〕皮義反。域營逼。橋(喬)

奇妖。〔釋〕本亦作橋，渠驕反。徐又紀橋反，木枝上竦也。息炫以休求息韻，疑息當為思。〔釋〕並如

字，古本皆爾，本或作休思，此以意改耳。竦宣勇。〔釋〕粟勇反。詠(泳)為命。〔釋〕音詠。滑

行為泳。柎(泭)方于。〔釋〕芳于反。本亦作游，又作桴，或作柎，並同。沈旋音附。方言云：泭謂之

箄，箄謂之筏。筏，秦晉通語也。孫炎注爾雅云：方木置水為柎栰也。郭璞云：水中箄筏也。又云：木曰

箄竹曰筏：小筏曰泭。箄音皮佳反。栰筏同音伐。樊光爾雅本作柎。翹祇遥。〔釋〕祁遥反。沈其

堯反，薪貌。　□（秣）莫撥。〔釋〕莫葛反，養也。說文云：食馬穀也。　蔞龍朱。〔釋〕力俱反。馬云；蔞，蒿也。郭云：似艾，音力侯反。　墳扶文。〔釋〕符云反。汝，水名；墳，大防也。常武傳云：墳，涯也。　條（枚）木杯。〔釋〕妹迴反，榦也。　惄年歷。〔釋〕本又作愵，乃歷反，毛：飢意，鞠思也。韓詩作愵，音同。　調直流。〔釋〕張留反，朝也，又作輖，音同。　飢巾師反，說文：餓。　頳勅貞。〔釋〕勅員反，赤也。說文作赬，又作䞓，並同。　肆（肄）盈二。〔釋〕以自反，餘也，斬而復生者。沈云：徐音以世反，非。　愈容主。　燬兄妻。〔釋〕音毀，齊人謂火曰燬，郭璞又音貨。字書作𤈦，音毀。說文同。一音火尾反，或云楚人名火曰燥，齊人曰燬，吳人曰𤈦，此方俗訛語也：。　瘦山又。〔釋〕色救反。　定帝徑。〔釋〕都佞反，題也。字書作頲，音同。　題田兮。〔釋〕徒兮反。郭璞注爾雅，額也。本作顛誤，　表方遙。

以上卷子凡一百三十五音，切音與釋文全同者，僅耦、浸、獲、使、罍、埶、難、袺、袚、頳十字；有與釋文反切上字同而下字異者，如騶、砠等字；有與釋文反切下字同而上字異者，如差、芼、纍等字；有與釋文反切上下字皆異者，如參、葅、濯等字；有卷子用反切而釋文作直音者，如閒，卷子作「下艱」，而釋文「音閑」；喈，卷子作「更諧」，而釋文「音皆」。有卷子直音而釋文用反切者，如卷子覃「音⧅」，而釋文作「徒南反」。是一百三十五音作音全同者僅十，而不同者乃一百二十有五。其他一千零四十餘音稱是。據此知釋文與此卷之系統截然有異。又通計此卷一千一百餘音，皆一字一音，絶鮮又音，且兼釋字義者亦極罕見。其一字有二音者，僅第六十一行「繼」下云：「□生綺又生彼二反」，第六十三行「瑳」下云：「千我、采何」，第七十四行「軸」下云：「田歷、直六」，第七十六行「頸」下云：「祇形反又坐整」，第一百零五行「橋」下云：「京妖、苦老」，第一百十七行突下云：「丁出、勑奪」，僅此六字。其兼引徐音者，有第八十五行「甲」字、第一百十二行「且」字、第一百十五行「衡」字、第一百十七行「桀」字、第一百十八行「敞」字、「駈」字、第一百卅五行「行」字、「閒」字，凡八音。其引毛鄭音者，有第廿九行「裯」字、第卅五行「緣」字、第卅八行「任」字、第四十一行「信」字、第五十四行「害」字、第五十五行「敦」字、「傕」字、第五十七行「懌」字、第五十九行「鮮」字、

「殄」字、第六十行「害」字、第六十九行「祝」字、第七十六行「說」字、第一百零七行「堂」字、第一百零九行「闇」字、第一百十二行「予」字、第一百十八行「饘」字、第一百十九行「豈弟」二字、第一百廿一行「選」字，凡二十字，此則由於毛鄭異讀，特明某字毛讀云何、鄭讀云何，是仍一字一音也。其兼釋字義者，僅第七行「襉」下引說文，第十六行「飢」下引說文，第廿六行「咮」下引說文、第五十二行「淳」下引周禮、第九十一行「脩」下引禮、第九十三行「瑞」下引說文，凡六字。又卷子有不關音義，僅校正文字者，如第十五行「息」下云：「疑息當為思」，第五十七行「月辰」下云：「字或誤為娠，非」，第六十五行「其居」下云：

「居或誤俱」，第九十二行「王又無」下云：「又或誤為后」，第一百十一行「且明」下云：「或誤為旦」，第一百十六行「重之」下云：「重或誤為種」，此則但為校正文字，無關音義。是此卷千餘音，兼存異音者不過十餘字；兼釋字義者不過六字，其為專家之毛詩音明矣。至若釋文，其結構組成，則與此卷大異。就上列一百三十五音中，卷子除「結」下云：「經切音結」外，餘皆一字一音，兼釋字義者，惟擱字引說⊠、飢字引說文。釋文則引異本者（如騶下云：本亦作騆。），凡二十八字；引異音者（如岐下云：其宜反，或音祇。），凡三十三字，兼釋字義者（如岐下云：其宜反；山名也。），凡七十五字。是一百三十五字中，大半皆舉異本異音異義，其一字一音者，轉居少數。上列一百三十五音，其現象如此，即全卷一千餘音，亦莫不如此。且往々一字而薈萃眾說，兼列異本異音異義，如此卷第十行「樛」云：「京虯」，而釋文則云：「居虯反，木下句曰樛，字林九稠反，馬融韓詩本並作朻，音同。字林已周反，說文以朻為木高」。此卷第十五行「柎」云：「方于」，而釋文作「泭」，則云：「芳于反，本亦作⿰氵苻，又作桴，或作柎，並同。沈旋音附。方言云：泭謂之箄，箄謂之筏，筏，秦晉通語也。孫炎注爾雅云：方木置水為柎栰也。郭璞云：水中箄筏也。又云：木曰箄，竹曰筏，小筏曰泭。箄音皮佳反。栰筏同音伐。樊光爾雅本作柎」。比較觀之，知此卷為劉炫一家之音，而釋文則陸德明集眾家音義之作，二者系統不同，而體製亦顯然異趣。故王重民氏雖斷言此卷為「隋唐志著録徐鄭等詩音彙編本之類」，而余則以為隋代劉炫一家之音也。

# 迻寫倫敦藏斯二七二九號敦煌毛詩音殘卷

王者放于騶沉側虞于元岐宜□

雎第一

閒艱下怨耦□五參令創差宜楚荇□□

左賀宰右□于荽荼葉直之菹呂側寤覺孝留展轉輦張芼之報莫樂□□

覃□音漸管圖濯孝棖施豉羊萋囧千絺桑勑綌逆郷皀孝前浸々鴆子于檟□古

喈々諧更搏九圖叢木東存遠聞□□刈廢言濩郭胡斁石羊濩煮汝直猒艷因

玄紞敢當紘泓懷紞梢盈衣氣應適石成告篤古薄污姑汪褘歸麁擱反豕説□

相□□□也□稼亂通害割何否久甫清生秦卷□□險詖毀戲傾筐狂曲苓囝昏筐畚

家甫易盈豉盈賓彼豉征周行剛恆陟力張崔雷存虺壞化隤壞蜀使東囿離□□

倫敦藏斯二七二九號暨列寧格勒藏一五一七號敦煌毛詩音殘卷綴合寫定題記

一九

 

壘回盧勞剖郎艨宏瓜砠余七瘖都同痛于妃[忬]于□樛虯園妃逮受酉嫉七從始路囲

虆癸力纍隹力蔓敗七樂只是因[緌]口荀帶營因蠡嵩支詵詵臻生蚣容宣蝑

余息振振囫征揖立制埶十因桃夭驕英鰥碩囫蕡文扶蓁蓁仁側罝邗子椓角竹

打打翻竹罟户工杙力羊赳酉吉干寒剛扞旦恒[禦]巨言難且乃施支式逵追椎斷

亂都苶不薄苢耳盈蕩石息掇活東捋括盧袺音經結切襭結刑扱洽差衽口而□

義皮域逼營橋妖奇息疑弦息以當休為來忽息韻蝀勇宣詠命為柎于方翹翹遙祇馬□□

撥莫其蔓朱龍墳文扶條杯木惄聲年調流直飢說巾文師餓反肆二盈愈主容頳

貞物燬妻兄瘦又山之定徑帝題兮田[表]遙方

鵲巢第二

巢有林鳩脂式均旬規秸八庚鞠六己兩匠力訝嫁顏滕證食姪結固娣帝廷蘩袁扶

沼繞之沚耳直皤何蒲溪兮奪澗晏皆夾[谿]皆被義皮僮僮東徒濯孝搌[概]概明饎[匙]尺

爨公亂髮鬄庭帝祁祁石尸嘤田遥嘤趯趯天歷躍羊略忡忡勑中旣覯固豆降

懷江蕨俱鉞虌井滅惙中劣說今字說蘋脾賓能循松荀共祭機凶婉氏阮娩

亡反麻枲息里紝而鴆紃松荀之濱并民藻祖☐老潦郎道蓱鞞經涯顏佳先

嫁星見盛尚征筥姜許人以湘息良錡琴綺烹派彭湆欽急鉶絓經奠庭見牖

羊首齋側皆俟迎宜敬齍即皆熬作古☐奩他齊放柒此也盛尚征棠因當晼式石蔽方避

芾勿翦子淺茇蒲☐敗布邁憩囫☐說東銳拔彭八厭因田浥英入昕香斤

謂爵雀音穿姝專謂女仁煮獄桷囪☐咮中文救鳥說口禮紂側狸妁掌勺墉☐鍾

訟旬☐五佗唐何英石☐委英危蛇盈☐縱☐容緎況逼縫扶用五總祖工殷適☐靈

盧回奮甫問暇行嫁摽脾小召羊止墮徒果追筐墍香氣番袂哀嘒彼血團噣中救

肅宵息遥寔成力參山陰與昴萌飽衾綺金與裯毛鄭直重流須汜詳子沱唐何

渚 汝真 山 道 到唐 嘯 即星 戲 六子 死 齏 倫几 惡 故汪 殺 例色 樸 卜蒲 棟 木蘇 茅

純 論徒 脫 外通 感 純吉 悅 銳東 使 尨 邦萌 吠 發扶 穠 容豚 厭 輒因 翟 繢 情故

總 工祖 唐 棣 愛唐 褕 須羊 移 兮成 緡 國武 綸 旬律 蕃 袁扶 蒐 流色 則 王 放于

彼 茁 劣側 葭 遐皆 壹 發 吠方 豝 [illegible]八 牝 忍[illegible] 豵 工祖 鄁 柏 第 三

汎 彼 [illegible] 儆 影巾 茹 恕仁 度 洛唐 據 [illegible] 卷 兔九 逮 愛[illegible] 選 充須 儀 倫宜 悄

小七 慍 問紋 侮 甫亡 寤 擗 益脾 拊 武妃 迭 結徒 微 為[illegible] 憤 續古 綠 鄭毛 通如 亂字 上 僭

念祖 孌 諳補 綠 開 圓皆 鞠 六己 織 識[illegible] 俾 婢井 訖 鳩于 淒 兮千 燕 乙 見翳 嫣 為京

差 宜楚 池 [illegible]直 池 [illegible]直 憤 粉扶 涕 [illegible]天 頡 之 結形 亢 郎恒 竚 呂直 下 上 兩戎 戲 激 歷經

民 任 鄭毛 去平 心 塞 則桑 以人 勗 玉凶 州 吁 于凶 顧 戶工 猶 曾 登[illegible] 冒 報莫 畜 六香 卒

恤足 謔 浪 洛向 笑 敖 到五 悼 到唐 且 霾 皆皿 且 曀 計宴 欬 代皆 虺 虺 鬼勳 繫 歷經

蚕經 將 亮子 子 馮 冰皮 弊 邑 袂脾 鍿 郎因 城 漕 勞才 忡 中翻 羑 喪 浪僧 還

偎圓 契 囗欲 數 樹囚 約 妙因 子 偕 諧囗 嗟 洵 縣西 信 鄭乞 息式 恢真 颽 改康 慰 貴紡

彼 棘 邑京 樂 夏 各即 夭 夭 驕英 叡 歲容 浚 俊須 睍 瀰刑 睆 板華 好 老呼 [旅]

數 促僂 泄 泄 世羊 舊 訊 图息 自 貽 図羊 伊 阻 呂側 作 翳 分燕 迭 結擬 臧 郎辛

不 伎 跂征 濟 有 諸箋 [由] 膝 栗息 則 揭 例迦 [賢] 與 不 図甫 瀰 婢民 鷕

小羊 假 許皆 不 濡 朱辱 軌 上范 聲凡 之 牡 厚莫 漬 智秦 由 輈 流卓 雝 雝 扶武 旭 玉睥 迨

改唐 未 泮 半普 仰 剛我 否 久甫 僶 俛 忍名 譴 溅璉 葑 風妃 菲 瓮敷 茍 弗乜 根 堊

耕下 纖 衣懃 我 財 音[纚] 荼 都同 薺 禮圇 宴 尒 顯燕 涇 形雞 濁 角[濁] 湜 湜 力成

沚 耳直 我 屑 結星 以人 捕 故蓬 閱 血容 甸 匐 北蒲 慉 六香 讎 由市 賈 户工 售 又市

蔽 袂并 覬 囗京 毒 螯 石式 蓄 六物 以人 御 呂言 洸 黄剛 潰 慣胡 貽 之羊 肆 世羊

塈香氣黎零兮嶲元句旄莫褒率色類與羊諸蒙武容璞蘇火而偷湯侯

㝗詳秀簡皆限伶歷丁俁俁元距孌丘冀組宗户籥羊畧翟田歷渥泓角赭章社

淳殊辱周禮染羽以朱湛丹秋淳而漬之畀井至揮于郡胞彭交閽呼温寺時志一散桑早榛側仁

苓歷丁趚共冀湛囚圜孌ク韓聊麥鄙錢慈箭于禰年禮舍軷蕭圉犨行瞎

遄垂專臻臻側仁瑕行家害毛鄭何何蓋割反反歎湯丹殷應斤卿向音寠郎羽

一垾圜移梲東銳偏補見譎根革事孰敦毛鄭都都温醬擲直惜徧僱毛醽存鄭

祖回攜螢圭雨雪云付雱普黄邪邪祥余旣亟己力且子余徐式諸霏數非彤

徒冬姝春朱城隅元于畜香六搔素撈踟知直須月辰字為或娠誤非煒于尾懌毛反容鄭雪東羊悅石舒二石

二反歸蕢田兮洵須旬新臺納伋京及泚千禮瀰眠陛宴燕纈婉因惋蓫其居篨

直諸鮮毛鄭息囚淺延洒浼浼上下恩莫罪罪反反不殄毛鄭延天典典下人行嫁乘舟支由景余景隘包賣

有害 毛何蓋鄭何割

鄘栢第四

共 音恭 伯蚤 今早字 髧 徒感 兩髦

莫高 昧 蒙□ 櫛 側乙 纚 □生綺又生彼二及 總 祖工 拂 敷勿 冠緌 □佳 死矢 商首 靡它 音他 諒

力尚 泲 前□ 掃 桑老 蒺藜 茨栗 冓 古豆 襄抽 勅由 偕老 更諸 笄 經兮 六珈 皆緺 編髮

上并綿 最 祖會 步搖 羊□ 委 英危 它它 □何 易 盈豉 瑳細 我何 鬒髮 因忍 屑 星結 髲髢

上皮義下庭帝 揥 天帝 晳 先歷 縐 側救 絏 息列 袢 扶袁 縠 胡□ 祥延 舒延 絺 子六 襢 張扇

媛 干万 倚 琴綺 沫之 蒙論 弋 羊力 葑 妃風 鶉之 殊脊 奔奔 甫門 彊 己良 其居 居或誤俱

定 帝徑 方中作為 □麋 漕 在勞 攘 而羊 于熒 高 国 廬 力諸 揆 覺癸 準極 其力

榛 側仁 椅 英宜 漆 此栗 虛 起居 夾 皆洽 蠶 在南 錄 力水 倌 瓜患 說 束銳 稼穡 山力 騋

郎才 牝 脾忍 蝃 都計 蝀 丁動 虹隮 箋諸 不遄 垂專 子 勁列 旄 莫襃 浚 須俊 之旟 之然

紕 頻至 縿 生衙 畀 井至 旟 羊諸 組 宗户 驂馬 采南 旌 將盈 析 先歷 祝 毛之六鄭作當□朱屬反之〃 歸

唁變起跋括蒲不閼冀丘龡庚麻以療弔零稺致直一槩愛剛芃芃雄扶控于送告

求援元于衛淇澳第五澳六衣入相寬息綠足力猗猗宜英猥回烏王芻

于窗萹珍匹匪尾敷瑳何采瑟乙生僩板下喧晚暉矜水京莊良側諼袁況琇救息瑩

兄為會外古弁變皮縫用扶璞各郎簀圖爭綽約昌猗綺英重龍圓戲寄日較岳瓜謔

約香弛考盤安蒲薖戈苦軸直田六昼告篤古於變詣補其頎衣勤衣氣應褧迴口

襜廉昌佼外皆襌寒當大賀湯著慮張柔荑兮田膚于封凝脂冰圖蝤勞在齏

尸疾頸又祇圖形蠆反蝎割何瓠犀兮星辦蒐彭說于作毛璲束旬鋭醉鄭及當驕喬圖鑣茁方幘文敷

螓首珍慈首額朗憎謂蜻蜻圖七倩見清口輔鉀旁盼萁普說于作毛璲束旬鋭醉鄭反當

驕喬圖鑣茁方幘文敷狄茀勿方扇汗旦河蔽神并後罷冒彭朝逸直洋洋良以

活活活古罛胡工濊濊活火鱣連張鮪軌覺發發末補葭牙皆菼取湯揭揭竭匝孽竭匝有

朅 謁起 鮥 各即 亂 患丸 武 壯 亮側 泯 囷麻 妃 背普 耦 口五 泆 溢 蚩 蚩 之尺 布 貿 候莫 我 懋

馬綺 將 良子 垝 毀京 垣 煩于 復 茂囫 泣 涕 禮天 連 漣 延力 爾 筮 世成 咎 久其 著 □式 沃 縛威

葚 甚食 躭 南都 鸝 鳩 忽古 隕 閏榮 湯 湯 羊失 漸 廉即 帷 悲榮 童 鐘殊 爽 丈山 褣 鐘庚 罔 極 力其

朝 遙張 咥 至喜 泮 半蒲 抅 于恭 揔 動囫 宴 因賢 晏 晏 諫見 墾 狠肯 側 款 管苦 籊 籊 歷天 釣 叫丁

殺 例色 儺 可乃 檜 活古 楫 立慈 櫂 李囫 丸 官胡 僮 冬徒 觿 規隈 悸 季其 瑞 恚純 韘 涉尸 言 沓

荅徒 韝 侯古 甲 胡公 甲狎 叉徐 沆 之 剛恒 狹 來行 跂 □□ 朅 兮 謁起 傑 殊歌 殳 朱純 軫 忍之 戟 逆京 酋

由□ 矛 侯莫 適 歷丁 杲 杲 老剛 甘 厭 豔因 得 諼 袁況 背 輩蒲 痗 昧莫 則 殺 例色 綏 佳息 瓊 營葵

玖 音久 苴 余子 橘 聿規 柚 秀盈

王黍離第六　卷四

彷 徨 光蒲 鎬 老恒 靡 靡 彼苗 搖 招羊 稱 昊 巾氏 穗 酳 噎 結賢 于 時 之成 畜 六囫 塒 酸生 佸

胡□ 于 桀 傑奇 括 活古 杙 力羊 簧 光胡 陶 陶 招羊 翿 高徒 纛 到徒 翳 計宴 屯 戍 樹東 激 歷經 湍 官吐

迅徒頌彼其記居己忌同管子還緣向有推盾土暵呼旦乾寒刖雚翳章於居安女化寄扶嘅代肯嘆

干他脩乾息鳥流翳反條櫓謂暇方中菀炭煩于構至古不樂李五躁到相覺六子訛戈五罕不論置容春

罝悅拘藟水力滸古荒遠方于顧戶工涘俟圖王又無為又居或誤滑然食隙險直人昆門古采

蕭彫星檻斬下毳稅昌菼敢湯鵻絹音績慣胡啍啍孫土璊苗莫謂昆益反其說色文如云璊之也赧色未之

璊經盈矜晈了經有麻墝交客埆施格式伺史息閒鞪下

緇狸刖弊予人闕敝決瞭館亂古粲安采飧溫蘇愛采代食飲蒸英食史詳好老黑改

鄭緇衣第七

造七困席夾詳好將將因不勝承箇叔祝升祭側側騶猶土搬亂同折敵章樹

杞已羌檀丹留彊忍振而繕戰戍鎧代肯泂太蓋湯乘乘證食藪走蘇襢旱曹

裼星九搏各補將羊因扣丑架夾治谷射忌意居磬定訖控送苔騁領物發吹古乘

乘鴇蓮補驪白黝動慢旨言掤罕旱黑釋掤四悲抑鬯亮物弢高土竟景由

翺 高五 翔 羊辭 旁 旁 耕八 率 律色 二 矛 侯莫 英 耕厄 麃 麃 驕彼 橋 妖京 累 何 多恆

矜 巾倚 在 軸 六直 陶 陶 到唐 抽 流勑 濡 朱俘 晏 見醫 摻 執 斬生 袪 據起

摻 攬 敢郎 袂 世民 惡 故汪 寁 國祖 我 魗 酋昌 好 老黑 相 警 影佈 爤

旦郎 弋 力羊 鳧 于旁 繳 若之 希 囗行 肴 交行 徹 列直 珩 庚下 璜 匣拥 琚

於姜 璐 矩云 儲 余直 力 請 妻 細子 堇 闍基 將 羊七 蘇 胡安 荷 多恆 夫 于旁

渠 居其 菡 感胡 狂 且 余子 橋 苦亦 老妖 狡 昂皆 擇 洛湯 倡 尚尺 而 和 卧胡

老苦 其 漂 遥篇 擅 戰成 壯 亮側 餐 丹采 褰 恣 利即 行 孟下 溱 仁側 洧 軌榮 丰 容敷

堂 作毛 振大 宅郎 庾鄭 反當 田丁 町 鼎天 茅 文蒙 蒐 流色 踐 俴欄 噉 敢唐 淒 淒 兮千 喈 喈 諧更 瀟

彫星 膠 老皆 瘳 流勑 晦 憒呼 衿 錡 學 校 孝囮 衣 純 尹朱 瑀 允俘 綬 首石 挑 高土 達

割圈 終 鮮 淺息 子 疊 斐匕 縞 到剛 綦 基求 慉 擬朽 我 負 音云 闉 仁伊 闍 鄭毛 東常 胡奢 蔓 草

亡敗 溥徒桓 婉於阮 邂行懈 逅胡遘 瀼瀼而羊 渙呼亂 蕑古顏 訏山于 瀏力周 詎求□

齊鷄第八 姜

夜 警□□ 纚生綺 周 夢七風 且 明且七野反或為旦當捍反 誤 會

且七野徐子余反 予毛以呂反鄭羊[illegible] 朝 會張遙 於 夫旁于 還松緣 獻因艷 好如字 於 猺乃高 捷慈接 並排梗

猏經□ 儇隳緣 併舉冷 著岩國 屏賓頃 紞□□ 瑩為兄 闐渴割 號 令胡到 挈故結 壺共姑 為

已羊之 處其據 折章設 樊扶袁 圃補故 瞿□□ □ 蕃甫袁 則 莫謨布 公 謫□革 生 乘食證

搤婁草 襍之若 唯 唯之綏 蕩太朗 易盈豉 獲恭□ 兩力尚 綏□□ 藝魚制 衡下音庚為徐橫 從足容 獵力涉

重 之 重或為種誤 又 鞫己六 析先歷 極其力 無 田 甸廷□ 維 莠羊首 驕 驕京妖 穫胡郭 忉 忉當勞 桀

桀京竭徐居竭反 怛 怛當達 丱瓜患 幾姜豈 突□物 出□ 盧 令歷丁 濁直角 欣音介 鬈達負 鋂木來 偲倉才

敝脾世徐□□反 笱古厚 鰥毛瓜頑鄭作鰥古門反 從聚用 鱮詳□ 唯 唯食水 驅回除徐起諭反 播補佐 薄 薄蒲作

簟田玷 鞹吉郭 驪力馳 濟 濟子禮 捶尚吹 轡 爾 爾耳禮 豈 弟今愷子康

愷改 悌定 當禮 為二 閩反 闓諸 肯愷 來字 羊皆 石放 二此 反鄭 讀 樂 各郎 易 反盈 敢 ☒ 羊 彷 方扶 滔 滔 高土

儦 驕皮 猗 綺琴 頎 衣懇 抑 邁國 趨 愚促 蹌 □□ 射 夜食 出 正 成之 選 須毛 據須 反允 鄭 貫

☒古 ☒桓 魏葛屨第九 褊 淺并 狹 夾行 隘 買厄 巧 孝若 趨 諭圀 晉

側□ 糾 糾 酤 繚 繚 彫零 摻 摻 □生 纖 廉息 [要] 遥因 襋 色京 提 提 兮田 宛 阮威 僻 辟芳 揥 帝天

汾 文扶 沮 豫子 洳 豫而 莫 布莫 漸 廉即 彼 其 圖姜 軞 高圜 遒 楨徒 行 剛胡 藚 欲許 蕮 石息 昭

拾成 穀 文行 [謡] 拾羊 夫 于夸 以人 行 行下 □庚 徐 □ [岵] 古洪 旃 然之 屺 己羌 閒 閒 音下 賢艱 徐 泄 泄 世羊 坎

坎 戕苦 寘 豉征 漣 延良 猗 宜英 廛 連直 貆 □□ 餐 丹采 輻 目甫 億 力央 淪 旬律 囷 倫丘 素 飧

昆蘇 碩 赤成 重 斂 瞻力 貫 桓古 樂 □□ [咏] 柄為 號 刀胡 唐蟋蟀第十

蟋 乙失 蟀 律生 聿 必容 除 慮直 莫 奉俱 □ □□ 其 居 御己 瞿 瞿 其圓 蹶 衛京 慆 高土 樞 侯烏 洒

寄生 埽 老桑 榆 朱容 荎 夷直 曳 世羊 婁 朱龍 菀 □國 [愉] 毛 容 朱 □ □ □ 挐 [檍] □於 [埽] □素

倫敦藏斯二七二九號暨列寧格勒藏一五一七號敦煌毛詩音殘卷綴合寫定題記　三一

灑被生汏酣昌鑿洛室朱襮各補鯆口付綃

〈玲力徹列直林彫箋聊彫麥蓄袁扶衍戩羊

流口繆愁留後豆胡蒻于窗隅于元邂懈行覯

正宵滑與息踽羽恭不佽二此菁子毛口口

秀圉究又姜鵋老補苞交八翍翩圉杼汝食迮

翮單下熂袁沉噬世戒飲熱圉食

覢下謗浪補訕管生

秦車轔第

□□□□囿澉于娼伍美拔劉蒲括浩古

重規案：第十行「壘」當為「壨」之誤，第十六行「傺」下疑脫「枚」字，第十八行「林」疑「材」之誤，第十九行箋文「概」疑「溉」之誤，第卌八行「民」當為「氏」之誤，第卌九行「繫」當為「擊」之誤，第四十二行「即」蓋「郎」之誤，第四十四行「伎」蓋「忮」之誤，第五十一行「丘」蓋「兵」之誤，第五十七行「踟」下「直須」蓋「蹰」音，疑脫「蹰」字。第六十四行「穀」當作「縠」，「祥」當作「祥」。第六十七行「銖」蓋「誅」之誤。第七十行「丘」當作「兵」，第七十七行「溱」當作「螓」。第八十行「即」當作「郎」。第八十一行「著」當作「箸」。第九十四行「續」誤，改作緇。第九十五行「愛」當作「受」，「食」當作「倉」，第九十六行「搬」當作「段」，第一零二行「布」當作「巾」。第一一一行「周」當作「同」。第一一八行「准准」，當作「唯唯」，「囬」當作「曲」。第一一九行「愷」子當作「愷」字。第一二零行

「間」當作「閭」。民國五十八年四月廿日寫定。

迻寫說明

右倫敦藏斯二七二九號毛詩音殘卷，存百二十九行，始周南關雎第一，訖唐風蟋蟀第十。開端稍殘，末九行僅存下截。列寧格勒藏一五一七號敦煌毛詩音殘卷，存上半截十七行，始齊風猗嗟末，訖秦風車鄰。前九行與倫敦卷子末九行適相吻合，故覈實計之，凡存一百三十七行。此卷筆姿清勁，惟手寫字體，與後世出入極大。如嚴作𡽹（第六行）、又作嚴（第廿五行）、又作巖（第一一二行）、因作回（第六行）、延作𨒫（第七行、第五十九行、第一百廿六行）、紞作紌（第七行）、祿作椂（第八行）、姑作姡（第十行）、逮作逮（第十行）、瓜作瓜（第十行）、虫作虫（第十行）、蝟作蝟（第十一行）、螽作螽（第十一行）、綏作綏（第十一行）、揖作楫（第十二行）、鰥作鰥（第十二行）、禦作禦（第十三行）、瀉作瀉（第十五行）、亂作乱（第十五行）、休作体（第十六行）、炫作炫（第十六行）、勅作敕（第十七行）、繁作䋣（第十八行）、牽作牽（第十九、廿行）、蕨作蕨（第廿一行）、鼈作鼈（第廿一行）、溼作濕（第廿二行）、嵇作嵆（第廿三行）、牖作牖（第廿三行）、茇作茇（第廿五行）、拔作拔（第廿五行）、蛇作虵（第廿七行）、英作英（第廿七、六十三、七十三行）、沱作沲（第廿八行）、飧作飡（第廿八行）、肅作甫（第廿八行）、宵作霄（第廿八行）、蘇作蘓（第廿八行）、樸作檏（第廿九行）、殺作𣪩（第卅行）、葭作鼔（第卅三、七十九行）、淒作漊（第卅六行）、涕作⿰氵第（第卅七行）、卒作卆（第卅八行）、冒作冐（第卅八行）、吁作呼（第卅八行）、竈作⿱穴貇（第卅九行）、笑作咲（第卅九行）、謔作謓（第卅九行）、邑作⿱𠂉巴（第四十、四十二行）、叡作⿰睿殳（第四十二行）、訊作誶（第四十三行）、吝作⿱大厶（第四十三行）、膝作⿰月系（第四十四行）、率作繂（第五十行）、轡作⿱絲口（第五十一、第一一九行）、⿱宀良作⿳亠夕衣（第五十一行）、畀作⿱日廾（第五十二行）、又作畁（第六十九行）、韡作⿱聿韋（第五十三行）、邪作⿰牙巴（第五十六行）、蒙作蒙（第五十八行）、萬作萬（第五十八行）、又作第（第七十五行）、髦作髦（第六十行）、髡作髡（第六十行）、蚤作蚤（第六十行）、伯作佰（第六十行）、它作它（第六十一行）、商作商（第六十一行）、綿作緜（第六十四行）、纖作纖（第六十四行）、彊作彊（第六十五行）、漆作漆（第六十七行）、蠶作蠶（第六十七行）、匹作疋（第七十二行）、莊作莊（第七十二行）、辦作辦（第七十六行）、盼作盼（第七十七行）、螓作溱（第七十七行）、蔽作蔽（第七十八行）、狄作犾（第七十八行）、孽作孽（第七十九行）、軌作軌（第七十九行、一〇六行）、貿作貿（第八十行）、壮作杜（第八十行）、筮作筮（第八十一行）、毀作毁（第八十一行）、埳作垝（第八十一行）、國作同（第八十二行）、款作欵（第八十三行）、惠作恵（第八十四行）、叜作叟（第八十五行）、黍作尒（第八十七行）、稱作穪（第八十八行）、佸作佸（第八十八行）、桀作梨（第八十九、第一一六行）、傑作㑓（第八十九行）、暵作暵（第九十行）、嘆作嘆（第九十行）、肯作肎（第九十行）、緣作緣（第九十行）、蹙作蹙（第九十一行）緇作縜（第九十四行）、樫作桎（第九十四行）椵作椵（第九十六行）、祭作祭（第九十六行）、吠作吠（第九十八行）、邑作邑（第九十九行）、鴇作鴇（第九十九行）、弢作弢（第九十九行）、翶作翺（第一百行）、濡作濡（第一零一行）、寔作寔（第一〇二行）、𢓭作準（第一〇五行）、手作手（第一〇六行）、溧作溧（第一〇六行）、茅作茅（第一〇七行）、挑作桃（第一〇八行）、土作土（第一〇八行）、璃作璃（第一〇八行）、求作求（第一〇九行）、逅作逅（第一一〇行）、緣作緑（第一一二行）、壺作壼（第一一三行）、獵作猶（第一一五行）、兩作雨（第一一五行）、屨作屨（第一一五行、一二二行）、或作式（第一一六行）、鬈作鬈（第一一七行）、突作突（第一一七行）、卝作什（第一一七行）、鰥作鰥（第一一八行）、弟作第（第一一九行）、趣作趣（第一二一、一一二二行）、抑作柳（第一二一行）、巧作巧（第一二二行）、適作道（第一二四行）、昭作照（第一二四行）、旃作旃（第一二五行）、央作央（第一二六行）、億作億（第一二六行）、壘作埋（第一二六行）、斂作斂（第一二七行）、惱作惱（第一二八行）。除螓作溱、第作第、緇作續、或作式等字，殆由抄手誤寫外，其他皆非訛字，而實當時流行寫法。抑有甚者，偏傍半體，往々混淆，使後世讀者難於辨認，如禾耒不分，故第三行耦作耦、第四十七行耕作耕、第六十七行稼穡作稼穡；宀穴不分，故第四行及第卅五行寤作寤、第卅九行寔作寔、第五十四行寠作窶；广疒不分，故第六行及卅行廢作癈、第十行瘏作庴、痛作[广甬]、第十八行瘦作廋、第七十行療作[广尞]、第八十六行痗作[广每]、第一百零八行瘳作廖；广厂不分，故第八十六、九十八行歷作[广歷]；木才不分，故第六行摶作榑、第七行擱作櫊、第十二、廿七、卅、一一四行扶作枎、第十二行振作桭、第十三行扞作杆、第十四行打作朾、扱作极、第十五、八十九行括作栝、第十五行掇作棳、第廿五行拔作柭、第廿八行摽作標、第卅四行據作[木豦]、第四十四、七十九行揭作楬、第四十八行捕作[木甫]、第五十七行播作橎、第七十行控作椌、第七十一行援作楥、第八十三、九十二行拘作枸、第八十三行摠作樬、第八十八行搖作榣、第八十八、八十九行招作柖、第一零一行抽作柚、第一零二行攬作欖、第一一二行捷作[木疌]、第一一四行接作椄、第一一四行折作析、第一一五行搤作榏、第一一八行播作橎、第一二一行抑作枊、第一二三行提作[木是]、挮作梯、第一二五行招作柖；木爿不分，故第八十行壯作杜；商啇不分，故第七行適作適，商啇不分，故第八十六行適作適，第一一四行謫作謪；衣示不分，故第七行褘作禕、第十五行衽作衽、襭作襭、袺作祮、第廿八行裯作禂、第卅行襛作襛、第卅二行褕作褕、第卅六、七十九、九十八、九十九、一一八、一三零行補作補、第七十五行襘作袷、第九十八行裼作裼、第一零一行祛作祛、第一零二行袂作袂、第一零八行衿作衿、第一二二行褊作褊、第一二三行襟作襟；禾衤不分，故第五十二行袜作袜；亻彳不分，故第九、卅三、卅四行彼作彼、第九、廿三、廿四、四四、一零六行征作征，第十七行、六十六行徑作徑、第五十五行偏作偏、第五六、八五、一一二、一一四、一一八、一二五行徐作徐、第八十三行很作很、第八十八行彷徨作彷徨、第一百行律作律、第一零六行行作行、第十七行條作條、第九十行俊作後、第九十一行脩作脩；弋戈不分，故第十三行杙作杙、第一零三行弋作戈；木禾不分，故第十九行秸作桔；脩循不分，故第廿一行循作脩；氵冫不分，故第廿一行滅作㓕、第廿七、八六行況作况、第七十五行凝作凝、第九十九行憑作凴、第一零六行恣作恣；卬仰不分，故第廿四、七十行迎作迎；卯卬不分，故第廿九、一零五行昴作昂、第五十三行聊作聊；日目不分，故第廿五行晰作晰、第廿八行暇作暇；口厶不分，故第廿五行浥作浥；栗粟不分，故第廿八行摽作標；粟栗不分，故第六十七行粟作栗；豕犭不分，故第卅三行豝作犯；犭豸不分，故第八十三行墾作墾；曰四不分，故第卅八行罰作罰、冒作冐；艹竹不分，故第五十一行籥作蘥、簡作蕑、第七十四行篤作篤、第八十一行筮作筮；今令不分，故第七十二行矜作矜；小巾不分，故第卅一行悅作悅、七十六、七十八行幘作幘、第八十二行帷作惟；分兮不分，故第七十七行盻作盼；予矛不分，故第一零七行茅作茅；干于不分，故一一零行訏作訏；后舌不分，故第一一零行迫作适；土士不分，故第一二零行土作士；𪚥棘不分，故第一二三行𪚥作𪚥；北比不分，故第五十三行毖作毖；白曰不分，故第六十四行晳作晳；其甚不分，故第八十二行甚作其。其間補之作補，裼之作裼，若此類者，讀者猶可心知其意；至於弋之作戈，帷之作惟，如此之𠤎　倘非熟誦原書，何從辨其真相。此所以雖有攝影及臨寫，而仍不得不用楷書轉寫，以便讀者也。至於原跡模糊，僅存點畫，審其聲音，度其文字，反覆諦觀，書空懸想，辨認一字，往往移時。今所轉寫，凡原字全缺者，以方框（口）記之，凡原字模糊不能辨認者，以方框加斜畫（☒）記之，凡原字模糊可以推尋辨認者，即書其字，而外加方框，一如[側]、[胡]等字也，倘使辨認有誤，讀者亦可撿覈原文。凡為此者，乃欲節讀者之劬勞，便讀者之研習，非敢謂所轉寫辨認者，遂可一字不易，即成定本也。

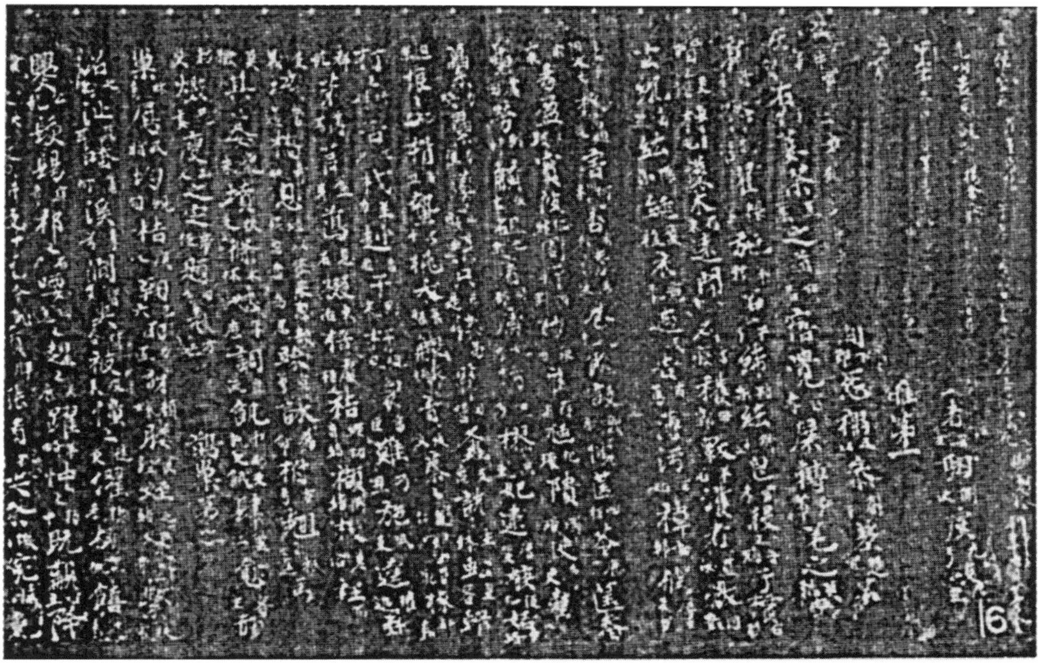

一　倫敦藏斯二七二九號敦煌毛詩音殘卷

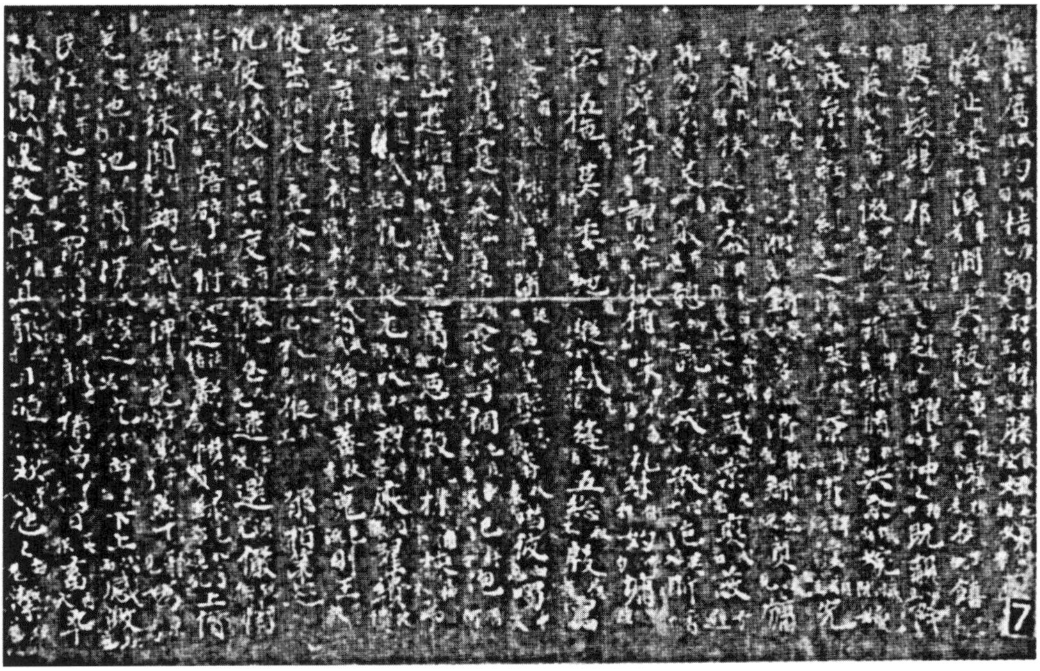

二　倫敦藏斯二七二九號敦煌毛詩音殘卷

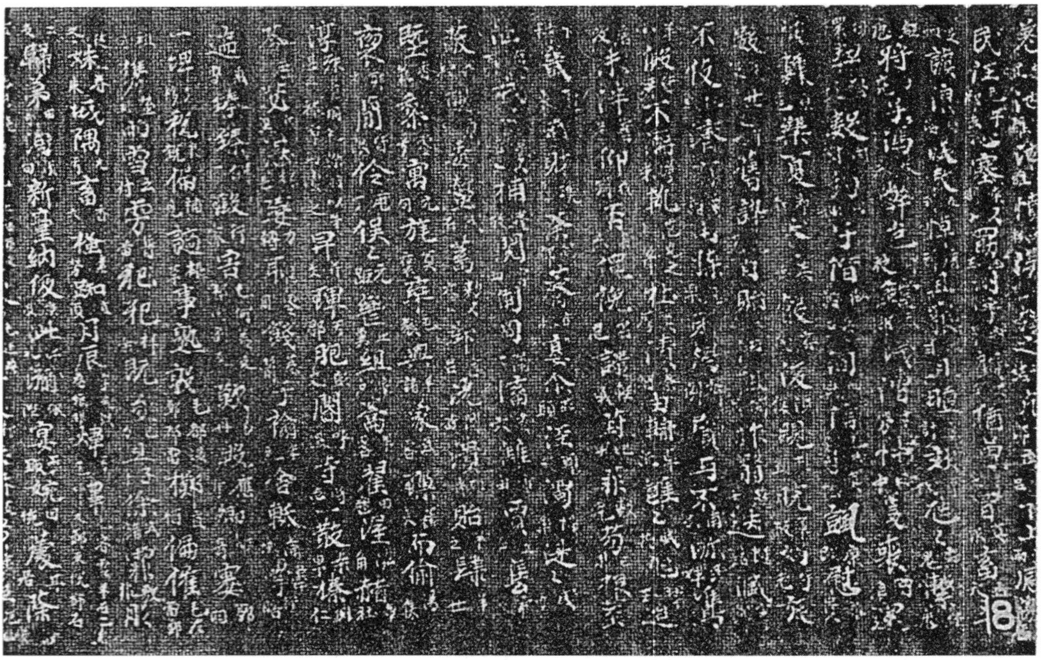

三　倫敦藏斯二七二九號敦煌毛詩音殘卷

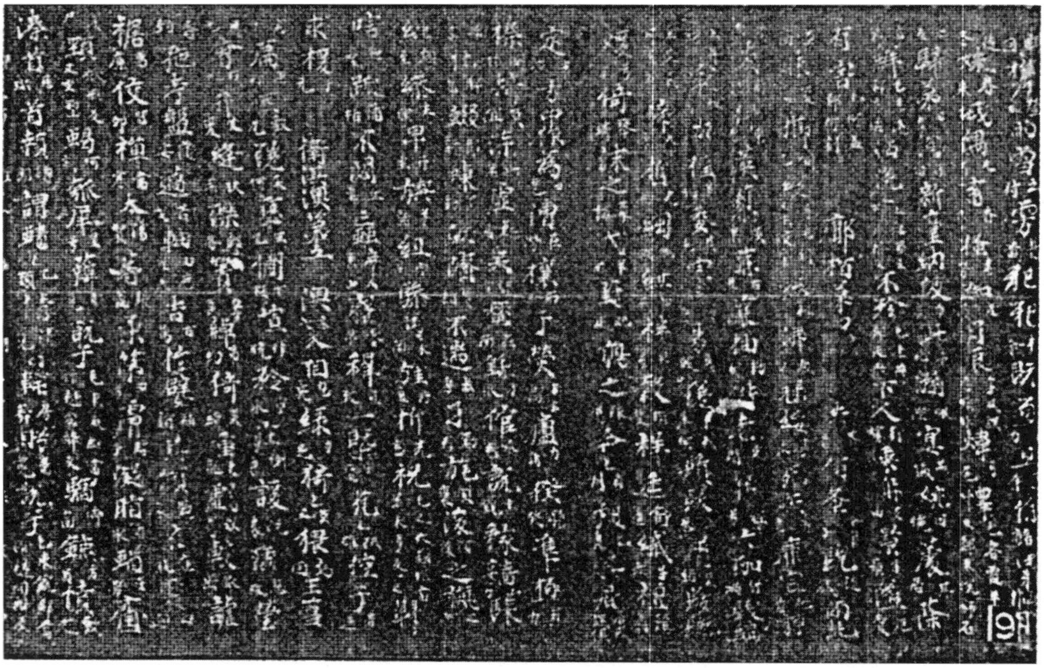

四　倫敦藏斯二七二九號敦煌毛詩音殘卷

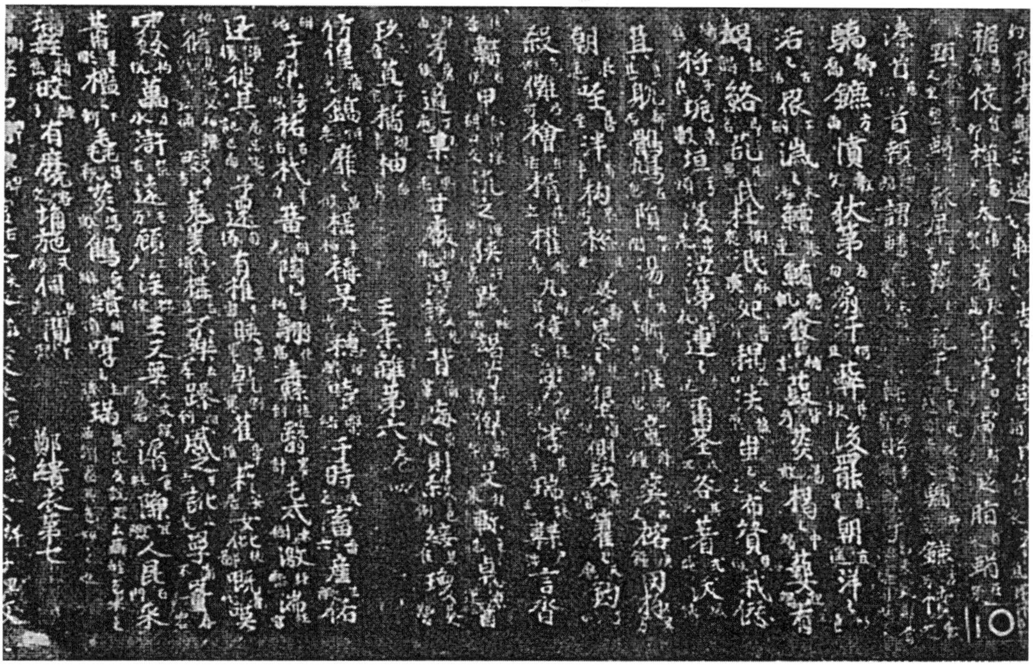

五　倫敦藏斯二七二九號敦煌毛詩音殘卷

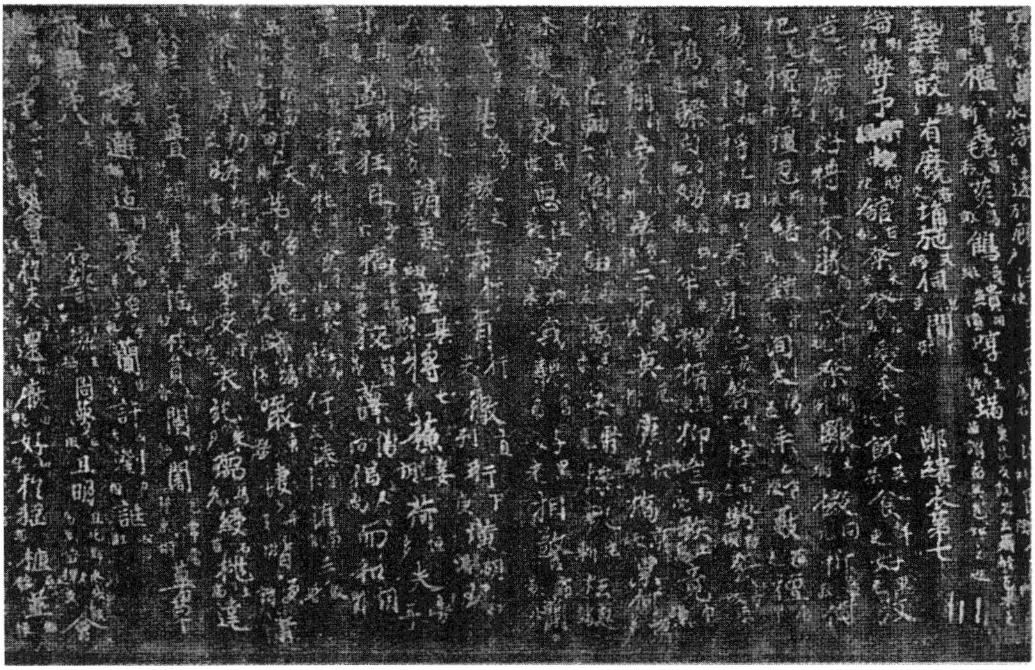

六　倫敦藏斯二七二九號敦煌毛詩音殘卷

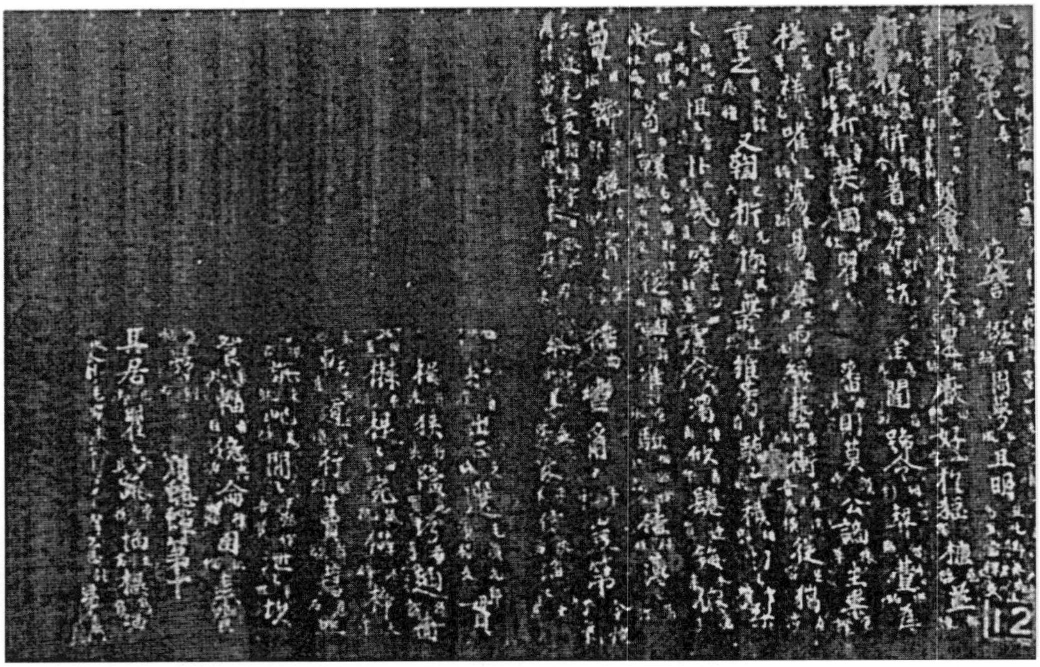

七　倫敦藏斯二七二九號敦煌毛詩音殘卷

列寧格勒藏一五一七號敦煌毛詩音殘卷

儦皮驕 猗琴猗 傾惠表 柳丘邁 趙依愍 跲

古桓 之晏 魏葛屨第九

側 糾之吉酉 纐之零彫 襟之生口 㦸息廉

汾扶文 沮子豫 洳而豫 莫之布 漸即廉 彼其

成柘 殽行交 詔羊招 夫方以 行下 下行口 庚徐口

之苦感 寘柱豉 連良連 猗奠宜 墮直連 貆

穡昆 碩成赤 重 縠力瞻 貫古桓 樂

蟋失乙 蟀生律 聿容必 除直慮 蔘俱奉 口

生寄 埽桑老 榆容朱 荎直憂 曳羊世 婁龍朱 莞

灑生彼生。 洸鳥酷 鋈牢洛 朱 襮補各 黼付口 綃

之力弥 徹直列 栿箋彫 聊零彫 蕃扶袁 衍羊戰

口流 綵眉愁 淺胡豆 茵容亏 隅元亏 邂行懈 覯

賓正 湑息与 踽恭羽 不 㚤此二 菁毛子口 口

評秀 究羞又 鴇補老 苞八交 栩眍禹 杼食汝 迮

翮下革 犪況表 嗟戾世 飲奠禁 食

下豉 謗補浪 訕生管 秦風轔第

口口口口 圊千救 媚美位 棫蒲劉 栝古活

此卷承小川環樹教授以遂寫本假抄謹此誌謝

臨寫本

一者放 騶側流 虞亏 岐宜

雎第一

關 㤚 耦五口 參初今 差楚宜 者

左賀 右 荇 菜 之 葅居 寤 覺 展轉張 篝 芼之 樂

覃 濟 濯 施 萋 綌 皇 浸 之 子 櫝 古

喈 樽 藂 木 遠 閒 刈 穫 斆 濩 煮 散

玄 紘 緌 衣 適 告 薄 污 禕 襉

椓 宮 舌 請 卷 險 詖 傾 筐 苓 筐 番

鵲巢第二

鬟鬄祁嚶趯躍忡旣覯降
懷江蕞斃惙說蘋能脩共奈宛婏
麻泉絓紈之濱潦潦游灌先
嫁盛莒以湘錡烹湆釧奠慵
首羊齌俟迎盛歲棠奠蔽避
弟翦茇敗憩說校散滄斯香
謂爵穿謂女獄桶咮礼紂妁壙
訟五佗莫委虵縱絨縫五総殿露
廬奮暇標呂隋迨筐堅番嘒彼蜀
冑霄寔黍昂食禍汜泡
渚山道嚆感死鹿惡殺樸棟葪
紇脆感悅使扈吠穠廠翟纘
総唐棣褕移緡綸蕃蒐則王
彼茁葭壹發豝牝縱　鄘栢第三
汎彼儆茹度擾卷遠選儼悄
愠侮寤擗柎迭彭憒緑上僣
嬖緑閒鞫織俾訧淒燕乙嫣
卷池池憤滯頡之亢竚下上感激
民任心塞以勗州呼顧猶畠畀畜卒
諠浪暵敖悼且寢且曀欬俹繫
將子馮弊色鐺域漕忡爰喪還
儇㚢數約芓偕嗟洵信颱慰

將子馮弊色鐺域漕忡爰喪還
儇㚢數約芓偕嗟洵信颱慰
披蘩樂夏夭鷇浚睍睆好旋
數泄舊詐自貽伊阻作翔送滅
不伎濟有膝則揭眉与不游嗜
假不濡軌牡瀆由轉雝旭迨
未泮仰否僶俛譴芹菲葑根荃
筆我貯茶薺宴尒涇濁湜力
沚我屑以補閱匍匐鞮賈售
蔽覬毒蓄御洸潰貽肄
塈黎寓旄瑑與冢踝而俞
褎蕑伶俁蠻組籥翟渥赭
淳昇踵胞闇寺散榛
苓苾湛孌聊餞于禰軷牽
遄臻瑕害歎殷卿宴
一埤稅偏謫事孰敦擲偏摧
携雨雪雱祀祀既亟且徐霏彤
姝城隅畜檢踟辰煒懌
歸荑洵新臺納伋瀰宴婉籧篨
鮮洒浼不殄下人乘舟景隘
有害　鄘栢第四　共伯蚤既兩髦
昧㰄縱総紼冠綏死矢靡它諒

鮮洒浼浼不殄下人乘冉晷隘
有宮　鄘柏第四　共佰蚕䚬兩毦
昧㯓緃緫怫冠緌死矢靡它諒
茨㮏蒺藜襄柚偕老笄六珈㦹編
寂㞋揺委它易𨂂顛鬒肩皺髢
㡆皙縐紲袢縠祥逑纖襢
媛猗沫之弋葑鶉之奔彊其居
定方中作為漕𣝗于熒盧揆準極期
榛椅桼虛臾蠶錄倌說稼穡騋
郎忆蝃蝀虹隮不遄子旄浚之旟
紕絛畀旟組驂馬旌祈祝歸
唁跋不閟蝱以療穉一緊芃芃控于
求援　衛淇澳第五　澳相菉猗猥萱
蔑匪琇瑟僩喧兮莊諼琇瑩
會弁綠瑮簀綽猗重戲較謔
䄒考盤薖軸告於璧其頎衣褧
褡佼樺大著柔第廬凝脂蝤蠐
頸蝎豜犀辯說于驕鑣憤敖
蓁首額謂蜻倩口輔盼說于
驕鑣憤狄第扇汗薢後罷朝洋洋
活罛濊鱣鮪發葭菼揭孽有
朅絡亂武杜氓妃耦洪蚩布貿我愆
將垝垣復泣漣爾筮咎著

活罛濊鱣鮪發葭菼揭孽有
朅絡亂武杜氓妃耦洪蚩布貿我愆
將垝垣復泣漣爾筮咎著
萁耽鶻鳩隕湯漸惟童窔榕
朝咥泮枸楤宴晏猑側欵篧釣
殺儺檜楫櫂丸僮觽悸瑞韘言沓
韝甲沆之狹跂朅桀殳軌首
矛適杲甘廠得諼背痗則殺緌瓊
玖苴橘柚　王黍離第六　卷四
彷徨鎬靡摇穆穗噎于時畜佸
于梨栝杙簧陶翿蠢翳式激嘆
迟彼其予還有椎暵乾萑菸女仳嘅嘆
循慇不樂蹶蹙訛罦罿
叕藟滸遠顧涘王又無漘陳人民采
蕭檻毳菼鶡繢啍瑞
瑚䞣皎有麃墉施伺閒　鄭緇衣第七
緇敝予館粲餐愛采飲食好改
造席好將不勝叔杀騶檄析樹
杞檀彊忍繕鎧洵大乘乘藪襢
裼搏將狃夾射忌磬控騁發乘
鴇驪白婦衿釋掤抑鬯敎竟
翱翔旁乘二矛英鹿旛橋累何
於在軸陶柚濡晏掺執袪

隧騠白小嫫…斧早粹擬遂仰豈…鍛…竟…
翺五高翔羽羊旁之八耕璋色律二矛朶佳英桃色庶之騶紋橋京妖累何多恒
於寄巾在軸六直陶之唐到柚紛流濡厚米晏翳見樣執生斬祛起擭
榛槿郎敢秩民世悪汪故遷祖感我靦吕首好黑老相謷布彭爛
郎弋羊旦力是旁于繳之若希行有交行徹直列珩下庚璜胡之踞
姜於琚云矩儲直余力請妻于細堇基係將七羊蕪妻胡猗恒多夫旁于
渠其居菡朔感狂且子余橋赤妖皆老校皆昂藻浩洛倡尺尚而和胡臥
十若七其漂篇乙檀戒戰牡側亮食采舟蹇泥卯利行下血溸側仁湑滎軌手數容
堂乇大住郎張鄭宅當庚反町之天鼎苐家安蒐色流戝杪伐暾盾敢凄之千多喈之更諧灒
星㬎皆老靡勒流晦呼憒衿奇金學校治孝衣紀朱尹蠕厚乇綬石首桃土高達
洪彭終之鮮息淺子疉匸是縞劉到綦永基愫紛叔杙貣云音閨伊仁闍郵毛魚常胡會募草
匕敗溥佳桓婉戚阮避行惴造明遺瀼之而羊渙呼乱蔺皆蛮許山多瀏力同誰求狂
齊鷄第八　姜　夜謦忌纚生綺周夢匸風且明且乇野為是當反戒謹會
且乇子野余係反予巳以吕反鄭羊貴羽朝會張送於夫旁予還松緣廠回龍好如字於㹳乃高穉佗核滋排
猏㸚僳錄遠併令着治椽屏賓鎮纨曰奎為見闓渦到蹄令胡到槩骼皆畫洪姑為
巳羊之處其櫻析章設楚枚衣圖乍紀瞿口　蕃而叔則莫謀布公謫恨卒生秉良證
樣姿革樣之者唯之俗蕩明昜盈鼓屢朱彤雨力尚綏之藝東刮衢下音庚為傺從見容獵力涉
重之重為武種誤又鞠巳六析先歷攧其力舞田法維菁十首驕之京秋積胡郭切之勞梨
之京居竭碣係反怛之當達小志㥯量窔来勤景靈令乃濁角欣香斤鬒達負鎼木系偲君寺
澈睥伏係成世之苟古季鰥毛爪餛頓古郊門作反從用衆鱴詳准之水駈四起踪喻作反橘柚佐薄之蒲
簟田沾鞹吉郭騾力馳濟之子孔揰尚吹壥甬之年孔豈第今子愷康
毀庭礼二反諸愷字皆放此鄭…

澈睥伏係成世之苟古季鰥毛爪餛頓古郊門作反從用衆鱴詳准之水駈四起踪喻作反橘柚佐薄之蒲
簟田沾鞹吉郭騾力馳濟之子孔揰尚吹壥甬之年孔豈第今子愷康
毀庭礼二反諸愷字皆放此鄭諸
愷悌當為閭閭肯来羊石二反　樂郎各易盈設反文巳羊傍扶方洎之士高
傶皮騙狩時倚頎私柳匸遜趣從恩踣口　財良庇出正西之遷毛須反乇郊須稼反貫
古桓之曼　魏葛屢第九　褊苦淺狭行夫隘危貫傍若孝趣從訓畜
側糾之吉酉繚之雰雕襟之生口㰅息席　乆曰送襟京色褆之四多宛戚阮僻房辟穡天帝
汾扶文沮子豫洳而豫莫之布漸即廉彼其之喜軷之高道徒循行刮劉蕒詳欲蔦息石照
成括敎行交諮羊妆夫房多以行下吏作口行口　洪古沆之然巳羌山已閒之音下賢鄭係泄之世羊坎
之若感寘任敦連良速猗吳宜壇直連貆　飱父舟輻甫目億吳力淪律的囷丘倫素餐
楳昆碩赤連餓力昭貫古恒樂　為柄蹄胡刀　唐蟋蟀第十口
蟋失乙蟀生律聿容去除直處莫但秦口　其居巳御瞿之下具蹶京衛慆土高樞為作洒
生寄埽京老榆容朱荎直㠯曳羊世要龍朱菀…
灑從生泆為酷壁浴罕朱褸補各㯭口付綃
之力孫徹直列栲箕郎聊零郎蕃扶衣衍羊鉄
口流樛有悲淩胡豆蒟多隅多邂行㩦覯
賓正濟与踽羽不坎二菁子口
許秀究又羌隅老補苞交捌長柕
翮草下表嗟世成飲食
下殺謗補浪訕生訾　秦車轔第
口口口口　固叔于媚位美枝劉宵栝活占

# 明代北邊米糧價格的變動

全漢昇

## 一

在拙著「宋明間白銀購買力的變動及其原因」一文（註一）中，作者曾經比較宋、元、明三朝以銀表示的米價，說明代長江下游或江南的平均米價，每石約值銀九錢四分多點，約爲宋、元時代平均價格百分之五〇左右。因爲江南是全國的穀倉，在宋代已經有「蘇、常熟，天下足」這句俗語的流行，故那裏米價的變動應該可以代表全國米價變動的一般趨勢。不過，事實上，由于土地面積的廣大，地形的險阻，交通運輸的困難，以及其他因素，我國有些地方的米糧供求狀況，和價格變動，並不和全國各地完全一致。比方明代北方邊境各地，因爲駐有大量軍隊，米糧的價格便常常因求過於供而不像江南那樣便宜，其波動的程度也遠較國內各地爲大。

明朝（一三六八——一六四四年）統一中國後，蒙古的統治者自大都（即今北京）撤回塞外，但還保有相當雄厚的軍事力量，常常給予明帝國的安全以嚴重的威脅。由於北邊國防形勢的特殊，明朝政府不得不在北方邊境作積極的防禦佈置。因此，東起鴨綠江，西抵嘉峪關，沿着長城（按長城東起山海關，西迄嘉峪關）的國防綫上，先後設置遼東、薊州、宣府、大同、山西、延綏、寧夏、固原及甘肅九個重鎮，合稱九邊，各設重兵，統以大將。這九個重鎮既然都駐有重兵，兵多了，對糧食的需求自然增大。可是，在另外一方面，當日北方沿邊各地，由於天然的（例如土壤貧瘠、雨量不足、氣候早寒）及人爲的（例如戰爭的破壞）原因，米糧產量却非常有限，故米糧價格常常發生波動。因爲米價的波動足以影響邊地駐軍的生活，故明代文獻中有不少關於米價變動的記載。在上述九鎮中，我們對於遼東、薊州、宣府、大同、延綏及甘肅等六鎮米糧價格的記載都曾搜集到不少的資料，故在本文中加以初步的整理。

## 二

爲着要探討明代北方邊境米糧價格變動的情況，我們可以沿着北方邊境，自東至西，把遼東、薊州、宣府、大同、延綏及甘肅的米價，分別列舉如下。

（1）遼東　明代遼東的鎮守總兵官駐劄廣寧城（在今遼寧北鎮縣西南一百三十里），副兵官駐劄遼陽（今遼寧遼陽縣治），（註二）其分守地自山海關至鴨綠江口。關於明代遼東的米價，茲撰成下列兩表。

### 第一表　明代遼東每石米價

| 年代 | 價格（單位：兩） | 根據 |
| --- | --- | --- |
| 正統五年（一四四〇）正月及以前 | 〇·一—〇·一六六（十）（因地而異） | 「明英宗實錄」（中央研究院歷史語言研究所校印本，以下簡稱史語所校印本）卷六三，頁四下至五，「正統元年正月辛酉」，內言由於豐稔。 |
| 成化十四年（一四七八）二月 | 四·〇（遼陽） | 徐孚遠等輯「皇明經世文編」（台北市國聯圖書出版有限公司影印明崇禎間平露堂刊本）第四冊（卷四九）， |

| | | |
|---|---|---|
| 成化十六年（一四八〇）及以前 | 〇・二五（年豐時）<br>〇・五〇（年歉時） | 頁七一五，王崇之「遼陽時政疏」（據「明憲宗實錄」，史語所校印本，卷一七五，頁二，知上於成化十四年二月庚子），內說：「因遼東屯種不足，發銀糴買，召商上納。……邊境急缺糧儲，……」<br>「明憲宗實錄」卷二〇八，頁六下，「成化十六年十月丙寅」。 |
| 弘治十六年（一五〇三）正月以前 | 〇・一六六（十）—〇・三三三（十） | 「明孝宗實錄」（史語所校印本）卷一九五，頁九，「弘治十六年正月甲午」。 |
| 弘治十六年（一五〇三）正月 | 一・〇 | 同上。 |
| 嘉靖三十七年（一五五八） | 八・〇 | 「明世宗實錄」（史語所校印本）卷四六〇，頁三下至四，載嘉靖三十七年六月己卯，「總督薊遼侍郎王忬奏：遼東……即今歲比大祲，斗米至價銀八錢，民飢死者十八九。」（陳仁錫「皇明世法錄」，台灣學生書局印，卷五六，頁五四，「奏議」同。）又同書卷四七五，頁三下至四，載嘉靖三十八年八月甲子，「巡撫遼東都御史侯汝諒奏：遼左地方……未有全鎮被災，三歲不登，如今日者也。臣春初被命入境，見其巷無炊烟，野多暴骨，蕭條慘楚，目不忍視。問之，則云去年凶饉，斗米至銀八錢，母棄生兒，父食死子，父老相傳， |

景印香港新亞研究所《新亞學報》（第一至三十卷）



| | | |
|---|---|---|
| 嘉靖三十八年（一五五九）八月 | 七・〇 | 咸謂百年未有之災。」「明世宗實錄」卷四七五，頁三下至四，載嘉靖三十八年八月甲子，侯汝諒奏：「遼左……夏秋之交，霪雨田蟲，交相爲蠹。今西成在候，斗米猶至七錢。」 |
| 隆慶元年（一五六七） | 二・〇 | 「明穆宗實錄」（史語所校印本）卷一一，頁一下，「隆慶元年八月癸未」；又頁一一下，「隆慶元年八月庚子」；「皇明經世文編」第二三冊（卷三七〇），頁九八至九九，魏時亮「爲重鎮危苦已極懇乞申飭休養疏」。 |
| 萬曆三年（一五七五） | 〇・三—〇・四 | 「明神宗實錄」（史語所校印本）卷三四，頁五下至六，「萬曆三年正月庚申」，內說「薊、遼連歲豐稔，斗米直三四分。」 |
| 萬曆二十九年（一六〇一）五月 | 二・〇 | 同書卷三五九，頁三下，「萬曆二十九年五月丁未」，內言由於荒旱。 |
| 萬曆四十六年（一六一八） | 三・〇 | 「皇明經世文編」第二九冊（卷四八一），頁五八六，熊廷弼「答李孟白督餉」（萬曆四十七年六月初十日）。此文又見於熊廷弼「經遼疏牘」（明清史料彙編第二集，文海出版社印）卷六，頁九下。 |
| 萬曆四十七年（一六一九）九月 | 一・六—一・七（遼陽） | 「經遼疏牘」卷六，頁四五，「答周毓陽中丞」（萬曆四十七年十月初二日）；又頁四七，「答李孟白督餉」（同年同月初三日）。 |

| | | |
|---|---|---|
| 泰昌元年(一六二〇)八月 | 四・〇 | 「明光宗實錄」(史語所校印本)卷七，頁八下，「泰昌元年八月庚午」；「皇明經世文編」第三〇冊(卷四九五)，頁四六八至四六九，左光斗「題爲急救遼東飢寒事疏」。內說「其一石尚不及山東之四斗」，這可能是由於山東所用斗斛較大的原故。 |
| 泰昌元年(一六二〇)八月底九月初 | 七・〇 | 「經遼疏牘」卷四，頁二二至二三，「欽賞犒軍戶部抵餉疏」(泰昌元年九月初一日)。 |
| 天啓元年(一六二一)五、六月 | 一二・〇(遼陽、廣寧間) | 「明熹宗實錄」(史語所校印本)卷一三，頁五，「天啓元年八月甲戌」。 |
| 天啓元年(一六二一)八月 | 八・〇(廣寧) | 同書卷一三，頁二七，「天啓元年八月丁酉」。 |

## 第二表　明代遼東米價指數(基期：一四五〇)

| 年代 | 每石米價(兩) | 指數 | 年代 | 每石米價(兩) | 指數 |
|---|---|---|---|---|---|
| 約一四五〇 | 〇・二 | 一〇〇 | 一五六七 | 二・〇 | 一、〇〇〇 |
| 一四七八 | 四・〇 | 二、〇〇〇 | 一五七五 | 〇・四 | 二〇〇 |
| 一四八〇 | 〇・四 | 二〇〇 | 一六〇一 | 二・〇 | 一、〇〇〇 |
| 約一五〇二 | 〇・三 | 一五〇 | 一六一八 | 三・〇 | 一、五〇〇 |
| 約一五〇三 | 一・〇 | 五〇〇 | 一六一九 | 一・七 | 八五〇 |
| 一五五八 | 八・〇 | 四、〇〇〇 | 一六二〇 | 五・五(平均) | 二、七五〇 |
| 一五五九 | 七・〇 | 三、五〇〇 | 一六二一 | 一〇・〇(平均) | 五、〇〇〇 |

資料來源：見第一表。一四五〇年米價，以一四四〇年米價來代替。

景印香港新亞研究所《新亞學報》（第一至三十卷）



明代遼東人口消費的糧食，除稻米（大米）外，粟（小米）也非常重要。關於明代遼東的粟價，我們也搜集到一些資料，茲列表如下：

## 第三表　明代遼東每石粟價

| 年代 | 價格（單位：兩） | 根據 |
|---|---|---|
| 成化十二年（一四七七）十二月 | 〇·二五 | 「明憲宗實錄」卷一六〇，頁一〇下，「成化十二年十二月乙未」。 |
| 萬曆元年（一五七三） | 二·〇—七·〇 | 「皇明經世文編」第二六册（卷四二八），頁四八四，侯先春「安邊二十四議疏」（文中言及萬曆十八年事，由此可以推知約撰於萬曆十九、二十年左右），內言：「時值災荒，米珠薪桂，斗粟銀二、三錢，有至六、七錢者」。 |
| 萬曆六年（一五七八） | 二·〇—七·〇 | 同上。 |
| 萬曆十四年（一五八六） | 二·〇—七·〇 | 同上。 |
| 約萬曆十九、二十年（一五九一—九二） | 〇·七 | 同上。 |
| 萬曆二十九年（一六〇一）五月 | 一·〇 | 「明神宗實錄」卷三五九，頁三下，「萬曆二十九年五月丁未」，內言由於荒旱。 |

| | | |
|---|---|---|
| 萬曆四十八年，即泰昌元年（一六二〇） | 二・〇—二・七 | 「明光宗實錄」卷七，頁八下，「泰昌元年八月庚午」，說八月粟每石二兩。（「皇明經世文編」第三〇冊，卷四九五，頁四六八至四六九，左光斗「題爲急救遼左飢寒事疏」同。）「經遼疏牘」卷四，頁二二至二三，「欽賞犒軍戶部抵餉疏」（萬曆四十八年九月初一日）說八月底九月初每石二兩五錢。同書卷二，頁四二，「錢糧缺乏至極疏」（萬曆四十八年）則說每石二兩七錢。 |

根據第一、二兩表，我們可知明代遼東的米價，自正統年間（一四三六—四九）至天啓初年（一六二一），雖然一起一伏的變動，但就長期觀點來看，顯然有長期上漲的趨勢。在這將近兩個世紀的期間內，有三個米價特別上漲的時期，即成化十四年（一四七八）（每石銀四兩），嘉靖三十七、八年（一五五八—五九）（每石七、八兩），及萬曆四十六年（一六一八）（每石三兩）至天啓元年（一六二一）（每石十二兩）。這前後三次米價上漲的高峯有後來居上的趨勢。換句話說，如以成化十四年的米價爲基期，嘉靖三十七、八年爲它的兩倍，天啓元年爲它的三倍。復次，就遼東的粟價來說，我們也可以約畧看出，萬曆年間（一五七三—一六二〇）的價格，約比一個世紀以前的成化年間（一四六五—八七）高出數倍至十餘倍。

（2）薊州　薊州鎮故治在今河北省薊縣，其分守地包括今之河北邊外山海關至居庸關的長城。關於明代薊州的米價，茲撰成第四、五兩表。

## 第四表　明代薊州每石米價

| 年代 | 價格（單位：兩） | 根據 |
|---|---|---|
| 正統十四年（一四四九） | ○・二五（永平糧價） | 「明英宗實錄」卷一八四，頁一○下，「正統十四年十月戊午」。 |
| 景泰七年（一四五六） | ○・二五（永平和糴價） | 同書卷二六九，頁五，「景泰七年八月甲寅」。 |
| 嘉靖十二年（一五三三） | ○・四（一）—○・五（一） | 「皇明經世文編」第一六冊（卷二五九），頁六二四，唐順之「早定東宮朝賀禮以慰羣情疏」（約撰於嘉靖十八年，參考「明史」，百衲本，卷二○五，頁二一，「唐順之傳」）。 |
| 約嘉靖十八年（一五三九） | 一・五（＋）（灤東） | 同上。 |
| 嘉靖三十七年（一五五八） | 一・一（＋）（灤東） | 「明世宗實錄」卷四六四，頁九及一二，「嘉靖三十七年九月辛丑」。 |
| 萬曆三年（一五七五） | ○・三—○・四 | 「明神宗實錄」卷三四，頁五下至六，「萬曆三年正月庚申」，內言由於連歲豐稔。 |
| 萬曆二十九年（一六○一）五月 | 二・○ | 同書卷三五九，頁三下，「萬曆二十九年五月丁未」，內言由於荒旱。 |
| 萬曆三十年（一六○二） | ○・五（密雲） | 同書卷三七四，頁三，「萬曆三十年七月壬戌」，內言年豐價賤。 |

| | | |
|---|---|---|
| 天啓三年（一六二三）十一、二月 | 四・〇（山海關） | 「明熹宗實錄」卷四一，頁二六，「天啓三年十一月乙酉」；卷四二，頁一下至二，「天啓三年十二月丙戌」。 |
| 天啓四年（一六二四）五月 | 〇・八（山海關） | 「明熹宗實錄」（梁鴻志影印本）卷四二，頁八，「天啓四年五月辛巳」。 |
| 天啓五年（一六二五）三月 | 二・〇（山海關） | 「明熹宗實錄」卷五七，頁二八下，「天啓五年三月甲戌」。 |
| 天啓六年（一六二六）七月 | 〇・六—〇・七（山海關） | 同書卷七四，頁四下，「天啓六年七月丁丑」。 |

## 第五表　明代薊州米價指數（基期：一四五〇）

| 年代 | 每石米價（兩） | 指數 | 年代 | 每石米價（兩） | 指數 |
|---|---|---|---|---|---|
| 約一四五〇 | 〇・三 | 一〇〇 | 一六〇一 | 二・〇 | 六六七 |
| 一四五六 | 〇・三 | 一〇〇 | 一六〇二 | 〇・五 | 一六七 |
| 一五三三 | 〇・五 | 一六七 | 一六二三 | 四・〇 | 一、三三三 |
| 一五三九 | 一・五 | 五〇〇 | 一六二四 | 〇・八 | 二六七 |
| 一五五八 | 一・一 | 三六七 | 一六二五 | 二・〇 | 六六七 |
| 一五七五 | 〇・四 | 一三三 | 一六二六 | 〇・七 | 二三三 |

資料來源：見第四表。一四五〇年米價，以一四四九年米價來代替。

我們看過第四、五兩表之後，可知薊州的米價，在正統十四年（一四四九）以後的長期間內，雖然不像遼東米價波動得那麽利害，但在嘉靖（一六二二—六六）中葉前後，及萬曆（一五七三—一六二〇）中葉以後，也向上升漲，其後到了天啓三年（一六二三），以山海關米價爲例，更漲至每石售銀四兩，約爲十五世紀中葉的十三倍有多。

（3）宣府　宣府鎮故治在今察哈爾宣化縣，（註三）其分守地爲今察哈爾延慶縣至山西大同境的長城。

現在把明代宣府的米價，列表如下。

### 第六表　明代宣府每石米價

| 年代 | 價格（單位：兩） | 根據 |
|---|---|---|
| 正統十年（一四四六） | 〇·四一六（+）—〇·五（因地而異） | 「明英宗實錄」卷一三二，頁八下，「正統十年八月乙丑」。 |
| 景泰元年（一四五〇） | 〇·四一六(+)（陳米）〇·五八八(+)（新米） | 同書卷一九六，頁八，「景泰元年九月己未」。 |
| 景泰三年（一四五二） | 〇·五（柴溝堡） | 同書卷二二〇，頁一〇，「景泰三年九月丁未」。 |
| 成化二十年（一四八四）三月 | 二·〇 | 「明憲宗實錄」卷二五〇，頁七下，「成化二十年三月壬子」，內言荒旱米貴。 |

| | | |
|---|---|---|
| 弘治十五年（一五〇二） | 一・八—一・九（糧價） | 「明孝宗實錄」卷一九二，頁八下至九，「弘治十五年十月辛酉」。 |
| 正德十五年（一五二〇）七、八月 | 二・〇 | 「明武宗實錄」（史語所校印本）卷一八九，頁三，「正德十五年八月甲子」，內說：「宣府連年災傷，……人民缺食，餓死者衆。」 |
| 約嘉靖十四年（一五三五） | 一・三—一・四（青黃不接時糧價） | 「皇明經世文編」第一一冊（卷一六〇），頁一一六，韓邦彥「議處年久浥爛預備倉糧以濟時艱事」；清高宗敕撰「明臣奏議」（叢書集成本）卷二三，頁四〇一，韓邦彥「議處浥爛倉糧疏」（嘉靖十四年）。文中說：「宣府……目下青黃不接，……召商糴買，銀一兩三四錢，方可得糧一石，而米價愈至於騰踴。」可見糧價指的就是米價。 |
| 嘉靖三十二、三年（一五五三—五四） | 五・〇 | 陳仁錫「皇明世法錄」卷六三，頁二〇下至二一，「兵政考」。 |
| 約嘉靖三十八年（一五五九） | 三・一四（+）—三・二八（+） | 「皇明經世文編」第一五冊（卷二四四），頁六六八，徐階「請處宣大兵餉」。「明史」卷二一三，頁四，「徐階傳」在敍述此疏之後不久，即說「階尋加太子太師」。據「明史」卷一一〇，頁七下，「宰輔年表」，他於嘉靖三十九年八月晉太子太師。由此可以推知，此疏約上於嘉靖三十八年左右。 |

景印香港新亞研究所《新亞學報》（第一至三十卷）



| | | |
|---|---|---|
| 崇禎十年（一六三七） | 四・〇 | 中央研究院歷史語言研究所編「明清史料」（上海商務，民國二十五年）乙編第二本，頁一九三下，「兵部題行『兵科抄出本部員外郎魏公韓奏』稿」（崇禎十年）。 |

## 第七表　明代宣府米價指數（基期：一四五〇）

| 年代 | 每石米價（兩） | 指數 |
|---|---|---|
| 一四五〇 | 〇・五（平均） | 一〇〇 |
| 一四五二 | 〇・五 | 一〇〇 |
| 一四八四 | 二・〇 | 四〇〇 |
| 一五〇二 | 一・九 | 三八〇 |
| 一五二〇 | 二・〇 | 四〇〇 |
| 約一五三五 | 一・四（平均） | 二八〇 |
| 一五五三—五四 | 五・〇 | 一、〇〇〇 |
| 約一五五九 | 三・二 | 六四〇 |
| 一六三七 | 四・〇 | 八〇〇 |

資料來源：見第六表。

根據第六、七兩表，可知明代宣府的米價，在十五世紀中葉前後還相當便宜，每石約售銀四錢多至五錢左右；但到了十五、六世紀間，米價貴時每石要售銀二兩或將近二兩左右；其後到了十六世紀中葉及十七世紀的三十年代，每石米價更高漲至銀五兩或四兩。

（4）大同　大同鎮故治在今山西省大同縣，（註四）其分守地爲山西邊外的長城　。關於明代大同的米價，現在根據記載撰成第八、九兩表。

## 第八表　明代大同每石米價

| 年代 | 價格(單位：兩) | 根據 |
|---|---|---|
| 景泰元年(一四五〇) | 〇・四 | 「明英宗實錄」卷一九六，頁八下，「景泰元年九月庚申」。 |
| 成化二十年(一四八四)三月 | 二・〇 | 「明憲宗實錄」卷二五〇，頁七下，「成化二十年三月壬子」，內言荒旱米貴。 |
| 弘治六年(一四九三)四月 | 〇・九 | 「明孝宗實錄」卷七四，頁七下，「弘治六年四月丙午」。 |
| 嘉靖三十三年(一五五四)十一月 | 約三・〇 | 「明世宗實錄」卷四一六，頁二，「嘉靖三十三年十一月癸卯」。內說：「大同……六萬餘金，以時估計之，可得米二萬餘石。」由此推算，可知每石米價約爲銀三兩左右。 |
| 嘉靖三十七年(一五五八)八月 | 一・一一(+) | 同書卷四六三，頁一下，「嘉靖三十七年八月壬戌」。 |
| 嘉靖三十八年(一五五九)二、三月 | 三・〇 | 同上。 |
| 約嘉靖三十八年(一五五九) | 三・一四(+)—三・二八(+) | 「皇明經世文編」第一五冊(卷二四四)，頁六六六八，徐階「請處宣大兵餉」(約撰於嘉靖三十八年，參看第 |

景印香港新亞研究所《新亞學報》（第一至三十卷）


| | | |
|---|---|---|
| 崇禎十年（一六三七） | 四・〇 | 六表）。上引「明清史料」乙編第二本，頁一九三下。 |

## 第九表　明代大同米價指數（基期：一四五〇）

| 年代 | 每石米價（兩） | 指數 |
|---|---|---|
| 一四五〇 | 〇・四 | 一〇〇 |
| 一四八四 | 二・〇 | 五〇〇 |
| 一四九三 | 〇・九 | 二二五 |
| 一五五四 | 三・〇 | 七五〇 |
| 一五五八 | 一・一 | 二七五 |
| 約一五五九 | 三・二（平均） | 八〇〇 |
| 一六三七 | 四・〇 | 一、〇〇〇 |

資料來源：見第八表。

第八、九兩表告訴我們：明代山西北部大同一帶的米價，與宣府米價變動的趨勢幾乎完全一樣。換句話說，大同每石米價，在十五世紀中葉約值銀四錢，其後有上漲趨勢，及十六世紀中葉和十七世紀的三十年代，更上漲至每石售銀三兩有多或四兩。

（5）延綏　延綏鎮城初在陝西綏德，及成化九年（一四七三）更向北遷移至陝西榆林，（註五）故又名榆林鎮，其分守地包括由延安至綏德的陝西北部地區。茲將明代延綏米價，列表如下。

## 第十表　明代延綏每石米價

| 年代 | 價格（單位：兩） | 根據 |
|---|---|---|
| 成化年間（一四六五—八七）以前 | ○・二 | 「皇明經世文編」第一二冊（卷一八六），頁五一八，霍韜「天戒疏」。文中說：「臣伏見陛下因星變風霾，引咎責躬，且責臣等有言。」據「明史」卷一七，頁九，「世宗紀」，此事發生於嘉靖十一年（一五三二）八月。故可推知，此疏上於嘉靖十一年。 |
| 成化八年（一四七二）九月 | 一・二五—一・四二八（十） | 「明憲宗實錄」卷一〇八，頁八，載成化八年九月癸丑，「巡撫延綏右副都御史余子俊等奏：……今山、陝之間，旱雹所傷，秋成甚薄，每銀一錢止糴米七八升，……」現在根據這個記載，把當日延綏每石米價計算出來。 |
| 約成化十一年（一四七五） | 一・六六（十）（榆林等處倉米）<br>二・五（榆林等處新米） | 「皇明經世文編」第五冊（卷六九），頁七三九，王越「禦寇方畧疏」。文中說：「虜酋李忽等，自成化五年以來，陸續擁衆過入河套，不時入寇，至今五年之上。」由此推算，可知此疏約上於成化十一年左右。 |
| 成化十二年（一四七六）十月 | ○・五 | 「明憲宗實錄」卷一五八，頁四，載成化十二年十月「庚辰，巡撫延綏等處左僉都御史丁川等言：戶部先行延綏 |

景印香港新亞研究所《新亞學報》（第一至三十卷）



| | |
|---|---|
| 弘治十四年（一五〇一）以前 | 〇・三三（＋）－〇・五 |
| 弘治十四年（一五〇一）以後 | 一・一一（＋）－一・二五（熟時）<br>一・六六（＋）－二・〇（不熟時） |
| 弘治十五年（一五〇二） | 一・八－一・九（楡林） |
| 約嘉靖七年（一五二八） | 一・四二（＋）－二・〇 |
| 嘉靖十一年（一五三二） | 五・〇 |

等倉開中兩淮等運司……鹽，每引米豆六斗或四斗者，止直銀三二錢；三斗二斗者，止直銀一錢五分。……」由此可以推知，當日延綏每石米約值銀五錢左右。

「皇明經世文編」第一二冊（卷一八九），頁六四三至六四四，唐龍「大虜住套乞請處補正數糧草以濟緊急支用疏」（約撰於嘉靖十一年，參考「明史」卷二〇二，頁五，「唐龍傳」）。

同上。

「明孝宗實錄」卷一九二，頁九，「弘治十五年十月辛酉」。

胡世寧「胡端敏公奏議」（江蘇巡撫采進本）卷一〇，頁二六，「盡瀝餘忠以求采擇疏」（約撰於嘉靖七年，參考徐學聚「國朝典彙」，明刊本，卷九七，頁一六，「鹽法」）。

上引霍韜「天戒疏」說：「「甘肅、延綏軍士，月糧一石，折銀三錢或四錢。成化以前，米一石價銀二錢，軍士得銀四錢，買粟二石，食烏得不足也？今則銀一錢，僅買粟二升，銀四錢買粟僅八升矣！」」文中把「米」、「粟」

| | | |
|---|---|---|
| | | 兩字交互使用，可能是因爲當日在甘肅、延綏一帶，米價與粟價不相上下的原故。 |
| 約隆慶年間（一五六七—七二） | 一・一一（＋）—一・二五（鄰境豐收時）<br>一・六六（＋）—二・〇（虜患荒歉時） | 「皇明經世文編」第二〇冊（卷三一九），頁一〇〇，王崇古「陝西歲費軍餉疏」（約撰於隆慶年間，參考「明史」卷二二二，頁五至一二，「王崇古傳」）。 |
| 萬曆十年（一五八二）四月 | 一・四二八（＋）（楡林） | 「皇明經世文編」第二五冊（卷四〇七），頁二一五至二一六，蕭彥「敬陳末議以備采擇以裨治安疏」。按此疏上於萬曆十一年，（參考寺田隆信「明代北邊的米價問題」，日文，「東洋史研究」，日本京都，一九六七，第二十六卷第二號，頁一八三。）故疏中說：「去歲四月……該鎮（楡林）銀一錢，米七升有奇」，當指萬曆十年四月而言。 |
| 崇禎四年（一六三一） | 四・〇 | 「明史」卷二四八，頁九下，「李繼貞傳」，內言由於飢荒。 |

景印香港新亞研究所《新亞學報》（第一至三十卷）



## 第十一表　明代延綏米價指數（基期：一四五〇）

| 年代 | 每石米價（兩） | 指數 | 年代 | 每石米價（兩） | 指數 |
|---|---|---|---|---|---|
| 約一四五〇 | 〇・二 | 一〇〇 | 一五〇二 | 一・九 | 九五〇 |
| 一四七二 | 一・三 | 六五〇 | 一五二八 | 一・七 | 八五〇 |
| 一四七五 | 二・一（平均） | 一、〇五〇 | 一五三二 | 五・〇 | 二、五〇〇 |
| 一四七六 | 〇・五 | 二五〇 | 一五六七—七二 | 一・五（平均） | 七五〇 |
| 約一五〇〇 | 〇・四 | 二〇〇 | 一五八二 | 一・四 | 七〇〇 |
| 約一五〇一 | 一・五（平均） | 七五〇 | 一六三一 | 四・〇 | 二、〇〇〇 |

資料來源：見第十表。一四五〇年米價，以成化年間（一四六五—八七）以前米價來代替。

根據以上兩表，可知明代延綏的米價，在成化年間（一四六五—八七）以前，即十五世紀中葉左右，低廉到每石售銀二錢，其後有漲有落，但到了嘉靖十一年（一五三二）曾高漲至每石五兩，約再過一百年後的崇禎四年（一六三一）則上漲至每石四兩。

（6）甘肅　明代甘肅鎮的鎮守總兵官駐劄甘州城（今甘肅省張掖縣），（註六）其分守地自莊浪北至嘉峪關，即甘肅西北的長城。關於明代甘肅米價及粟價，茲撰成下列三表。

## 第十二表　明代甘肅每石米價

| 年代 | 價格(單位：兩) | 根據 |
| --- | --- | --- |
| 成化年間(一四六五—八七)以前 | ○・二 | 上引霍韜「天戒疏」。 |
| 弘治九年(一四九六) | ○・六(+) | 「明孝宗實錄」卷一一三，頁四下，「弘治九年五月甲子」，內言年飢米貴。 |
| 正德九年(一五一四)六月 | 七・○ | 「明武宗實錄」卷一一三，頁一下至二，載正德九年六月「丁酉，兵部尚書陸完等以甘肅糧草告乏，米石至用銀七兩，請以陝西應納延綏、寧夏、固原等鎮糧草，不拘常例，通融那補，紓甘肅之急。……從之。」按是年陝西也鬧飢荒(見「明史」卷三○，頁二九下，「五行志」)，故甘肅米價因受到影响而特別高漲。 |
| 嘉靖十年(一五三一)以前若干年內 | 一・○—三・○ | 「皇明經世文編」第七冊(卷一○○)，頁三九二至三九三，李承勛「豐財用材」(撰於嘉靖十年，參考「明世宗實錄」卷一二二，頁七下至八，「嘉靖十年二月丙子」)。 |
| 約嘉靖七年(一五二八) | 三・三三(+)—五・○ | 「胡端敏公奏議」卷一○，頁七，「回達入境官軍擊斬退去隨遞番文討要羈留夷使疏」；頁二六，「盡瀝餘忠 |

| | | |
|---|---|---|
| 約嘉靖八、九年（一五二九—三〇） | 三・〇—四・〇 | |
| 嘉靖十年（一五三一） | 五・〇 | 以求采擇疏」；「國朝典彙」卷九七，頁一六，「鹽法」，嘉靖七年正月條。「皇明經世文編」第七冊（卷一〇〇），頁三八二，李承勛「會議事件」（約嘉靖九年）；第一二冊（卷一八一），頁二八二，桂萼「進沿邊事宜疏」（約撰於嘉靖九年，參考「明史」卷一九六，頁一〇至一四，「桂萼傳」）。又同書同冊(同卷)，頁二七〇，桂萼「進哈密事宜疏」(約嘉靖九年)說甘肅「肅州一錢白銀，止買米三升，支銀七錢，纔買米二斗一升，軍士烏得不貧！」同書第一二冊（卷一八六），頁五〇九至五一〇，霍韜「哈密疏」。（鄧球「皇明泳化類編」，隆慶二年刊本，卷一〇三，頁九下至一〇，「鹽法」，繫此疏於嘉靖十年項下。） |

## 第十三表　明代甘肅米價指數（基期：一四五〇）

| 年代 | 每石米價（兩） | 指數 |
|---|---|---|
| 約一四五〇 | 〇・二 | 一〇〇 |
| 一四九六 | 〇・六 | 三〇〇 |
| 一五一四 | 七・〇 | 三、五〇〇 |
| 約一五二五前後 | 二・〇（平均） | 一、〇〇〇 |
| 一五二八 | 四・二（平均） | 二、一〇〇 |
| 一五二九—三〇 | 三・五（平均） | 一、七五〇 |
| 一五三一 | 五・〇 | 二、五〇〇 |

資料來源：見第十二表。一四五〇年米價，以成化年間（一四六五—八七）以前米價來代替。

## 第十四表　明代甘肅每石粟價

| 年代 | 價格（單位：兩） | 根據 |
| --- | --- | --- |
| 天順（一四五七—六四）、成化（一四六五—八七）間 | ○・二 | 上引霍韜「哈密疏」；「明世宗實錄」卷九五，頁一三，「嘉靖七年十一月辛酉」。 |
| 嘉靖七年（一五二八）十一月 | 三・三三（十） | 同上「實錄」。 |
| 嘉靖九年（一五三〇） | 二・五 | 上引「哈密疏」。 |
| 嘉靖十一年（一五三二） | 五・〇 | 上引霍韜「天戒疏」。 |

根據以上三表，我們可以知道，明代甘肅米價變動的趨勢，除正德九年（一五一四）特別昂貴以外，和延綏米價非常相似。甘肅的粟價也和米價一樣，在十五世紀中葉左右比較便宜，及十六世紀二、三十年代間則向上升漲。

第一圖 明代遼東及薊州米價指數

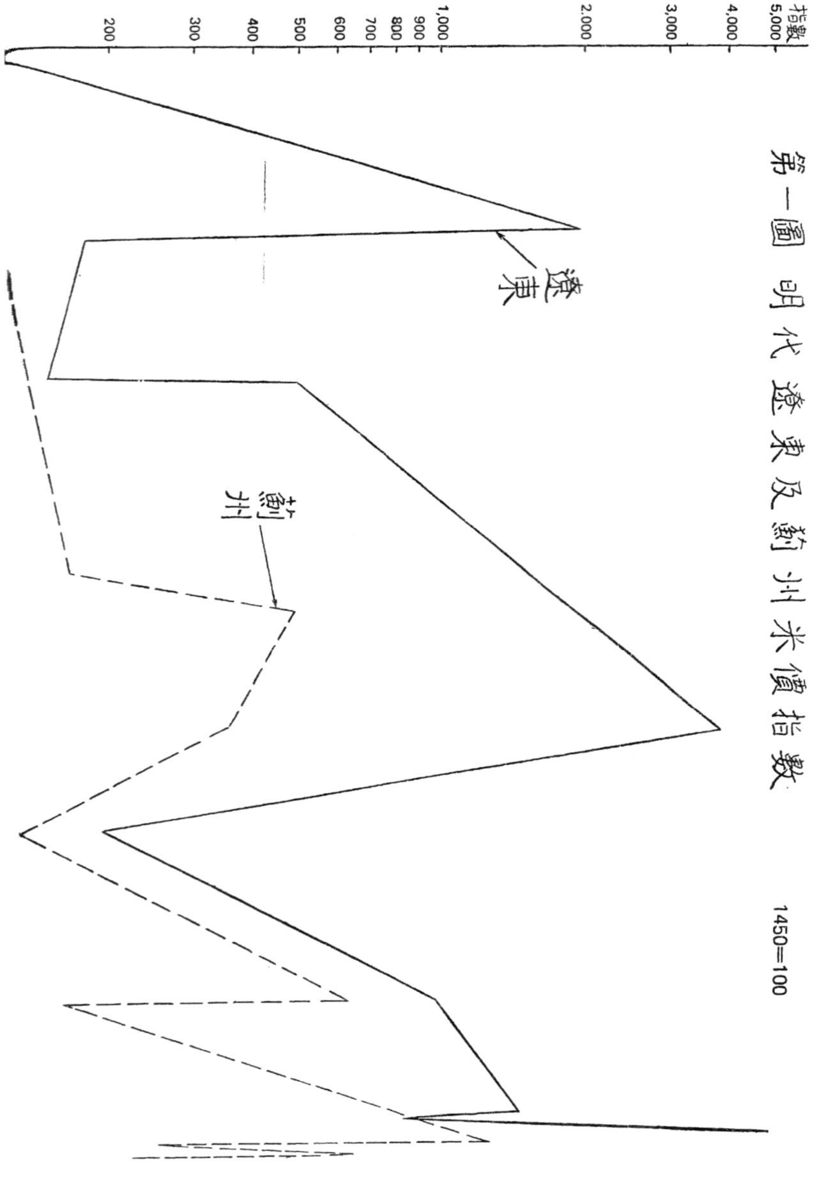

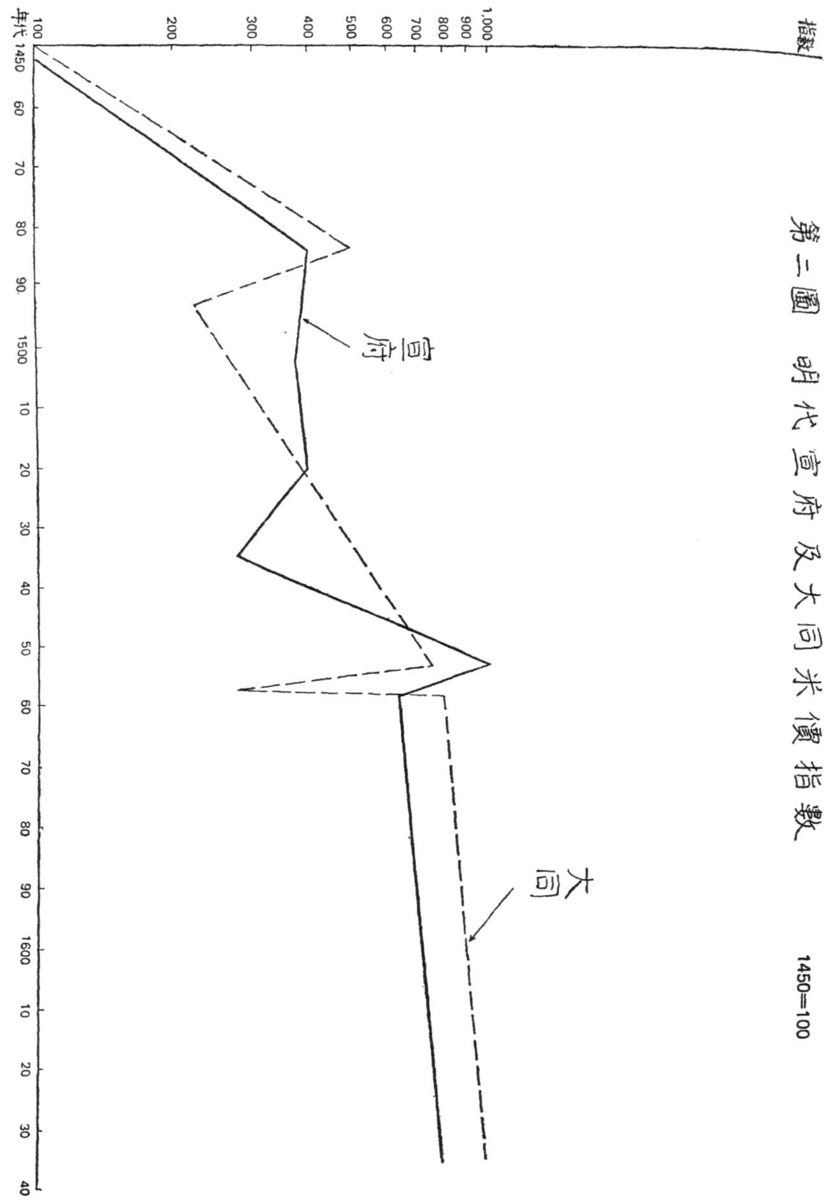
第二圖 明代宣府及大同米價指數
1450=100
指數
1,000
900
800
700
600
500
400
300
200
100
年代 1450
60
70
80
90
1500
10
20
30
40
50
60
70
80
90
1600
10
20
30
40
宣府
大同

第三圖 明代延綏及甘肅米價指數 1450=100

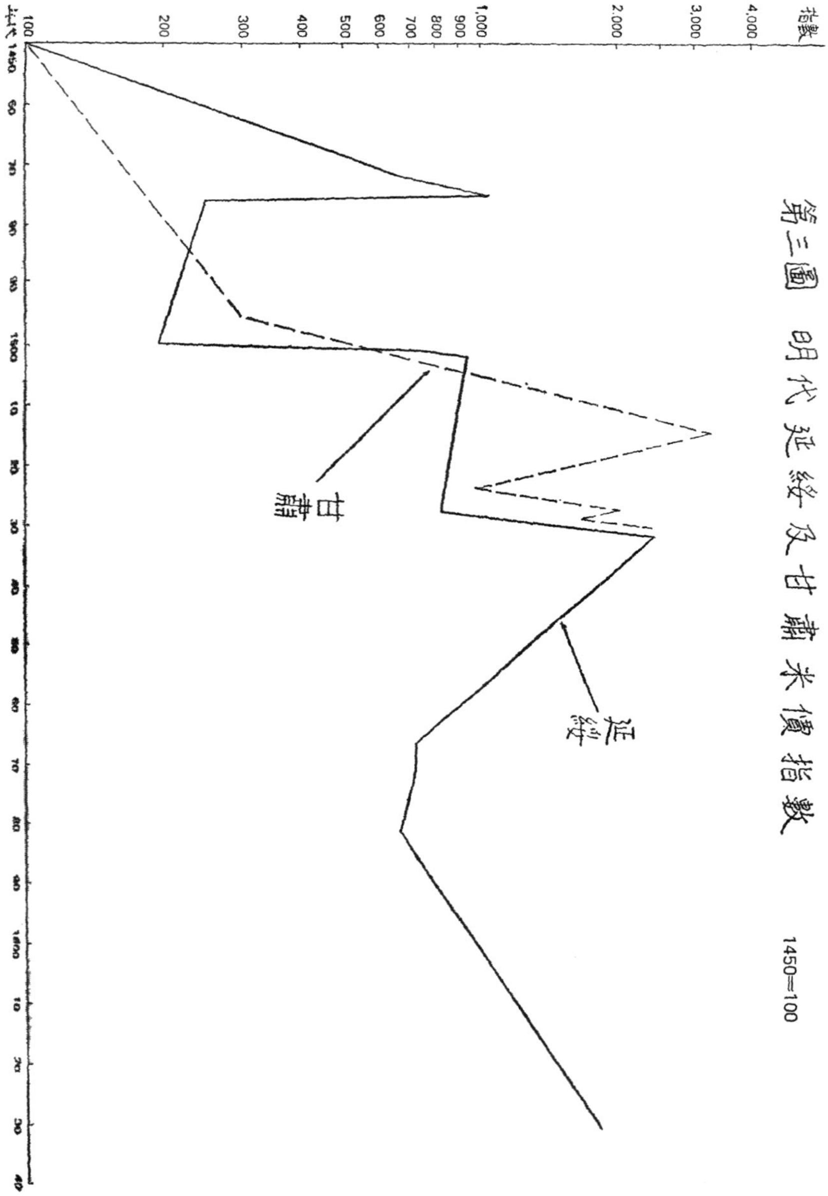

上述明代北方各鎮以銀表示的米價，約在十五世紀中葉以前不久纔有紀錄，這是因爲明朝初葉政府發行「大明寶鈔」，禁止以銀交易，其後到了正統元年（一四三六）纔正式准許用銀作貨幣的原故。明朝政府於洪武八年（一三七五）發行大明寶鈔，規定鈔一貫準錢一千文，銀一兩，或金二錢五分。爲着要保證寶鈔的流通，禁止民間不得以金、銀、物貨交易，違者治罪。可是，在最初發行的數十年內，由於收回受限制，發行不受限制，寶鈔的流通量越來越激增，它的價值便越來越低跌。寶鈔既然要不斷貶值，人民爲着要保護自己的利益，免受損失，自然不願使用或持有寶鈔，從而藐視政府的禁令，相互間改以價值比較穩定的白銀作貨幣來交易。迫於客觀形勢的驅使，到了正統元年，政府在長江以南大部分交通不便地區徵收的田賦，也規定由米、麥改折成銀兩，按照每石折銀二錢五分的比率來徵收，稱爲「金花銀」。人民既然要用銀代替米、麥來納稅，他們必須能夠把農產品拿到市場上出賣，換到銀子作代價纔成。因此，政府「弛用銀之禁，朝野率皆用銀」。（註七）銀既然正式成爲合法的貨幣來流通，各地市場上的物價自然都改用銀兩來表示，故在明代文獻中，約在十五世紀中葉以前不久，北方邊鎮的米價，也開始改用銀兩來計算。

## 三

綜觀明代文獻中關於北邊米價的紀錄，我們可以發見當日北方各邊鎮的米價變動，約有四個比較明顯的特點：

第一個特點是自明代中葉左右開始，北方邊鎮米價長期上漲的趨勢。就遼東來說，在正統五年（一四四〇）

及以前，每石米只售銀一錢至一錢餘，比每石折徵二錢五分的金花銀還要低廉，可是在成化十四年（一四七八）却每石售銀四兩，嘉靖三十七、八年（一五五八—五九）售銀七、八兩，及天啓元年（一六二一）更高漲至每石售銀十二兩。如果拿前後三個米價上漲的高峯來比較一下，我們可以看見，第二個高峯（嘉靖三十七年）爲第一個高峯的兩倍高，第三個高峯（天啓元年）爲第一個高峯的三倍高。宣府、大同的米價，在長期間內雖然沒有像遼東波動得那麼利害，但在嘉靖三十八年及崇禎十年（一六三七），米價昂貴至約爲十五世紀中葉的數倍或將近十倍。延綏的米價，在成化年間（一四六五——八七）以前每石不過售銀二錢，但到了崇禎四年（一六三一）却上漲至每石售銀四兩，即約爲十五世紀中葉的二十倍。明代北邊每五十年平均的米價，根據日本學者寺田隆信的研究，自一四四〇至一四八九年，每石平均售銀〇·四八九兩；一四九〇至一五三九年，上漲至一·七五二兩；一五四〇至一五八九年，上漲至二·六五八兩；一五九〇至一六二五年，更上漲至四·四七七兩。（註八）由此可見，明帝國北方邊境的米價，在十五世紀中葉以後將近二百年的期間內，約上漲九倍多點。

第二個特點是明代北方邊鎮米價之季節性的變動。明代北邊各鎮米糧的供求狀況，在一年中往往因季節的不同而發生變化，故米價在秋天收成時往往比較低廉，但到了春天青黃不接時却非常昂貴。嘉靖十年（一五三一）二月，兵部尙書李承勛說：「大抵邊鎮米價，不論豐凶，冬月猶可，一入初春，日益翔貴。商販以時廢居，牟致巨富。」（註九）當日邊鎮米商賴以獲利的因季節而波動的米價，到底波動得怎麼樣呢？嘉靖四十四年（一五六五）五月，巡撫山西侍郎萬恭說：「三關（雁門關、寧武關、偏頭關，在今山西北部）……往歲八月秋成，銀一兩可得米二石。……延至十月，以爲時估方定，則僅得一石八斗矣。……延及今歲二月，又僅得一石四斗矣。」（註一〇）換句話說，同樣一兩銀子，如在山西北部購米，在春天二月的購買力約只爲去年八月收成時的百分之七十。當日山西北部米價這樣的波動，還算是比較温和的，事實上北方邊鎮的米價，在春天青黃不接時往往爲秋收時的兩倍，或將近三倍。約在嘉靖（一五二二至六六）中葉以前，鄒守愚撰「邊儲議」（註一一），其中說：「且收成之際，多在於七八月，米價之賤，多止於五六錢。……明年之春，……欲糴之日，則病於時估之湧騰，名曰八錢，實過一兩。」又嘉靖三十七年（一五五八）八月，大學士嚴嵩等說：「近聞大同頗熟，銀一兩可得米九斗。……若延至來春二三月時，米價騰貴，銀三兩纔可得米一石耳。」（註一二）

第三個特點是明代北邊各鎮的米價水準，大部分時間都遠較內地爲高。當日位於國防最前線的北方邊鎮，政府爲着要保障國家的安全，不得不在那裏駐防大量的軍隊。軍隊多了，對於糧食的消耗自然特別增大。可是，沿着長城的大部分地區，由於土壤砂瘠、雨量不足、氣候早寒，糧食的產量非常有限，（註一三）故在那裏集中的軍隊，有賴於內地糧食及其他物資的供應。不過，邊鎮與內地之間，往往因爲地形險阻，交通困難，運輸費用非常之大，（註一四）故加上運費以後，邊鎮米價自然要遠高於內地。約在嘉靖三十八年（一五五九），徐階說：「二鎮（宣府、大同）米、麥，每石值銀三兩以上。而軍士每月支銀七錢，僅買米、麥二斗二三升，豈能養贍？……今北直隸、山東、河南等處，仰賴聖恩，二麥大熟，每石止值銀四錢以下。……」（註一五）由此可知，宣府、大同的米、麥價格，將近爲北直隸、山東、河南麥價的十倍。在遼東方面，當萬曆四十八年（一六二〇）熊廷弼談到那裏米糧及其他物品價格的時候，他說：「每銀一兩，不當內地二錢之用。」（註一六）其後，到了天啓六年（一六二六）十一月，遼東巡撫袁崇煥也說：「兵每月（銀）二兩，餉豈不厚？

但不屯無粟，百貨難通，諸物常貴，銀二兩不得如他處數錢之用。」（註一七）這可能是比較極端的例子，但明代北方邊鎮的米價，大部分時間都要遠較內地昂貴得多，却是不可否認的事實。

第四個特點是地理上比較接近的邊鎮，米價升降的趨勢大體上都很相似。明帝國北方邊境，東起鴨綠江，西抵嘉峪關，因爲面積廣大，各地米糧的供求狀況當然不盡相同，米價的變動當然也不會完全一樣。可是，如果把上述各邊鎮的米價比較一下，我們可以發見，位於北邊偏東的遼東與薊州，米價變動的趨勢非常相似，這顯然是由於兩鎮的地理位置比較接近的原故。同樣因爲地理上的接近，位於長城中部的宣府與大同，米價升降的趨勢也很相像。復次，關於明末甘肅米價的資料，我們一時還沒有找到，但就嘉靖十年（一五三一）以前的米價來說，位於長城西部的延綏和甘肅，米價變動的趨勢也有若干相似的地方。

## 四

在明代北方邊鎮米價變動的幾個特點中，最值得我們注意的，是中葉以後米價長期上漲的趨勢。對於此點，我們現擬進一步來加以研究。

上引各種記載告訴我們，明中葉後北邊米價上漲的一個重要因素，是米糧的歉收。明代北邊各鎮，因爲駐屯了重兵，對糧食的需求非常之大，市場對糧食供應的變化也很敏感。因此，每當農產收成不好的時候，米價往往比收成好時加倍，（註一八）或將近加倍。（註一九）可是，北方各邊鎮，以楡林（即延綏）爲例，是「熟時實少，不熟時實多」（註二〇）的。如果荒歉的程度加大，米穀價格往往上漲至爲平日的三、四倍。

（註二一）根據第一表，遼東因爲連年歉收，於嘉靖三十七年（一五五八）遭受「百年未有之災」，米價尤其昂貴，每石要售銀八兩。陝西在明季數十年內，常常發生天災——尤其是旱災。萬曆（一五七三至一六二〇）四十八年間，有災荒紀錄的，佔二十五年。崇禎（一六二八至四四）年間，幾乎連年災荒。這和當日西北各地米價的昂貴，當然有密切的關係。（註二二）

農產失收對於米價上漲的影响，我們自然不能否認。但事實上，米糧收成的豐歉，只能解釋米價的短期波動；因爲本年糧產歉收固然促使糧價上漲，如果其他情形不變，只要明年豐收，糧價自然要回復至原來較低的水準的。可是，如上述，明中葉後北方邊鎮的米價，雖然有起有伏，從長時期的觀點來看，很明顯的有長期上漲的趨勢。爲着要瞭解這種趨勢，我們必須從長期的觀點來考察一下明代北邊米糧的供求狀況。現在先從供給方面說起。

由於自然環境的惡劣，明帝國初建立時的北方邊境，有廣大面積的荒閑田及抛荒田。可是，由於國防上的需要，明朝政府却在那裏駐屯重兵，因此要實行屯田政策來開墾荒田，以便增加糧食的供應。當日北方沿邊的田地，有由軍士屯種的，稱爲「軍屯」；有由商人僱人墾殖的，稱爲「商屯」。當軍屯或商屯盛行的時候，駐防於北方邊鎮的軍隊，自然可以得到比較充分糧食的供應；可是，約自明中葉左右開始，軍屯及商屯相繼破壞，邊防軍隊的糧食問題便要嚴重起來了。

明初邊地的軍士，規定三分守城，七分屯種。從事屯種的屯軍，多半每人耕種五十畝的軍屯分地，每年生產所得，以正糧十二石自用，而交納餘糧六石上倉，以給守城軍士。（註二三）這樣一來，利用軍隊勞力來墾種荒田的結果，邊地糧食生產自然增加，從而軍糧問題也就可以解決了。因此，明人常常稱道明初軍屯的盛況。在隆慶三年（一五六九），戶部尚書劉體乾說明初北邊各鎮，「一軍之田，足以贍一軍之用。」（註二四）其中關於遼東的軍屯，成化十九年（一四八三）總理糧儲戶部郎中毛泰說，「自洪武（一三六八至九八）至永樂（一四〇三至二四），爲田二萬五千三百餘畝（按應作頃，畝誤），糧七十一萬六千石有奇。當時邊有儲積之饒，國無運餉之費，誠足食足兵之要道也。」（註二五）此外，大同、甘肅以及其他邊鎮的糧餉，據說也都仰給屯田。（註二六）這些話可能過於誇大，但毫無疑問的，洪武、永樂間軍屯的積極推行，曾有助於北邊駐軍糧餉問題的解決。

可是，明初政府在北邊積極推行的軍屯措施，經過相當時期以後，却逐漸廢弛。北邊田地多半砂瘠，在明朝中葉以前，被分派在那裏耕種的屯軍，多因勞費大，收穫小，賠納不起定額的屯糧（又稱屯糧子粒、屯田子粒、或子粒），而飢困逃亡。（註二七）其後，到了嘉靖年間（一五二二至六六），由於邊防吃緊，敵兵侵擾，屯政更大受破壞。（註二八）因此，早在成化十九年（一四八三），戶部郎中毛泰已經說遼東屯糧的實際收入，「歲不足七八萬（石）之數，較於舊制，屯田之法，十不及一。」（註二九）在弘治年間（一四八八至一五〇五），兵部尚書馬文升說：「不知始自何年，屯田政廢，冊籍無存。」結果屯地「十去其五六，屯田有名無實。」（註三〇）到了嘉靖年間，魏煥說：「今之屯田，十無一存。」（註三一）又總制陝西三邊軍務兵部尚書王瓊說：「屯田滿望，十有九荒，而食不充。」（註三二）又兵科右給事中祝詠說：「甘肅屯田，名存實廢。」（註三三）及隆慶初年（一五六七），戶部尚書馬森說：「屯田十虧七八。」（註三四）再往後，到了萬歷四十一、二年（一六一三至一四），戶部尚書葉向高把洪武、永樂間北方邊鎮每年的屯糧收入，和當年的屯糧收入，加以比較，茲列表如下：

### 第十五表 明代北方邊鎮每年的屯糧收入（單位：石）

| 邊鎮 | 洪武（一三六八—九八）、永樂（一四〇三至二四）間 | 萬曆四十一、二年（一六一三至一四） |
|---|---|---|
| 遼東 | 七〇〇、〇〇〇 | 一七〇、〇〇〇 |
| 薊州 | 一一〇、〇〇〇 | 五〇、〇〇〇 |
| 山西 | 一〇〇、〇〇〇 | 二八、〇〇〇 |
| 延綏 | 六〇、〇〇〇 | 五〇、〇〇〇 |
| 寧夏 | 一八〇、〇〇〇 | 一四九、〇〇〇 |
| 甘肅 | 六〇〇、〇〇〇 | 一三〇、〇〇〇 |

資料來源：「皇明經世文編」第二八冊（卷四六一），頁四〇九，葉向高「屯政考」。按葉氏於萬曆四十一、二年任戶部尚書（見「明史」卷二四〇，頁一至九，「葉向高傳」，及卷一一〇，頁一六至一七，「宰輔年表」），該文當撰於此時。

根據第十五表，我們可知，原來屯糧較多的邊鎮，如遼東、甘肅，在萬曆中葉以後每年的屯糧收入，還不到洪武、永樂間的四分之一；其餘邊鎮的屯糧收入，也較前銳減。綜括起來，葉向高在上引「屯政考」中說：「及嘉（靖）、隆（慶）以來，累清屯田，雖時盈時耗，而較其見存之數，大約損故額十之六七矣。」此外，在

上表中沒有提及的大同屯糧，洪武、永樂間每年多至五十餘萬石，及嘉靖三十八年（一五五九）更減至只有十餘萬石。（註三五）

北邊各鎮原來賴以供應糧餉的軍屯，自明中葉以後既然由盛而衰，那裏的糧食供應自然要大受影响。除軍屯以外，明代北方沿邊的土地，又由商人出資僱人屯墾，稱爲「商屯」。明中葉以前，商屯對於北邊糧食的供應也有貢獻，但自中葉以後，也因制度的改變而日趨衰落。

爲着要滿足北方沿邊駐軍對於糧食的需求，明初政府以食鹽作代價來獎勵商民輸送糧食，名叫「開中」（註三六）。其法規定商民把米粟運往邊境，向官倉繳納，換取鹽引，再拿鹽引到各鹽產區換鹽出賣。每一鹽引須納糧多少，因道路遠近險易，及糧食的種類，而各有不同。例如洪武三年（一三七〇），商人於大同倉入米一石，或於太原倉入米一石三斗，便可得到淮鹽一小引（重二百斤）。（註三七）後來因爲要獎勵商人輸納更多的米粟，政府更減低每一鹽引所須輸納的數量。例「如永樂年間（一四〇三至二四），淮鹽每引不過納米二斗五升，或小米四斗。遇米貴，小米亦止二斗五升。」（註三八）因爲按照這種比率來換取鹽引，有利可圖，同時如果在邊方就地生產糧食，更可節省內地與邊方間的運輸費用，故財力雄厚的鹽商便出資招募流民，在邊地開墾耕種，再把生產得來的米粟就地繳納，換取鹽引。（註三九）這樣一來，貧瘠荒涼的邊地，便因商人的墾闢屯種，而糧產增加，（註四〇）糧價低廉，（註四一）同時軍糧的供應也充裕起來了。（註四二）

可是，這個對明帝國北邊軍糧供應曾經有過貢獻的商屯制度，到明朝中葉左右却日趨廢弛。明代人口消費的食鹽，大部分產於沿海地區，其中尤以兩淮的出產爲最重要。但各鹽產區每年產量的豐歉，遠在北邊各地的政府機構並不完全知道，故召商輸糧，有時不免多發鹽引。由於鹽引發出過多，商人持往各鹽產區換鹽，往往因爲鹽產不足，不能馬上得到，結果只好「守支」（守候鹽的支給）。（註四三）正統五年（一四四〇）正月，「兩淮都轉運使司奏：各處納米中鹽客商，有永樂（一四〇三至二四）中候支，到今祖父子孫相代，尙不能得者。」（註四四）這種情形，到了成化年間（一四六五至八七）更爲嚴重。（註四五）商人因爲深深感覺到守支的痛苦，自然希望這個制度能夠改善。在另外一方面，沿邊荒地既然由商人投資來僱人屯墾耕種，邊地的糧食生產自然增加，糧價自然下跌。當糧價低下的時候，如果仍然按照原來鹽一引易粟二斗五升的比率來開中，政府不免感到吃虧太大。由於這些情勢的驅使，到了弘治五年（一四九二），在淮安出生的戶部尙書葉淇，便應兩淮鹽商的請求，加以改革，規定以後商人不必納粟於邊，只要在鹽產區向都轉運使司納銀，即可得到鹽引，換鹽出賣。因爲每一鹽引所納銀數，遠較原來在邊地繳納米粟的時價爲高，官方也覺得比較上算。（註四六）可是，這樣一來，商人看見此後不必入粟於邊，便不再在那裏墾闢屯種，結果邊地荒蕪，糧產銳減，糧價激劇上漲。（註四七）有鑒於納銀而不納粟的流弊，在葉淇變法後的長期間內，曾經有不少人建議恢復開中法，可是，由於屯墾設備的廢壞、壯丁的離散、邊地的荒蕪，以及其他因素，事實上商屯制度再也不能有效實行了。（註四八）

# 五

綜括上文，我們可知在明代前期本來有助於北邊就地籌足軍糧的軍屯與商屯，自中葉以後都日趨廢弛。由於屯田制度的廢弛，北邊米糧生產不足，供給減小，價格當然要上漲了。

景印香港新亞研究所《新亞學報》（第一至三十卷）



明中葉後北邊米糧價格所以長期上漲，除供給方面的原因以外，我們又可從需求方面來加以考察。

當北邊糧食生產因屯田衰落而減小的時候，在那裏駐屯的軍隊，對於糧食的需求却仍然一樣；有時因爲邊境形勢緊張，戰爭爆發，軍隊加多，對於糧食的需求更要增大。在這種情勢之下，政府既然不能倚賴軍屯或商屯來供應軍糧，爲着要維持邊軍的生活，便不得不運輸銀子前往接濟，稱爲「年例」，或「年例銀」。嘉靖年間，梁材曾撰文說：「正統（一四三六至四九）、景泰（一四五〇至五六）年間，各邊京運年例銀兩多寡不等，大約不過一十萬兩之數。」（註四九）事實上，每歲各邊京運年例銀十萬兩的時間，只限於正統年間及景泰初葉，因爲景泰三年（一四五二）戶部運往陝西、宣府、大同、遼東糴軍餉的銀子已達三十萬兩，（註五〇）景泰七年（一四五六）則爲二十五萬五千兩。（註五一）其後到了天順三年（一四五九）更多至四十三萬兩，四年爲三十五萬五千兩。（註五二）大約初時政府運銀赴邊，還沒有成爲定例，但自成化二年（一四六六）開始，則正式成爲歲額或年例。茲將成化二年以後每年自京輸往各邊的年例銀總額，列表如下：

第十六表　明代各邊年例銀總額

| 年代 | 年例銀（單位：兩） |
|---|---|
| 自成化二年至正德十六年（一四六六—一五二一） | 四〇〇、〇〇〇（十） |
| 嘉靖初年（一五二二） | 五九〇、〇〇〇 |
| 嘉靖十八年（一五三九）後 | 一、〇〇〇、〇〇〇（一） |
| 嘉靖二十八年（一五四九） | 二、二〇〇、〇〇〇 |

| | |
|---|---|
| 嘉靖三十八年（一五五九） | 二、四〇〇、〇〇〇（+） |
| 嘉靖四十三年（一五六四） | 二、五〇〇、〇〇〇 |
| 嘉靖四十五年（一五六六） | 二、七〇〇、〇〇〇（+） |
| 隆慶初年（一五六七） | 二、八〇〇、〇〇〇（+） |
| 隆慶三年（一五六九） | 二、四〇〇、〇〇〇（+） |
| 萬曆十五年（一五八七） | 三、一五九、四〇〇（+） |
| 萬曆十八年（一五九〇） | 四、〇〇〇、〇〇〇（+） |
| 萬曆二十一年（一五九三） | 三、八〇〇、〇〇〇（+） |
| 萬曆二十九年（一六〇一） | 四、〇〇〇、〇〇〇（+） |
| 萬曆三十六年（一六〇八） | 四、九〇〇、〇〇〇（+） |

資料來源：「皇明經世文編」第二七冊（卷四四四），頁四七九至四八〇，王德完「國計日詘邊餉歲增乞籌畫以裕經費疏」（萬曆二十一年）；第二六冊（卷四二六），頁三三五，陳于陛「披陳時政之要乞採納以光治理疏」（撰於萬曆二十二年，參考「明史」卷二一七，頁六，「陳于陛傳」）；第二〇冊（卷三一八），頁四八，王崇古「陝西歲費軍餉疏」；「明神宗實錄」卷一八六，頁六下至七，「萬曆十五年五月癸卯」；卷二二三，頁四，「萬曆十八年五月丁巳」；卷三五五，頁二下，「萬曆二十九年正月己未」；卷四四九，頁六下，「萬曆三十六年八月庚辰」。

看過第十六表以後，我們可知，明代北方各邊的年例銀，自嘉靖初年（一六二二）開始，有越來越增加的趨勢。關於各邊年例銀增加的情形，萬曆二十一年（一五九三）王德完說：「總計弘（治）、正（德）間，各邊年例，大約四十三萬而止。在嘉靖則二百七十餘萬，業已七倍。至今日則三百八十餘萬，且十倍之。」（註五三）根據上表，到了萬曆三十六年（一六〇八），各邊年例銀更多至爲嘉靖以前的十二倍以上。除各邊年例銀的總額以外，王德完又分別列舉每一邊鎮自嘉靖以前至萬曆二十一年的年例銀數，茲列表如下：

## 第十七表　明代每一邊鎮的年例銀數（單位：兩）

| 邊鎮 | 嘉靖（一五二二至六六）以前 | 嘉靖年間 | 萬曆二十一年（一五九三） |
|---|---|---|---|
| 遼東 | 一〇、〇〇〇 | 二〇三、〇〇〇 | 六〇〇、〇〇〇（+） |
| 薊州 | 一五、〇〇〇 | 七三〇、〇〇〇 | 一、二四〇、〇〇〇（+） |
| 宣府 | 五〇、〇〇〇 | | 二九〇、〇〇〇（+） |
| 大同 | 五〇、〇〇〇 | | 四五〇、〇〇〇（+） |
| 山西 | 二〇、〇〇〇 | | 二〇六、〇〇〇（+） |
| 延綏 | 一〇〇、〇〇〇 | 二一〇、〇〇〇 | 三六〇、〇〇〇（+） |

資料來源：王德完前引文，其中又說：「其在甘（肅）、固（原）等鎮，或增八九萬，四五萬，此眇少者也。」（註五四）

根據以上兩表，我們可以看出，自嘉靖初年至萬曆中葉，即在十六世紀的長期間內，政府每年運往北邊各鎮的年例銀，有繼續大量增加的趨勢。其後到了萬曆四十六年（一六一八）四月，努爾哈赤在統一女眞諸部族後，以「七大恨」告天，誓師滅明。隨着遼東戰事的爆發，明朝政府由於軍事上的需要，更繼續不斷的把大量銀子運往使用，稱曰「遼餉」。例如萬曆四十七年（一六一九）八月，吏科等科給事中張延登、官應震等說：「自有遼事迄今一年有奇，而解發該鎮者已四百餘萬。」（註五五）又泰昌元年（一六二〇）八月，戶部奏：「今查（萬曆）四十六年四月起，至今年七月止，共解過遼東銀八百三萬八千有奇。」（註五六）又同年十月「己酉，戶部奏：遼東新餉，自萬曆四十六年閏四月起，至泰昌元年九月止，共發過一千五十一萬五千七百二十三兩有奇。」（註五七）其後到了天啓元年（一六二一）正月，「戶部尚書李汝華條遼餉之數：自萬曆四十六年閏四月二十五日起，至泰昌元年十月十七日止，共發銀一千九百九十三萬二千五百六十兩零；自泰昌元年十月十八日起，至十二月二十六日止，共發銀二十五萬五千八百六十兩；總計發銀之數，二千□□□（按應作：一十八）萬八千三百六十六兩。」（註五八）由此可知，在遼戰發生後的兩年零八個月內，戶部運往遼東的銀子已經超過二千萬兩。除遼東外，如果再加上運往其他邊鎮的年例銀，明季每年在各邊支用的銀子，為數當然很多。

無論是年例銀或是遼餉，都是由政府以稅收及其他方式自全國各地徵集得來，而轉運往各邊支用的。北邊各鎮銀兩開支激增的結果，在市場上對於米糧及其他物品的需求自然增大。可是，有如上述，明中葉後北邊米糧的供應却因軍屯、商屯的相繼衰落而銳減。這樣一來，在中葉以後的長期間內，供給減小，需求增大的結果，北方各邊鎮的米價自然要向上升漲；而萬曆末年以後的遼東，由於遼餉開支的特別增大，米糧及其他物品的價格自然要更加昂貴了。

## 六

綜結上文，我們可知，明代北邊各鎮以銀表示的米價，雖然各有漲落，但自中葉以後，很明顯的有長期上漲的趨勢。米糧價格的漲落，和糧產收成的豐歉當然有密切的關係，可是事實上這只能解釋米價的短期波動；因爲本年米糧歉收，雖然要由於供給減小而價格升漲，如果其他條件不變，到了明年豐收，米價自然仍舊降至原來較低的水準。因此，對於明中葉後北邊米價的長期上漲，我們要從那裏米糧市場上長時期的供求狀況來加以說明。在供給方面，約自明中葉左右開始，原來曾經每年供應邊軍以充足糧食的軍屯與商屯，都相繼廢弛。當屯田廢弛，不能在沿邊就地籌足軍糧的時候，政府爲着要維持邊軍的生活，每年只好運年例銀前往，以便用來收購軍糧，或支發軍餉。故由於年例銀的增加，北邊各地對於米糧的需要也就跟着增大。

明中葉後屯田制度所以由盛而衰，原因有種種的不同，但沿邊形勢緊張，敵兵時常侵擾，當是其中重要的一種。至於各邊年例銀的增加，一方面固然由於邊地米價昂貴，政府不得不多運銀子前往收購，他方面又由於邊防吃緊，軍事支出激增。萬曆末年遼餉的大量開支，更是遼東戰事爆發所致。因此，尋根究底，明中葉後北邊米糧價格所以因求過於供而長期昂貴，沿邊形勢的緊張顯然是其中一個基本的原因。

在北邊刺激米糧價格上漲的年例銀，由嘉靖（一五二二至六六）以前每年的四十萬兩多點，增加至嘉靖末年（一五六六）的二百七十餘萬兩，更增加至萬曆三十六年（一六〇八）的四百九十餘萬兩。到了萬曆四十六年（一六一八）遼戰爆發，明朝政府在兩年零八個月的期間內，光是遼餉的支出，便超過二千萬兩。明廷每年在沿邊支出越來越多的銀子，固然自全國各地搜括得來，而它所以能夠搜括到這許多銀子，和當日外國白銀大量流入，使國內銀流通額激增，也有密切的關係。原來西班牙政府於十五六世紀間佔領美洲後，一方面在那裏開採儲藏豐富的銀礦，他方面以西屬美洲爲基地，於一五六五年佔據菲律賓羣島。自這一年開始，來往於美洲與菲島之間的大帆船，每年都載運大量白銀輸往菲島。這些銀子運抵菲島後，大部分都爲自中國（尤其是福建）前往貿易的商人賺回本國。（註五九）由於大量白銀的長期輸入，中國國內的銀流通量自然激增，故明季政府在各地徵稅時，能夠徵集鉅額的銀子，以滿足北邊軍事上的需要。由此看來，儘管太平洋是這樣的遼濶，遠在西屬美洲的銀礦生產，在明朝末葉的長期間內，對於明帝國北邊米價的波動也是有影响的。

一九六九年七月八日，九龍。

附記：文中有關米價指數的編製與繪圖，曾蒙王業鍵先生幫助，特此誌謝！

# 附註

（註一）「新亞學報」第八卷第一期，頁一五七至一八六，九龍，一九六七。

（註二）魏煥「皇明九邊考」（國立北平圖書館善本叢書第一集）卷二，頁三至四；和田清編「明史食貨志譯註」，東京，一九五七，上卷，頁四一七。

（註三）和田清前引書，上卷，頁四一六。

（註四）同書，上卷，頁四一七；「皇明九邊考」卷五，頁二下至三。

（註五）和田清前引書，上卷，頁四一五。

（註六）同上；「皇明九邊考」卷九，頁三。

（註七）參考拙著「宋明間白銀購買力的變動及其原因」。

（註八）寺田隆信「明代北邊的米價問題」（日　文），「東洋史研究」，日本京都，一九六七，第二十六卷第二號，頁一九四。

（註九）「明世宗實錄」卷一二二，頁八，「嘉靖十年二月丙子」。又「皇明經世文編」第七冊（卷一〇〇），頁三九四，李承勛「豐財用材」說：「各邊穀粟之價，不論豐凶，十二月以前，其價尚可，正月以後，則日貴一日。…………」

（註一〇）「明世宗實錄」卷五四六，頁八至九，「嘉靖四十四年五月壬戌」。

（註一一）「皇明經世文編」第一三冊（卷二〇一），頁四六七至四六八。

（註一二）「明世宗實錄」卷四六三，頁一下，「嘉靖三十七年八月壬戌」。

（註一三）關于明代宣府、大同、延綏、甘肅的糧食生產情況，「皇明經世文編」第二二冊(卷三五八)，頁三四四至三四五，龐尚鵬「清理宣府屯田疏」說：「該鎮（宣府）延袤不及五百里，山川棼錯，地多不毛。求其可施鋤犂者，僅十之三四，而沙磧半之。……即使其廣收而薄歛，猶患不能自存。……」又第二八冊（卷四五二），頁七四，梅國禎「再請罷榷稅疏」說：「且九邊之地，無不稱窮苦，而至窮至苦，則大同為第一。地濱窮荒，土脉沙瘠，而風氣寒冰異常，穡事歲僅一熟。稍遇旱荒，即一熟不可得。自穀、荳、黍、稷之外，百物不產。」又第一五冊（卷二三二），頁二四六，許論「榆林鎮」說：「鎮(榆林鎮，即延綏鎮)城四望黃沙，不產五穀……」（又見「皇明九邊考」卷七，頁一一。）又「明神宗實錄」卷一三三，頁七，載萬曆十一年（一五八三）二月戊戌，「戶部覆：甘肅巡撫王璇、巡按吳定題稱，甘肅地土瘠薄，天氣寒冷；附近力勤者，種一歇二，方能收穫；地遠力薄者，三四年方種一次。……」此外，王毓銓「明代的軍屯」（中華書局，一九六七），頁二四八至二四九，二五一至二五三，也詳細探討明代北邊各重鎮農業落後的情況，可供參攷。

（註一四）例如「明史」卷一八二，頁一二，「馬文升傳」，載弘治十三年（一五〇〇），馬文升說：「其輸邊塞者，糧一石費銀一兩以上；豐年用糧八九石，方易一兩。」又「明孝宗實錄」卷一七七，頁一二，載弘治十四年（一五〇一）閏七月「己巳，戶科給事中許誥……謂陝西之民，近輸夏稅于邊方者，每麥一石，用盤費銀三兩。……」此外，關于邊地交通不便，運費高昂的情況，上引蕭彥「敬陳末議以備採擇以裨治安疏」（參考第十表萬曆十年四月項下）說：「臣彥曩閱定邊（在今陝西西北），則去歲（萬曆十年）四月也。當其時，該鎮（榆林）銀一錢，米七升有奇。至定邊，相去四日程耳，銀一錢即得米二斗有奇。」榆林和定邊的距離不過是走四天的路程，但前者的米價却將近為後者的三倍，這顯然主要由于運費負担太重的原故。

（註一五）上引徐階「請處宣大兵餉」（參考第六表嘉靖三十八年項下）。

（註一六）「經遼疏牘」卷三，頁二〇，「官軍勞苦乞恩慰勞疏」（萬曆四十八年）。

（註一七）「明熹宗實錄」卷七八，頁二二下，「天啓六年十一月乙未」。

（註一八）例如「明憲宗實錄」卷二〇八，頁六下，載成化十六年（一四八〇）十月丙寅，「戶部總理遼東糧儲署郎中金迪奏：遼東……年豐銀一両可糴四石，歉則二石。……」

（註一九）上引唐龍「大虜住套乞請處補正數糧草以濟緊急支用疏」（參考第十表「弘治十四年以前」項下）說：「自弘治十四年（一五〇一）大虜占套，（榆林）民廢耕種，粟、米、草料等項，俱仰給腹裏搬運。銀一錢，遇熟糴米八九升，不熟僅糴五六升。」（「皇明經世文編」第二〇冊，卷三一九，頁一〇〇，王崇古「陝西歲費軍餉疏」畧同。）

（註二〇）同上。

（註二一）「明世宗實錄」卷一二二，頁七下至八，載嘉靖十年（一五三一）二月丙戌，兵部尚書李承勛說各邊鎮「平歲米石銀一兩，……凶歲每石值銀三兩，軍多餓死。……」又卷四一二，頁三，載嘉靖三十三年（一五五四）七月癸丑，「戶部尚書方鈍言：大同鎮……歲荒，穀價踊貴，四倍于舊，……」

（註二二）李文治「晚明民變」（香港遠東圖書公司，一九六六），頁一五至一六。

（註二三）王毓銓前引書，頁一三〇至一三二。

（註二四）「明穆宗實錄」卷三九，頁二，「隆慶三年十一月乙亥」。

（註二五）「明憲宗實錄」卷二四四，頁七，「成化十九年九月戊申」。關于文中「畝」應改爲「頃」的證據，參考王毓銓前引書，頁一一〇至一一一。

（註二六）王毓銓前引書，頁二〇九至二一〇。

（註二七）例如「明宣宗實錄」卷七六，頁二，載宣德六年（一四三一）二月丁酉，「陝西參政陳琰言：寧夏、甘肅……卑下瘠地，則分與屯軍，致屯糧虧欠，兵士饑困。……」又「明英宗實錄」卷一五一，頁六，載正統十二年（一四四七）三月庚辰「減萬全都司開平、龍門二衛屯軍餘糧。先是每軍田五十畝，納餘糧六石。至是各軍以地土沙瘠，種納不敷爲言。……」又「明孝宗實錄」卷九六，頁一，載弘治八年（一四九五）正月庚寅，巡按直隸監察御史韓福言：「邊方田多沙瘠，兼以天氣早寒，災多收少，大同、宣府所屬屯田軍餘（每一軍戶的餘丁，他在營生理，佐助正軍），比因陪納，逃竄四千餘名。……」

（註二八）「明世宗實錄」卷一六二，頁二下至三，載嘉靖十三年（一五三四）四月「己巳，先是戶科給事中管懷理奏言：……今屯田不興，……其弊有四：胡馬充斥，疆埸戒嚴，時不能耕也。牛種不給，力不能耕也。丁壯亡徙，無人以耕也。套（河套）爲虜有，虜反居內，田顧居外，勢不敢耕也。有此四弊，屯政壞矣。……」又「皇明經世文編」第一七冊（卷二八〇），頁七〇六，馮璋「實邊儲疏」（約嘉靖中葉）說：「竊以屯田之廢久矣，而邊屯曠廢，尤爲極甚。自北虜猖獗，住牧近邊，屯軍與虜止隔一牆，則畏怯而不敢于耕。防守之處，日接烽火，加以擺邊之役，晝夜無休，則警急而不暇于耕。田久荒蕪，牛具犂種，盡無從出，則罄竭而不能于耕。」

（註二九）「明憲宗實錄」卷二四四，頁七，「成化十九年九月戊申」。

（註三〇）「皇明經世文編」第五冊（卷六三），頁四七三，馬文升「清屯田以復舊制疏」。

（註三一）同書第一六冊（卷二五〇），頁二一二，魏煥「經畧總考」。

（註三二）「明世宗實錄」卷一〇〇，頁一〇，「嘉靖八年四月戊子」。

（註三三）同書卷一六五，頁三，「嘉靖十三年七月戊寅」。

（註三四）「明史」卷二一四，頁六至七，「馬森傳」。

（註三五）「明世宗實錄」卷四七二，頁七，「嘉靖三十八年五月甲午」。

（註三六）「明史」卷八〇，頁五，「食貨志」說：「召商輸糧，而與之鹽，謂之開中。」按「中」字應讀去聲。

（註三七）同上。

（註三八）「皇明泳化類編」卷一〇三，頁三，「鹽法」。

（註三九）同書卷一〇三，頁四，「鹽法」說：「正鹽，自國初以來，商人相繼在邊上納本色糧料，以致耕者趣利，邊地盡墾，城堡倉厫增至數萬。」又「皇明經世文編」第二八冊（卷四六一），頁四一一至四一二，葉向高「屯政考」說：「國初鹽政修明，輸粟給引。賈人子以積粟爲利，各自設保伍，募衆督耕。畚鍤盛于戈矛，墩埤密于亭障。軍民錯居，守望相助。屯田之興，于斯爲盛（原誤作成）。」

（註四〇）「皇明經世文編」第一二冊（卷一八六），頁五〇八至五〇九，霍韜「哈密疏」說：「昔我太宗皇帝之供邊也，悉以鹽利。其制鹽利也，鹽一引輸邊粟二斗五升。是故富商大賈，悉于三邊，自出財力，自招游民，自墾邊地，自藝菽粟，自築墩台，自立保伍，歲時屢豐，菽粟屢盈。」（「胡端敏公奏議」卷一〇，頁七，前引文，及「國朝典彙」卷九七，頁一六，「鹽法」，嘉靖七年正月條畧同。）又畢自嚴「石隱園藏稿」卷六「覆議屯田疏」（約撰于崇禎元年，參考「明史」卷二五六，頁五至六，「畢自嚴傳」）說：「所謂商屯者，洪（武）、永(樂)之間，用淮、浙、燕、齊鹽課，專給邊餉，每鹽一引輸粟二斗五升，令商自儲于邊，計粟領引。爲商賈者利其息之饒也，遂各不愛重資，招民墾土，自具牛種，自理阡陌，自築墩堡。塞上人烟稠密，士馬飽騰，殷富之風，比于內地，實賴商屯之力。「

（註四一）「皇明經世文編」第一二冊（卷一八六），頁五一九至五二〇，霍韜「天戒疏」說：「成化（一四六五—八七）以前，鹽引皆輸邊粟，故富商自招流民，自墾邊地，自藝菽粟，粟米自多，其價自平，而食自足。」又鄭曉「鄭端簡公今言類編」（叢書集成本）卷二，頁一二一至一二二，「鹽法」說：「國初召商中鹽，量納糧料實邊，不煩轉運，而食自足，……向者上納本色時，商自募民耕種塞下，而得穀爲易，又塞下之積甚多而價輕，……」又「明史」卷八〇，頁九，「食貨志」說：「明初各邊開中，商人招民墾種，築臺堡自相保聚，邊方菽粟無甚貴之時。」

（註四二）「皇明經世文編」第二六冊（卷四三一）頁五九七至五九八，劉應秋「鹽政考」（約撰于萬曆中葉），指出明初商屯的好處，認爲除省去運糧的麻煩，及使失業流民因屯墾而得到就業機會以外，軍糧供應的充裕尤其重要：「商人自募民耕種塞下，得粟以輸邊，有償鹽之利，無運粟之苦，便一。流亡之民，因商召募，得力作而食其利，便二。兵卒就地受粟，無和糴之擾，無侵漁之弊，便三。不煩轉運，如坐得芻糧，以佐軍興，又國家所稱爲大便者。」

（註四三）龍文彬「明會要」（大板）卷五五，頁一六下至一七說：「產鹽有盈有絀，邊地不能懸知，則但知召商開中，而初不爲支鹽計。故守支之弊，在永樂時已不免。逮憲宗（一四六五—八七）之時，……商人益困守支，而鹽亦壅遏不行。夫商人輓輸至數千里外，守支至數十年之久而不得鹽，……然則商人病開中亦極矣。」

（註四四）「明英宗實錄」卷六三，頁九，「正統五年正月丁卯」。又「皇明經世文編」第二八冊（卷四六〇），頁三五一至三五二，李廷機「鹽政考」（約撰于萬曆中葉，參考「明史」卷二一七，頁一三至一五，「李廷機傳」）說：「乃商之困也，自守支始也。次同貫魚，纍同積薪，有數十年老死不得給，至令兄弟妻子代支者，則非便也。」

（註四五）參考註四三。

（註四六）「國朝典彙」卷九六，頁一一下至一二，「鹽法」；「明史」卷一八五，頁三，「葉淇傳」。

（註四七）「明史」卷七七，頁一〇，「食貨志」說：「明初募鹽商于各邊開中，謂之商屯。迨弘治中，葉淇變法，而開中始壞，諸淮商悉撤業歸，西北商亦多徙家于淮。邊地爲墟，米石值銀五兩，而邊儲枵然矣。」又「皇明經世文編」第一二冊（卷一八六），頁五〇九至五一〇，霍韜「哈密疏」記載得更爲詳細，內說：「至天順（一四五七—六四）、成化（一四六五—八七）年間，甘肅、寧夏粟一石，易銀二錢。時有計利者曰：商人輸粟二斗五升，支鹽一引，是以銀五分，得鹽一引也。請更其法，課銀四錢二分，支鹽一引。銀二錢，得粟一石。鹽一引，得粟二石。是一引之鹽，致八引之獲也。戶部以爲實利，遂變其法，凡商人引鹽，悉輸銀于戶部。間有輸粟之例，亦屢行屢止；且須輸粟，亦非復二斗五升之舊矣。商賈耕稼，積粟無用輟業而歸。墩臺遂日頹壞，堡伍遂日崩析，游民遂日離散，邊地遂日荒蕪。戎虜入寇，一遭兵創，生齒日遂凋落，邊方日遂困敝。今千里沃壤，莽然蓁墟，稻米一石，值銀五兩，皆鹽法更弊之故也。」又參考同書第二七冊(卷四四四)，頁四六一至四六二，王德完「救荒無奇及時講求以延民命疏」（約萬曆廿一年）；余繼登輯「典故紀聞」（叢書集成本）卷一七，頁二八一至二八二；「明世宗實錄」卷九五，頁一三，「嘉靖七年十一月辛酉」；「胡端敏公奏議」卷一〇，頁七，前引文；「國朝典彙」卷九七，頁一六，「鹽法」。

（註四八）「明世宗實錄」卷三三七，頁七，載嘉靖二十七年(一五四八)六月辛未，「戶部議覆：南京給事中鄭維誠、御史龔秉德等奉詔陳言財用六事：一、復飛輓。國初開中鹽糧，取助軍餉。………今之不能復本色者，弊亦有三：往者商自募民以佃塞下之田，得穀爲易；今邊田多汙萊矣。往者塞下實而米價廉；今且倍之矣。往者無戎虜蹂躪之患；今歲苦虜矣。亦安所從得芻餉而應召乎？………」又「明神宗實錄」卷三一〇，頁二下至三，載萬曆二十五年(一五九七)五月丙申，「兵部車駕司主事徐中素言：………召商開中以裕邊，………尚書葉淇議改折色，商徙農散，樂土變爲萊蕪。後雖有仍徵米、豆、芻、秫之令，然不過十中之一二矣。商人寧厚値以易粟，無寧墾田以多費，弊所從來久矣。……」又「皇明經世文編」第二七冊(卷四四四)，頁四八一，王德完「國計日詘邊餉歲增乞籌畫以裕經費疏」(約萬曆二十一年)說：「數十年來，謀臣策士蒿目嘔心，思復屯鹽之舊者，至諄切矣。然蓁莽之區，竟無畔岸；開荒之報，多是虛文；逐末之輩，率憚耕耘；開墾之譚，卒成畫餅。」又同書第二八冊(卷四六二)，頁四一二，葉向高「屯政考」(約萬曆四十一、二年)說：「今議者咸謂鹽政不修，則屯政難復，本本原原，其說當矣。顧愚以爲守法易，復法難；法在而復之易，法亡而復之難。今鹽引納銀，從來已久，一旦督粟于邊，吾恐度支之令未下，而輸輓之怨先興也。兼之軍國經費，半倚商緡，必欲以粟易金，弊且捉衿見肘，吾恐邊士之腹未充，而司農之計先窘也。」

（註四九）「皇明經世文編」第七冊（卷一〇五），頁六一七，梁材「議覆陝西事宜疏」。

（註五〇）「明英宗實錄」卷二一五，頁三下至四，「景泰三年四月戊寅」。

（註五一）同書卷二六四，頁六，「景泰七年三月甲午」。

（註五二）同書卷三〇一，頁四，「天順三年三月己丑」；卷三一三，頁一，「天順四年三月戊寅」。

（註五三）「皇明經世文編」第二七冊，頁四八〇，王德完前引文。

（註五四）關于嘉靖前後各邊鎭年例銀數的增加情況，「皇明經世文編」第二四冊（卷三八九），頁一二七至一二八，楊俊民「邊餉漸增供億難繼酌長策以圖治安疏」（萬曆二十一年）也說：「臣考嘉靖以前九邊年例銀，……如薊鎭舊止六萬七千有零，今至三十八萬九千餘兩；密雲舊止一萬五千有零，今至三十九萬四千餘兩；永平舊止二萬九千有零，今至二十四萬六千餘兩；宣府舊止五萬一千，近至三十三萬三千餘兩；大同舊止五萬，近至四十二萬四十餘兩；山西舊止一十一萬，近至二十一萬三千餘兩；延綏舊止十萬，近至三十六萬七千餘兩；其他數未相遠，相置不論。」

其中有些數字，與王德完所說畧有不同，待考。

（註五五）「明神宗實錄」卷五八五，頁一，「萬曆四十七年八月辛亥」。

（註五六）「明光宗實錄」卷四，頁四，「泰昌元年八月庚戌」。

（註五七）「明熹宗實錄」卷二，頁二下，「泰昌元年十月己酉」。

（註五八）同書卷五，頁一下至二，「天啓元年正月乙亥」。

（註五九）拙著「明季中國與菲律賓間的貿易」，「香港中文大學中國文化研究所學報」第一卷（香港，一九六八年九月），頁二七至四九；「明清間美洲白銀的輸入中國」，同上學報第二卷第一期（印刷中）。

# 一六〇三年菲律賓華僑慘殺案始末

余煒

目次

參考書目

附　圖

一　馬尼剌及其附近圖（華人起義軍進攻路線示意）

二　馬尼剌附近省分圖（華人起義軍撤退路線示意）

# 序論

## 甲　菲律賓華僑史之研究

我國華僑絕大部分散佈東南亞各地，數百年來在海外艱苦經營，篳路藍縷，發揮前仆後繼之拓荒精神，終於在海外異邦建立鞏固立足點。華僑對當地發展有其偉大貢獻，對於開發資源，繁榮經濟，起重大作用，對當地社會經濟影響甚深。

以東南亞各地華僑人數比例而言，菲律賓華僑人數顯然最少，僅約二十五萬人，如依據一九六五年菲移民局發表之華僑人口數字（按即指仍保留中國國籍，每年依法向移民局報到繳費者），則僅得十二萬五千四百六十八人。但菲島華僑在當地經濟潛勢力，極堪注意。華僑在菲島社會實在構成重要之一環，是以研究菲律賓華僑歷史不容忽視。

可惜研究菲律賓華僑問題之出版刊物甚少，雖然旅居菲島之華僑學者偶有三兩著作，然而用英文撰寫菲島華僑歷史之專著，直如鳳毛麟角，少之又少，總不及研究泰國、馬來亞、星加坡等地華僑問題之蓬勃。

在香港，陳荊和博士（Chen Ching-ho,Litt.D.）乃唯一研究菲律賓華僑歷史之專家，十數年來就菲島華僑史方面先後發表文章多篇：如刊於大陸雜誌之菲律賓華僑大事誌；刊於馬尼剌新聞日報年鑑之菲律賓華僑史上的人口及居留地；刊於中菲文化論集（中華文化出版事業社）之西屬時代的菲島華僑零售商等。至於華僑史專著方面則有十六世紀之菲律賓華僑（一九六三年新亞研究所東南亞研究專書）及 The Chinese Community

景印香港新亞研究所《新亞學報》（第一至三十卷）



in the Sixteenth Century Philippines（一九六八年日本東洋文庫東亞文化研究中心出版 The Centre for East Asian Cultural Studies, Tokyo, 1968.）。

其他研究菲島華僑史之英文專著，據筆者所知有：

Edgar Wickberg : The Chinese in Philippine Life 1850 – 1898
（Yale University Press, 1965）

Alfonso Felix, Jr : The Chinese in the Philippines 1570 – 1770 Vol. 1
（Manila : Solidaridad Publishing House, 1966）

Enfronio M. Alip : Ten Centuries of Philippine – Chinese Relations
（Manila : Alip and Brion Publications, 1959）

## 乙　菲律賓第一次華僑慘殺案研究緣起

菲律賓自一五七一年（明隆慶五年）五月西班牙官員勒嘉斯比（Miguel Lopez Legaspi）登陸馬尼剌，奠定羣島之統治權以後，菲島政治情況，有重大改變。從前部落割據，土王互爭雄長之狀況，逐漸消失，西班牙人努力擴張統治勢力，菲島漸趨穩定，成爲統一局面。

菲島政治統一，措施漸上軌道，行旅來往自較過去爲安全，而交通發展亦日見便利。菲島新統治者——西班牙人，遠離本國，而菲島原始生產不足以應付西人經營殖民地所需之消費，一切物資供應，惟有仰賴於鄰邦。此種情形，自有利於發展對外之商業貿易。

中國商人遠在西班牙領屬菲律賓以前，在南宋時代經與菲島建立貿易關係。南宋宋理宗寶慶元年（公元一二二五年）時趙汝适（註一）所撰之諸蕃志中，有記中國商人與麻逸土人之貿易情形。而麻逸即今菲律賓之明多羅島（Mindoro）。

諸蕃志卷上所載之麻逸國有云：

「麻逸國在渤泥之北，團聚千餘家，夾溪而居，土人披布如被，或腰布蔽體。……商舶入港，駐於官場前。……交易之例，蠻賈叢至，隨簸籬搬取物貨而去，……蠻賈乃以其貨，轉入他島嶼貿易，率至八九月始歸，以其所得，準償舶商，亦有過期而不歸者，故販麻逸舶回最晚。三嶼、白蒲延、蒲里嚕、里銀、東流、新里漢等皆其屬也。土產黃蠟、吉貝、眞珠、瑇瑁、藥檳榔、于達布。商人用甆器、貨金、鐵鼎、烏鉛、五色琉璃珠、鐵針等博易。」

華商南渡菲土，以物易物，獲利亦豐。及至西班牙人拓展菲島以後，華舶南來從事商業活動者，數量大增。華商以中國絲織品、工業產品、糧食等供應馬尼剌西人，進一步發展成中、菲以及當時西殖民地墨西哥之間三角貿易關係。中國出口貨物，除供應菲島消費之外，更從當地轉口，運往美洲墨西哥販賣。華商在菲島交易後滿載而歸，換回西人擁有之大量墨西哥銀幣，獲利至鉅。

西人在菲地位愈鞏固，華商來菲貿易亦愈增多。除商人外，華籍工匠及農人亦絡繹赴菲島謀生，開闢新天地。工匠製造器物，增進生活便利；農人增加生產，促進糧食供應，對發展西班牙殖民地經濟，大有裨益，是故西人亦深表歡迎。

華僑來菲，源源不絕，數量有飛躍進展。一五七二年（隆慶六年），呂宋全部華人不過一百五十名，一五九〇年（萬曆十八年），馬尼剌華商有三四千人，馬尼剌鄰近地區亦有二三千人，合共達六七千人。至一六〇三年（萬曆三十一年），馬尼剌一地華人總數達二萬人（註二）。

當時西班牙人在菲島統治權仍未鞏固，兵力薄弱，西班牙人在菲總數不過八百人，較諸華人，數量懸殊。西人爲此存有戒心，華僑人數不多，可助地方繁榮，但華人數量膨脹時，不但壟斷商埸，更深入內陸，與土人雜處，難保不向頭腦單純之土著煽惑，引發暴亂，威脅西人統治權。

雖然西人對留非華人採取限額措施，規定數目爲四千人（註三），但法立弊生，西人官員，貪汚枉法，華人亦賄賂鑽營，偷渡潛匿，禁令不過一紙空文。

華僑在海外經營，基於經濟動機，事實上並無政治野心。中國爲大陸國家，歷代重視陸上經營，一向忽視海外拓展。有明一代，漠視海外僑民，不加聞問。當日華僑既無組織，亦乏人領導，母國亦不加保護。西班牙人與華人相處日久，自然洞悉原委，每當華人數量擴展至足以威脅菲島政治經濟安危時，一俟有機可乘，即横施辣手，慘殺我華人，藉此消滅當時華僑勢力，歷試不爽。稽諸菲島華僑歷史，先後有五次慘殺華僑之事件發生。計有；

| 次數 | 年代 | 華僑死難人數 |
| --- | --- | --- |
| 第一次 | 一六〇三年 | 二萬餘人 |
| 第二次 | 一六三九年 | 二萬餘人 |

第三次　一六六二年　二千至四千人
第四次　一六八六年　三千至四千人
第五次　一七六二年　約六千人

其中以一六〇三年（明神宗萬曆三十一年）因呂宋機易山採金事件引起之慘殺案肇其端，此一慘殺案牽涉甚廣，對以後菲島華僑命運影響至鉅，在華僑史上佔有重要之一頁。因西班牙人第一次慘殺華僑達二萬餘人之衆，血債如山，而事後明廷對呂宋西班牙人竟無任何制裁，不了了之，稍後華人復往來呂宋如故。從此西班牙人知中國絕不關懷僑民，對華僑採取不聞不問態度；而華僑因利之所趨，亦甘願寄人籬下，備受淩虐而不敢言。此後西班牙人更肆無忌憚，乃陸續發生慘殺華僑事件。自十七世紀始，菲島華僑苦難重重，血淚斑斑，追源禍始，皆由明廷對一六〇三年第一次華僑慘殺案之處理不當，有以致之。筆者有見及此，因致力探索此次呂宋採金事件之經過，華僑慘殺案之始末詳情，及案發後中西雙方交涉之結果與善後。旨在用中國人立場與觀點，盡量蒐羅中外史料，正確記述此次事件之眞象。

本篇文章參考資料英文史料方面主要採自：

1. The Sangley（註四）insurrection of 1603, Blair and Robertson, The Philippine Islands, Vol. XIV, pp. 119 - 139
2. Sangley insurrection, Letters from Pedro de Acuna, Blair and Robertson, The Philippine Islands, Vol. XII, pp. 153 - 167

3. Letter from Benavides to Felipe III, Blair and Robertson, The Philippine Islands, Vol. XII, pp. 101–112

4. The Chinese Mandarins at Manila, Blair and Robertson, The Philippine Islands, Vol. XII, pp. 83 - 97

5. Letter from a Chinese official to Acuna, Blair and Robertson, The Philippine Islands, Vol. XIII, pp. 287 - 291

6. Letter from Acuna to the Viceroy of Ucheo, Blair and Robertson, The Philippine Islands, Vol. XIV, pp. 44 - 50

7. Restitution of Chinese Property, Blair and Robertson, The Philippine Islands, Vol. XIV, pp. 38 – 44

8. On the Sangleys, Letter to Felipe from Pedro de Acuna, Blair and Robertson, The Philippine Islands, Vol. XIII, pp. 221 – 230

9. De la Costa, The Jesuits in the Philippines 1581 - 1768, pp. 203 – 216

10. Antonio de Morga, Sucesos de las Islas Filipinas, annotated by Jose Rizal, published by the Jose Rizal National Centennial Commission, pp. 193 - 222

有關張嶷來菲採金及西人慘殺華僑事件：

明史呂宋傳　清張廷玉修　乾隆四年（一七三九年）刊本

東西洋考卷五呂宋篇　明張燮撰　萬曆四十五年（一六一七年）序刊本

皇明象胥錄卷五呂宋篇　明茅瑞徵撰　崇禎二年（一六二九年）序刊本
皇明世法錄卷八十二呂宋篇　明陳仁錫撰　崇禎五年（一六三二年）刊本
名山藏王享記東南夷三呂宋篇　明何喬遠撰　崇禎十三年（一六四〇年）序刊本
閩書卷三　明何喬遠撰等明代史籍均有記載其事，內容大同小異，其中以東西洋考及明史呂宋傳所記最詳盡。

此外明神宗（萬曆年）實錄亦提供頗多寶貴史料，是以中文史料方面，主要取材於東西洋考、明史呂宋傳及明神宗實錄。

## 附註

（註一）趙汝适於南宋寧宗開禧元年（一二〇五年）時被任爲提舉福建路市舶，駐福建泉州。趙氏積累二十年爲市舶司經驗，於公元一二二五年在泉州任內寫成「諸蕃志」。

（註二）Victor Purcell, The Chinese in Southeast Asia, P. 501

（註三）Ibid.

（註四）Sangley 即指華人，源出於福建語「生理」，「生理」即「人」之意。參看陳荊和博士：十六世紀之菲律賓華僑，頁三〇。

## 第一章　張嶷呂宋機易山採金之計議

明萬曆十年（一五八二年）後，神宗怠於政，宦官弄權，政治敗壞。且四方多故，所謂寧夏、朝鮮、播州三大征（註一），耗費軍餉一千多萬兩，造成明室財政困難之致命傷。

明皇室宗藩奢靡無度，支銷浩繁，神宗又貪財好貨，假賦稅以搜刮民財，於是各地稅監遍佈，催徵無已時。萬

景印香港新亞研究所《新亞學報》（第一至三十卷）


曆二十四年（一五九六年）始，神宗更派遣中官礦監，四出開礦征稅，佞臣奸民競相奏請開採各地礦砂，藉勢漁利。

明史卷三〇五列傳一九三宦官陳增傳有曰：

「萬曆十二年（一五八四年），房山縣民史錦奏請開礦，下撫按查勘，不果行。十六年（一五八八年），中使祠五臺山還，言紫荊關外廣昌靈邱有礦砂，可作銀冶，帝聞之喜，以大學士申時行等言而止。十八年（一五九〇年），易州民周言、張世才復言，阜平房山各產礦砂，請遣官開礦，（申）時行等仍執不可。至二十年（一五九二年），寧夏用兵，費帑金二百餘萬，其冬，朝鮮用兵，首尾八年，費帑金七百餘萬，二十七年（一五九九年）播州用兵，又費帑金二三百萬，三大征踵接，國用大匱。而二十四年（一五九六年），乾清、坤寧兩宮災。二十五年（一五九七年），皇極、建極、中極三殿災，營建乏資，計臣束手，礦稅由此大興矣。其遣官自二十四年（一五九六年）始，其後言礦者爭走闕下，帝即命中官與其人偕往，天下在在有之……。」

明神宗萬曆三十年（一六〇二年）七月有奸民張嶷者，乃福建同安人（註二），曾旅居呂宋，爲造椅匠及木匠（註三），對呂宋情形頗爲熟悉。因勾結一京師禁衞武弁百戶名閻應隆（或閻應龍）者（註四），借託閻應隆爲疏首，上疏明帝，奏陳呂宋機易山盛產金銀，如獲授權前往開採，歲可得金十萬兩，銀三十萬兩（註五）。

此事明史卷三二三呂宋傳有記曰：

「……其時礦稅使者四出，奸宄蠭起言利，有閻應龍、張嶷者，言呂宋機易山素產金銀，採之歲可得金十萬兩、銀三十萬兩。以三十年（一六〇二年）詣闕奏聞，帝即納之……。」

呂宋採金一事，相信乃由張嶷所發起，閻應隆僅受人利用。當日四方言利之徒，奸弁積猾，率上章請遣中貴出督礦（註六），而請開礦之奏議，皆假武弁如百戶、副千戶、千戶，甚至指揮使之名入奏，例不勝舉（註七）。考京禁武弁在京城會極門上疏，請開礦抽稅，可直達天聽，通政司大臣無由封駁。會極門即左順門，凡京官上下接本俱在此（註八）。

萬曆野獲編卷二十京職章奏異名頁五一七有稱：

「今本章名色，爲公事則曰題本，爲他事則曰奏本。收本之處，在內則曰會極門。在外則爲通政司，凡投通政者不盡得上聞，其或事體窒礙，或情節矯誣者，一切駁回，但存案備照。以故近年棍徒以開礦抽稅請者，必借託一在京武弁爲疏首。竟於會極門上疏，則非封駁之司不得問矣，此最爲弊藪，而無如之何。」

閻、張二人奏疏入，神宗意動，乃有朝命福建守臣赴海外呂宋查察其事之議，舉朝駭異。左都御史温純力奏不可，指斥閻、張妄言，有如戲劇。機易山雖在海外，決無金銀成斛，遍地任人淘取之理。稅璫惡弁參隨諸奸之威，能行於中國，決不能行於外夷，安能採得金銀數十萬之鉅。張嶷之徒，乃亡命海寇之屬，意欲假借朝命，私運禁物通番，在海外列寨稱王。日後洩漏軍機，勾引諸國，爲患無窮。温純力主將閻、張二人挐送法司正罪，其他忠貞敢言之士亦連章力爭，但神宗不納。

明史卷三二三呂宋傳有曰：

「……命下，舉朝駭異，都御史温純疏言：近中外諸臣，爭言礦稅之害，天聽彌高，……而閩中奸徒，又以機易山事見告，此其妄言，眞如戲劇。不意皇上之聰明，而悞聽之。臣等驚魂搖曳，寢食不

景印香港新亞研究所《新亞學報》（第一至三十卷）



寧。異時變興禍起，費國家之財不知幾百萬，倘或剪滅不早，其患又不止費財矣。臣聞海澄市舶高寀已歲徵三萬金，決不遺餘力而讓利。即機易越在海外，亦決無遍地金銀，任人探取之理，安所得金十萬，銀三十萬以實其言。不過假借朝命，闌出禁物，勾引諸番，以逞不軌之謀，豈止煩擾公私，貽害海澄一邑而已哉。昔年倭患，正緣奸民下海私通，大姓設計勒價，致倭賊憤恨，稱兵犯順。今以朝命行之，害當彌大。及乎兵連禍結，諸奸且效汪直，曾一本輩故智，負海稱王，擁兵列寨，近可以規重利，遠不失爲尉佗，於諸亡命之計得矣，如國家大患何。乞急寘於理，用消禍本。言官金忠士、曹於汴、朱吾弼等亦連章力爭，皆不聽……。」

明神宗萬曆實錄，卷三七五，頁九至十記述其事更爲詳確：

「萬曆三十年（一六〇二年）八月庚寅朔，丙戌、左都御史溫純言：年來部臣言語，以及撫按力陳榷採之患，……閻應隆、張嶷有航海貿易，進金十萬銀三十萬之奏，此其言眞如戲劇。咲以　皇上之天聰天明，亦信以爲庶幾可望。臣等驚魂搖曳，寢食靡皇。恐異時兵起禍興，費　皇上之財不知幾百萬，又不知能起而撲之否？至於不能撲，而其禍不止於費財矣。……至於閻應隆、張嶷之奏，尤爲悖謬不道。臣等聞海澄市舶抽稅，高寀已每歲得銀三萬，決不遺餘力而讓利。竊料機易山雖在海外，決無金銀成斛，遍地任人淘取之理。又料稅璫惡弁衆隨諸奸之威，能行於中國，決不能行於外夷，安所得金十萬、銀三十萬以報皇上。其意不過假借明旨，大弛通番之厲禁，硝黃、生鐵、軍器、舡隻，犯禁愈重，取利愈饒者。滿載揚帆，任其所往，從此洩漏軍機，勾引諸國，其患寧止嚇詐公私，騷擾海澄一邑已哉。……彼張嶷諸奸，不過曾一本、林道乾、徐明山、汪直之續耳。負島列寨，稱王犯順，近可以規重利，後不失爲尉佗，於諸亡命之計得矣，如國勢何？伏望皇上留神深思，……閻應隆、張嶷勅錦衣衞拿送臣等法司正罪，宗社幸甚，不報。

是時武弁及市井奸人莫不紛紛言利，……閻應隆奏福建海澄縣機易山土產金銀，備舡往淘，每歲可獻金十萬兩，銀三十萬兩。……科臣姚文蔚等，道臣金忠士、史學遷、湯兆京、温如瑋、朱吾弼等各隨事交章，極言其釀禍害民，疏雖留中，然上未嘗不容其切直也。」

當時大學士沈鯉於萬曆三十年（一六〇二年）上請罷礦稅疏，極言礦稅之爲患，足以禍國殃民。明臣奏議卷三十三有載曰：

「……乃知當今時政最稱不便者，無如礦稅二事。……乃今市民奸民，猶復肆爲欺罔。……蓋國家連歲興師，行齎居送，按丁增調，履畝加租，瘡痍未瘳，呻吟未息，更有徵發，豈不速亂。……方今亂形雖成，禍機未發，必欲速弭大亂，莫先收拾人心，必欲收拾人心，莫先停止採榷，徵還中使，繫治棍徒。……而今則商旅不行，貨物不聚，私橐盡滿，公帑盡虛，朝取其三，暮失其四，孰損孰益？礦額非取諸山澤，稅額非得之貿易，皆有司加派於民以包賠之也。有司既加之，而使者又攫之，加者征有數，攫取者無極。一林衆蒐，所餘幾何，割股實腹，詎能安飽。……」

## 附註

（註一）神宗萬曆二十年（一五九二年）平寧夏哱拜之亂。

日本入寇朝鮮，引起中日朝鮮戰役，連續七載，喪師糜餉，至神宗萬曆二十六年（一五九八年）日本因關白豐臣秀吉死，始撤兵回國。

神宗萬曆二十八年（一六〇〇年）平四川播州土司楊應龍之亂。

（註二）顧炎武：天下郡國利病書卷九三頁二三。

（註三）Letter from Benavides to Felipe III, Blair and Robertson, The Philippine Islands, Vol. XII, P. 103

（註四）明史卷三二三呂宋傳，明神宗實錄卷三九〇頁六。

（註五）明史卷三二三呂宋傳，明神宗實錄卷三七五頁九至十。

（註六）張燮：東西洋考卷八稅璫考。

（註七）谷應泰：明史紀事本末卷六十五礦稅之弊。

（註八）龍文彬：明會要卷七十二方域二諸門。

## 第二章　明使呂宋之行

神宗意決，乃下詔福建守臣及福建礦稅務太監高寀，偕張嶷赴呂宋機易山（Cavite）調查產金一事，是否屬實，如有欺罔，當治死罪（註一）。當時閩省臣民，均知張嶷作僞，別有居心。時有閩海澄縣籍萬曆二十年（一五九二年）進士翰林院檢討高克正，關心桑梓，因海澄人販呂宋者最多，乃有折呂宋採金議，上書撫臺，爲邑人請命。陳言採金海上，非有船隻十餘，人員千餘不辦，人力物力何來？若取諸閩省，受禍無窮。且夷人豈有拱手讓人，任人開採金銀之理？張嶷小人，不過以虛辭厚利，聳動主心，乘機騷擾地方而已。倘閩省當道，嚴加約束張嶷，上疏明帝，責張嶷自備船隻工本，毋致煩擾，則足制其死命矣。

折呂宋採金議見東西洋考卷十一，議曰：

「蕞爾敝邑，介在海濱，頻年驛騷，民困日甚。邇採金使者，又見告矣。澄民習夷，什家而七，問機易山，未有能舉其處者。有金與否，果可望氣而知乎？自卝使四出，所得金幾何？可按籍計也。輒云海上開採，歲輸精金十萬，白金三十萬，將取之寄，抑輸之神乎？夷德亡厭，好利更甚，安有瓦鑠黃白，坐錮以待我者。取之，能必夷之不攘臂爭乎？能必我之取不爲大盜積乎？明命已頒，奸商已揚揚乘隙而來。要若曹亦未知澄事耳，採金海上，非餘皇十餘艘，卒徒千餘人不可行。而是十餘艘、千餘人者，非可空手而具，亡米而炊也。誰爲備之？而誰爲給之？至計窮而欲奪商船以應上命，斂民財以應上供，則土崩之形成，而脫巾之勢見。吾所慮者，不在風濤之外也。桑梓之地，疾痛與俱，惟台臺爲萬姓請命，以杜亂萌，澄邑幸甚。

第二議：有問不佞者曰，奸商以採金爲名，力能句引富民，以與夷市。前哨採一開，應者如響，往事可鏡。愚以今日之事，與哨採不同，哨採公行，藉此闌出私貨，通番獲利，綑載而歸，盡入私橐，而官弗問也。採金則歸必輸金於朝，罄敝邑富民家藏，與每年通夷所入，不足當黃金十萬、白金三十萬之數，其誰肯以身委風波，而金輸朝廷，故斷謂敝邑商人，不敢與奸商比而爲此也。

第三議：大約奸民之雄，其能出貲，以通番句夷而構釁者，必大力量者也。張嶷幺麼小人，未必辨此，不過以虛辭厚利，聳動主心，幸得一聽，必遣貂璫貴臣，與之共事。繇此恣睢道路，騷擾地方。既至，則以利啖愚民，以勢抗官府，惟所欲為，或可如意。賴主上明見萬里，內使不遣，責其自備船隻工本，毋致煩擾，則張嶷之膽寒矣。奉命置郵，迅速可至，且疏云：以十、十一月往，以四、五月歸，則造船備課，當在數月之前，乃今遲遲其行，姑待來年，則伎倆亦自可見矣。今兩臺章疏已上，倘張嶷至省，嚴加約束，以待明旨，一精嚴有司，足制死命。於戲！投珠抵璧之風，既難望於叔季，轉圜投水之喻，又難必於朝廷，以杞包瓜，令其自潰，至計盡所私，金無所出，朝廷責以欺罔之罪，始見封疆之臣，為國計誠忠，而羣小果不足信也。」

每年通常在二三月之間，例有中國商船三十艘以上，載有貨物，駛往馬尼剌，從事貿易。但萬曆三十一年（一六〇三年）華人商船一反常例，延遲至五月中旬，始有十四艘船航抵馬尼剌，據西史記載，有三名中國官員隨船而來（註二）。該三名官員當為海澄縣丞王時和，百戶干一成，此二人名字及官銜見明史呂宋傳：

「福建守臣持不欲行，而迫於朝命，乃遣海澄丞王時和、百戶干一成偕嶷往勘。」

張燮東西洋考卷五呂宋篇亦曰：

「有詔下閩，廷臣力言其謬，不報。閩當事持之，乃遣海澄丞王時和及百戶干一成，往勘其地。」

至於其餘之一名華人官員為何人？中國史籍無記載，惟明神宗實錄卷三九〇曾曰：

「萬曆三十一年（一六〇三年）十一月癸丑朔甲子，福建礦稅務太監高寀以奉旨差官過海，勘明機易不出金銀。……」

再根據西文史料提供資料（註三），可斷定該名官員當為福建礦稅務太監高寀。因明朝三位官員在登陸馬尼剌前，曾致函菲島西督，該函在Blair & Robertson, The Philippine Islands, Vol XII, pp. 87-93有載，其中有云：

「……皇上卒允所請，於是宦官高寀（the eunuch named Cochay）會同其他官員（按即東西洋考及明史呂宋傳所載之海澄縣丞王時和及百戶千一成）與張嶷（Tio Heng）（註四）渡海至呂宋（Luzon）金礦產地，勘查所言是否屬實。……」

蓋Cochay當爲高寀之對音無疑，而以宦官身份任福建當地採榷官職者，當屬福建礦稅務太監。按高寀任福建稅監始自萬曆二十七年（一五九九年），至萬曆四十三年（一六一五年）始被參劾撤職（註五）。

海澄縣丞王時和事蹟，漳州府志（光緒三年公元一八七七年漳州府知府岳陽沈定均撰本）卷十一秩官三有載：

「（海澄）知縣姚之蘭，桐城人，辛丑進士，（萬曆）三十一年（一六〇三年）任。

（海澄）縣丞王時和，瓊州（人），歲貢，（萬曆）三十年（一六〇二年）任。

孫文質，崑山（人），吏員，（萬曆）三十三年（一六〇五年）任。」

按明代地方官制，海澄縣設有知縣一員，縣丞一員，另有主簿、典史、儒學教諭、訓導等員。而縣丞乃佐知縣理縣政者。

至百戶千一成之事蹟則無考。據明徐學聚（萬曆三十二年即一六〇四年起任福建巡撫）撰國朝典彙，卷八十八，方輿，頁十四至十五記曰：

「福建漳州府　屬縣有龍溪、漳浦、龍巖、南靖、長泰、漳平、平和、詔安、海澄（隆慶初置）、寧洋（新置）。」

考福建漳州府設有漳州衞及鎮海衞，以守備地方。漳州衞在龍溪縣治之西。而鎮海衞則在漳浦縣東北一百里鴻江（註六）上。檢視漳州府志附載輿圖，鎮海衞密邇海澄縣，在海澄縣之西，最接近海隅。

明萬曆元年（一五七三年）刋刻，漳州府知府羅青霄總輯之漳州府志卷三十三有載：

「鎮海衞　建置沿革

國朝（明）洪武二十年始置鎮海衞，統左、右、中、前、後五千戶所，及置陸鰲、銅山、玄鍾三守禦千戶所以屬，成化七年，調後千戶所戍龍巖，屬漳州衞，止存四所及陸鰲等三所，屬福建都指揮使司。」

鎮海衞原額四所旗軍並充發軍共五千三百零七名。鎮海衞設有指揮使一員、指揮同知二員、指揮僉事四員、衞鎮撫二員、首領官經歷一員、知事一員。各所則有正千戶一員、副千戶二員、所鎮撫二員、百戶十員。明萬曆元年（一五七三年）刋刻之漳州府志卷三十三鎮海衞武官表中有登載歷任百戶三十八人之姓氏，發現其中有一位百戶名干崇階，名下有註曰：

「（干崇階）祖遇贇，和州人，洪武間與子旺可累功陞年海衞百戶，調今所五傳而至崇文，卒無嗣，堂弟崇階今襲（按明衞所軍官採世襲制）。」

據上考述，所謂百戶干一成，料乃福建省漳州府鎮海衞一千戶所之百戶武官也，亦即明萬曆初年鎮海衞百戶干崇階之後代。

該三名中國官員在登陸馬尼剌之前，爲首官員致函菲島總省亞苦那（Don Pedro de Acuna），解釋來菲目的，時爲萬曆三十一年四月初十日（一六〇三年五月廿一日）。函中歷述中國有張嶷其人者，獻議明帝恩准其前往呂宋之機易山開採鉅量金銀。據稱該山居民掘地可得黃金，揮霍黃金，賤如扁豆（註七）。家中恆儲備黃金，購買華商貨物。當日羣臣力諫，指證張嶷誑言欺君，皇上乃派彼等隨同張嶷來菲勘查其事。呂宋總督幸毋疑懼不安，彼等完成任務，迅即離去，不擬多作逗留。至於當日之張嶷，已作階下囚，鐵鎖鋃鐺（註八），被押解來菲對質。

中國官員致菲督之公函，由西教士譯爲西班牙文，原譯本現藏西班牙國家檔案館，茲將原函（註九）回譯爲中文如下：

「……今因有張嶷其人，被認爲有令譽之人者，覲見皇上，聲稱每年可在呂宋採得黃金十萬兩及白銀三十萬兩，以供上用。因此屬下臣民可免負擔歲貢。

皇上因遣宦官高寀（Cochay 按即福建稅監高寀）主理其事。此張嶷等五人稱：『在海澄（Hayten）邊界之外，有地曰呂宋（Lician），中有一山名機易山（Heyt Coavite），孤懸大海中，此山無主，居民毋需納貢。此處可採金銀甚鉅。山中居民揮霍黃金，賤如扁豆。居民可從泥土中掘取黃金，在甲米地（Cavite）彼見家家戶戶均存有黃金，貧者存有三加打（Gantas）黃金，富者則積聚至三百加打（Gantas）。彼等儲存黃金以便與華商交易，購取貨物。今　皇上庫金已匱，黃金產地亦難尋。與其向臣民徵貢，何如往該地開採黃金。此乃小民目覩之實情，今懇　皇上恩准前往該地開採黃金。至於所需人力及物力，槪由小民一力承擔，毋需　皇上費心代謀。本年內即可載返黃金，一如華商每年由呂宋所携回者。兩年後掘取金銀數量定可雙倍年獲金十萬兩、銀三十萬兩之數，陛下當感滿意，即舉國臣民亦同感歡欣。茲事體大，請熟慮之。』

皇上卒允（張嶷）所請，於是宦官高寀會同其他官員（按即東西洋考及明史呂宋傳所載之海澄丞王時和及百戶干一成）偕張嶷渡海至呂宋金礦產地，勘查所言是否屬實，以便還報　皇上。當時各省官員曾進諫，力言呂宋爲彈丸之地，未聞有金出產，張嶷乃誑言欺上矣。

是故，海澄縣華商暫未敢前往呂宋（按每年二三月間，華商例到馬尼剌貿易，來非商船達三十艘以上），但漳州郡守（Judge of Chiochio）命華商與張嶷結隊前往馬尼剌，以查核產金一事。實情如此，故呂宋總督毋需疑懼不安，恐有不測。本人肯定該張嶷欺誑，因命令彼等立查明產金一事是否屬實？並命令一翻譯人員隨同前往，彼等盼望能迅即起行，不擬逗留此地，致招非議，幸勿阻延！

萬曆三十一年（一六〇三年）四月初十日。」

該公函原文內容可證實明史呂宋傳及東西洋考呂宋篇有記載失實之處。東西洋考呂宋篇稱王時和等赴呂宋查勘黃金一事，爲「時（萬曆）三十年（一六〇二年）四月也」，此實爲萬曆三十一年（一六〇三年）四月之誤。又明史呂宋傳及東西洋考呂宋篇所載華人官員被夷酋質詢呂宋機易山何樹生金豆一節，原文記述如下：

明史呂宋傳有曰：

「……而盛陳兵衞迓之。（王）時和等入，酋爲置宴，問曰：『天朝欲遣人開山，山各有主，安得開？

譬中華有山，可容我國開耶？且言樹生金豆，是何樹所生？』時和不能對，數視（張）嶷，嶷曰：『此地皆金，何必問豆所自？』上下皆大笑。……」

東西洋考呂宋篇曰：

「……妄一男子張嶷，更爲新奇其說，上疏曰：呂宋有機易山，其山金豆自生，遣人採取之，可得巨萬無禁。……酋盛陳兵衞，邀丞（縣丞王時和）入，亦爲丞設食，然氣豪甚。問丞曰：『汝華言開山，山各有主，安得開也？且金豆是何樹生來？』丞無以對，數目（張）嶷，嶷云：『此地皆金，不必問豆所自。』」

此兩節所述，想乃撰書者傳聞失實，記錄錯誤所致。張嶷疏陳明帝，呂宋機易山居民可從泥土中掘取黃金，揮霍黃金，賤如扁豆（註十）；並無指稱機易山有樹可生金豆。明人具備採礦，煉礦知識，中國官員亦非無知，安能相信呂宋樹生金豆之謬論，貽笑於外邦耶？明朝爲征礦稅，開掘礦藏甚多，有金礦、銀礦、鐵礦、銅礦等，舉國上下，採礦經驗豐富，果有人膽敢罔言「樹生金豆」以欺人乎？其理也明矣！

該等中國官員五月廿三日獲准登陸馬尼剌，盛陳儀仗，威容甚盛，旁若無人。

馬尼剌檢察官薩爾塞道（Hieronimo de Salazar y Salcedo）一六〇三年七月五日上西王書中有如下描述（註十一）：

「五月廿三日，三中國官員登陸馬尼剌，彼等穿戴中國官服及飾物，並有若干班頭，刀斧手及其他胥吏攜儀仗執事隨侍左右，威儀甚盛。此外攜有一小箱，內藏印信及任命文書。……」

馬尼剌法官摩爾嘉（Antonio de Morga）著之「菲律賓事情」書中（Sucesos de las Islas Filipinas）亦有

云（註十二）：

「三華人官員在隨從呼擁下，乘坐伕轎，直往皇家法院。轎伕身穿紅衣，該轎用象牙及細木製成，並鑲嵌黃金。」

西督亞苦那在皇家最高法院盛陳兵衞，以迎迓明使。三官員在法院門外下轎，進入裝飾華貴之法院大堂。西督起立相迎，各行禮如儀。西督與明使通過翻譯交談。明使稱明帝命彼等偕一鐵鎖鋃鐺之華人囚犯（按即張嶷），來查勘一盛產黃金之小島。據該犯人稱，該島名甲米地（Cavite）（按 Cavite 並非一島，乃爲一海港），接近馬尼剌，乃無主之地。如備船往採金，可滿載而歸。如該華人有虛言，則勢必處死。彼等此行乃爲明帝證實此事。西督當即畧作回答，表示歡迎，及提議彼等及其隨從不若先到城中預爲安排之客舍歇息，稍後時間始再討論此事（註十三）。

中國官員假八聯（Parian）（註十四）華人區一屋宇作官邸居停。彼等身在異邦，儼然以中國地方官自居，竟聽取華人投訴，並執行裁判權，將有罪華人罰以笞刑。

該等華人官員在菲島過份炫耀其威儀，盛陳儀仗，頗令西人官員反感，及後更擅自執行裁判法權，益使西人大爲不滿，西督因禁止中國官員向華人施行懲罰，並不得離開馬尼剌。中國官員之行動，令西人暗生疑懼之心，華官之採黃金，毋乃剌探虛實之藉口？擅用權力，越俎代庖，得毋將菲島統治權取而代之乎？日後種下西人慘殺華僑之禍根，其來固有自也。

檢察官薩爾塞道一六〇三年七月五日上書西王（註十五）曰：

「……當日三中國官員拜會總督時，……臣曾向總督提及不能容許該等華人官員穿戴此種官服及飾物。……有等犯法華人被送往該等官員處接受審判，並被處以笞刑。……臣當即入稟皇家高等法院，要求停止華人官員此種行動。……此事後因總督已下令華人官員不得執行裁判之權，及不得外出時盛陳儀仗，皇家高等法院乃不採行動。……此事臣應向陛下詳爲稟報，並附有詳盡資料。因此陛下或可下令制定法規，俾再有華人官員來馬尼剌時，有所依循，及華人官員在街道行動時應用何種儀式方爲適合。因彼等今之行爲表現，實超越其本份。」

西督後再接晤明廷密使，聲言對彼等之任務，不予重視，縱使彼等所言屬實，菲島有產黃金，但西班牙人絕不容人搬走，因此地乃西班牙皇土地。明官員稱西督所言已悉，但事實上明帝遣彼等來此，彼等必須服從指示及獲得答案回報，當彼等一達成任務，即回返中國。

西督爲息事計，乃遣兵護送華官、隨從及華犯張嶷等赴甲米地（Cavite）實地查勘。甲米地爲一海港，距馬尼剌城有二西里（相當於六英哩）之遙。彼等抵達時，西班牙人鳴放禮炮歡迎，炮聲震耳欲聾，中國官員大爲震驚。

中國官員質詢張嶷，此島是否即彼向明帝所提及者？張嶷稱是，再窮詰黃金何在時，張嶷態度畏怯，含糊以對，並高呼彼等所見者盡皆黃金，彼可爲皇上作適當之事（註十六）。沙土亦可變成黃金，彼並無虛言，如將土人頭顱砍下，將會發現彼等頸項掛滿黃金項鍊（註十七）。該等華人官員向張嶷投以鄙夷目光，繼詢問數事，所有均紀錄在卷。後掘取少許泥土作樣本，同日一干人等即返回馬尼剌，旋即押解張嶷起程返中國。

據當時翻譯員透露，張嶷被中國官員脅迫說明產金眞相時，轉言彼知悉馬尼剌西人及土人擁有財富及黃金，如彼有艦隊及兵員作後盾，當襲取呂宋及携大量黃金返中國云（註十八）。張嶷赴呂宋採金之議，不過假借朝命，謀襲取呂宋而已，此說東西洋考呂宋篇亦有云：

「……蓋嶷欲借朝命臨之，襲破其國耳，至是不敢顯言，夷人皆大笑。」

王時和等官員返國後，據明史呂宋傳及東西洋考載，海澄縣丞王時和未幾即受驚得病而卒。明史呂宋傳云：「（呂宋夷酋）留嶷欲殺之，諸華人共解，乃獲釋歸。時和還任，即病悸死。」東西洋考呂宋篇亦云：「酋留嶷，欲兵之，諸流寓苦解，俾歸爲戮於司寇，迺釋令登舟………丞歸，病悸死。」

事實菲島西督並無殺張嶷之意圖，西文史料未見述及。海澄丞王時和可能於萬曆三十二年（一六〇四年）或三十三年（一六〇五年）逝世，因漳州府志（清沈定均撰）卷十一載明孫文質於萬曆三十三年（一六〇五年）任海澄縣丞。至於王時和是否受禮炮巨響震嚇過度而得病卒，則不得而知。

## 附註

（註一）Antonio de Morga, Sucesos de las Islas Filipinas, annotated by Jose Rizal, published by the Jose Rizal Natioanl Centennial Commission, P. 194

（註二）Blair and Robertson, The Philippine Islands, Vol. XII, P. 83

（註三）Ibid., P. 93

(註四)按依據福建語音，張嶷之「嶷」譯爲Heng，似有不合。「張嶷」在西文史料中，有多種音譯，茲列擧如左：

1. Letter form Acuna to the Viceroy of Ucheo, Phil. Isls., Vol. XIV, P. 45 張嶷譯作 Tioguen 及 Tiogueng
2. Letter from Benavides to Felipe III, Phil. Isls., Vol. XII, P. 103 張嶷譯作 Tienguen
3. Letter from a Chinese official to Acuna, Phil. Isls., Vol. XIII, P. 286 張嶷譯作 Tionez 及 Tiognen
4. H. de la Costa, S. J., The Jesuits in the Philippines 1581-1768, P. 203 張嶷譯作 Tiongeng
5. Antonio de Morga, Sucesos de las Islas Filipinas, annotated by Jose Rizal, P. 219 張嶷譯作Tioneg

張嶷之「嶷」譯作Nguen或Ngeng爲合，以其較合福建語音也。

(註五)見張燮之東西洋考卷八稅璫考

(註六)見大清一統志（嘉慶重修）卷四二九漳州府頁一六

(註七)Blair and Robertson, op. cit., Vol. XII, P. 88

(註八)Antonio de Morga, op. cit., P. 194

(註九)Blair and Robertson, Letter from the chief Mandarin to the Governor of Philippines, 21-5-1603, op. cit., Vol. XII, pp. 87-94

(註十)Ibid., P. 88

(註十一)Three Chinese Mandarins at Manila, Blair and Robertson, The Philippine Islands, Vol. XII, P. 84

(註十二)Antonio de Morga, op. cit., P. 194

(註十三)Ibid., op. cit., P. 194

（註十四）「八聯」（Parian）乃墨西哥土語「市場」之謂，西督於一五八二年起設一圍場於馬尼剌市區東北部，面臨巴色河（Pasig River）之地，稱爲八聯市場（Parian），將來菲華人集中該處，以統制華人商業及便利徵收稅欵。見陳荊和博士著十六世紀之菲律賓華僑，頁五八。

（註十五）Blair and Robertson, op. cit., Vol. XII, pp. 83-85

（註十六）Antonio de Morga, op. cit., pp. 195-196

（註十七）Blair and Robertson, op. cit., Vol. XII, P. 106

（註十八）Antonio de Morga, op. cit., pp. 195-196

## 第三章　華人起義之原因

張嶷等返中國後，謠言四起，謠傳中國艦隊將進攻馬尼剌，並獲得當地華人作內應，馬尼剌人心惶惶，不可終日，此事中西史籍均有記載（註一）。

馬尼剌大主教彼那維底斯（Fr. Miguel de Benavides）及教會中高層人士，更向總督及市民提出警告，須密切注意馬尼剌之防禦與安全，因接獲密報，相信不久中國艦隊將進襲馬尼剌云（註二）。

西班牙人之憂慮，未嘗無因，當時馬尼剌城有作戰力量之西人，僅得七百人（註三），而居住八聯華人區及馬尼剌城對岸之華人，合計約有二萬人，大部分爲精壯男子。雙方人數懸殊，如華人叛抗，則西人後果堪虞。

本來在一六〇三年時，居留馬尼剌華人數目限額爲四千人（註四）。然而執行限制移民任務之高等法院法官，藉機索取金錢，中飽私囊，濫發居留證漁利。每名華人最少要繳付二禮爾（Real 乃西班牙小銀幣，八禮爾合一披索銀圓 Peso），甚或索價高達二十禮爾之多。此外各教會及軍方人士亦私自僱用大量華工耕墾田地（註五），是以華人居留馬尼剌附近者竟達二萬之衆。

西督亞苦那以風聲緊急，乃積極備戰。先將最接近馬尼剌城牆之八聯區華人樓宇拆除，留下一段空地，以利防守。加緊修築城牆，續建堡壘。並在城牆外開掘護城濠溝。又通令菲島各省區首長，密切注意華人動向，探查華人存貯有何種武器及糧食。西人心目中危險人物如石匠、燒石灰工人、鋸木匠、漁夫及園丁等，尤須特別提防。更下令各省省長，召集土著部隊，配備武裝，準備隨時應變。

西人又懼華僑人數過多，一旦發生叛亂，力量强大，將難以應付。乃以欺騙手段，詭稱將鑄造兵器，準備遠征他島，以高價收購華人各種鐵器。華僑不察，爲貪高價盡售家中鐵器，於是華僑手無寸鐵，任人宰割。

此事惟中國史籍有記，西史則付闕如。

明史呂宋傳有曰：

「而呂宋人終自疑，謂天朝將襲取其國，諸流寓者爲內應，潛謀殺之。明年（按慘殺案發生於即年一六〇三年，所云明年實誤），聲言發兵侵旁國，厚價市鐵器，華人貪利，盡鬻之，於是家無寸鐵。」

東西洋考呂宋篇亦曰：

「明年（按爲即年之誤），夷遂決計謀殺諸流寓，詭言將征他國，凡華人寸鋏，輒厚售之，即切肉小刀，價至數錢，華人利其直，輒聽鬻去，家家無復寸鋏。」

皇明象胥錄卷五呂宋篇亦曰：

「明年（按爲即年之誤），遂謬言將征他島，凡華人寸鐵厚鬻之，華人利其直，無持寸鐵者。」

名山藏王享記東南夷三呂宋篇亦曰：

「夷益恐，盡買中國人手中鐵，雖機上刀，竈上釜，悉厚倍其直，諸中國人鐵皆空，遂大殺中國人，死者二萬餘。」

西班牙人對當日明朝國內局勢，亦頗明瞭，因來菲島貿易之華商時有向西人提供消息。馬尼剌大主教彼那維底斯（Fr. Miguel de Benavides'）曾於一六〇三年七月五日上書西王（註六）。函中有云：「明帝每一省均派有稅監，徵收鉅量稅欵及開採金銀。此地華人毫不諱言，告我曰：『在兩年內，中國將會因此事發生陰謀叛亂。』」是以日後西人膽敢大量虐殺華人，不慮明室興師問罪，亦未始無因。

況且馬尼剌華商財富豐盈，每年由華運來貨物，總値達二十萬披索之鉅（註七），其中以名貴之絲貨爲最大宗。菲島西人用賒賬方式採購華貨，再用大帆船（Galleon）轉運往美洲販賣，賺取大量墨西哥銀圓，載返菲島，一部分用以支付華商向菲輸出之貨價，菲島西人居間貿易，以馬尼剌爲轉運站，從中弋利。馬尼剌華商之鉅量財富，適足以引起別有用心之外人貪婪垂涎，一旦馬尼剌發生動亂，不肖之徒將乘機漁利，混水摸魚，刼奪華人財貨；而與華商貿易之賒貨欠賬，亦可一筆勾銷，毋需償還。是故居心叵測之輩，窃幸華人叛亂能成事實，乃不惜運用種種卑劣手段，欺凌華人，激發華人叛抗，唯恐天下不亂，以遂其巧取豪奪之目的。玆引證摩爾嘉（Antonio de Morga）原著「菲律賓之歷史事件」（Sucesos de las Islas Filipinas, annotated by Jose Rizal）

一書中第二〇八頁之記述，以支持此說：

「……有等人甚至希望此事（指華人之叛亂）能實現，以便彼等在混亂情勢中獲得利益。因此該等人不論在馬尼剌王城中或其近郊地方，開始用言語及行動凌辱華人，不但土著經常奪取華人財產，甚至日本人及軍人亦如是。彼等虐待華人，痛詆華人爲狗類及叛徒。聲言已獲悉華人行將叛變，而華人不久將被毀滅……。」

按摩爾嘉氏一五九五年六月抵馬尼剌，留菲八年，歷任菲島駐軍副司令官、上席法官，遠征隊司令官等要職。一六〇三年七月始離菲赴墨西哥，就任墨西哥最高法院刑事裁判官。摩爾嘉氏對當時菲島史事之記述，當屬可靠。是以西人不特煽動菲島土著，仇視華人，更游說當地日本僑民，動之以利，勸令加入西班牙人陣營，對抗華人。華人乃日人商業上最大之競爭者，日人故樂於乘機消滅華人。

日人及打家鹿土人（Tagalog）揚言將聯合西班牙人殺滅謀叛之華人，且公然侮虐、恐嚇華人。華人聞訊大起恐懼，西人之備戰狀態，更證實所傳非虛。八聯區之華籍小商人及工匠，放棄工作，離開八聯區，渡過巴色河（Pasig River），投奔北岸之華人區，以保安全。但留居八聯之華商仍有二千五百人，該批華商頗爲富有，多所顧慮，不欲介入糾紛。

聚居巴色河北岸之華人，多爲菜農、漁夫、鹽工、石匠、炭夫、車夫、木匠等勞苦大衆。此等心情緊張之華人，以大禍將臨，急謀自保，乃聚衆商議應付辦法。其中不乏激烈分子，倡議聯合起義，先發制人，消滅西人，以行動對抗。急進派以 Juan Suntay爲首，領導華僑，決定秘密進行反抗。 彼等以一個多月時間，動員二百華人，在巴色河北岸距離馬尼剌三哩之遙之敦度（Tondo）郊區沼澤地帶，秘密建造一堅强要塞，儲備米糧及其他供應品，一場動亂正在醞釀中。

八聯華商處於左右爲難地步，巴色河北岸之同胞脅迫彼等加入起義行動。但八聯華商爲保存身家，不願與西人爲敵。當時八聯區華人領袖爲 Eng Kang，教名爲 Juan Baptista de Vera，Eng Kang 居住菲島約有三十年，家境富裕，頗有權勢地位，既得西人好感，復受華人敬畏，生活西化，爲人能幹，而活動力强，多次出任華人領袖（註八），三位華人官員訪馬尼剌之時，彼亦曾躬自欵待。Eng Kang 以華人領袖身份，赴巴色河北岸地區，試圖勸阻華人，不可輕舉妄動，但無功而回。Eng Kang 得以復返馬尼剌，乃幾經困難，始得脫身，蓋密謀起義之當地華人擬擁立彼爲義軍領袖。Eng Kang 返馬尼剌城，將實情向西班牙當局報告，豈料惹禍上身，立受拘留審訊。

## 附註

（註一）John Foreman, The Philippine Islands, P. 122. H. de la Costa, S. J., The Jesuits in the Philippines 1581-1768, P. 208.　又明史卷三二三呂宋傳

（註二）Antonio de Morga, Sucesos de las Islas Filipinas, annotated by Jose Rizal, published by the Jose Rizal National Centennial Commission, P. 196

（註三）Ibid., P. 216

（註四）Blair and Robertson, The Philippine Islands, Vol. XII, P. 168

（註五）Ibid., pp. 108-109

（註六）Ibid., p. 105

（註七）陳荊和博士：十六世紀之菲律賓華僑，頁六六—六七

（註八）Antonio de Morga, op. cit., pp. 208-209

## 第四章　慘殺華僑之經過

華人起義之前八天，已有風聲洩漏，西人亦有所聞。巴色河北岸華人，事前曾要求 Eng Kang 返八聯號召華商起而響應，參加行動，但所請不果。

華人謀畧既定，乃於一六〇三年十月三日（星期五）晚上，即天主教聖佛蘭西斯（St. Francis）節日前夜，猝然在巴色河北岸之溪亞婆（Quiapo）郊區發難。華人武器缺乏，既無槍械，復少刀劍兵器，只能赤手空拳，揭竿起義。

華人揭櫫起義目標，在旗幟上寫有如下句語：「……凡我華人，一律參加行動，並服從命令，剷除我等之仇敵西班牙人及日本人，我等誓言征服此城後，將土地平均分配，一如兄弟。」（註一）此點足以證實此次華人起義，並非如西史所稱，由於明室授意，策動叛變。

華人火焚溪亞婆郊區西人 Captain Esteban de Marquina 住宅，殺死其全家數口，並在溪亞婆區數處縱火，有若干土人受害。一時火光燭天，如同白日。參與起義之華人約有四千人，聲勢浩大。毗連動亂地區之敦度區（Tondo）及棉倫洛區（Binondo）大受威脅，該處軍事長官路易達斯摩利那（Don Luis Perez Dasmarinas）

急請馬尼剌總督派兵援助。路易達斯摩利那乃非前總督達斯摩利那（Gomez Perez Dasmarinas）之子，而達督乃死於華人潘和五之手者（註二）。

十月四日（星期六）起義華人集結兵力，達一萬之衆，向敦度區、棉倫洛區推進。該兩區華人教徒反應不一，有加入義軍行列者，亦有三百教徒携妻兒乘舟投靠馬尼剌西人，表明心跡，後西督將之安全遣散。

華人起義計劃，初在溪亞婆郊區發難，首先清除側面威脅，將溪亞婆區燒爲平地。繼而進兵敦度區，佔領據點，控制該區，再全力向巴色河推進，以優勢人力消滅棉倫洛區之西班牙人。一俟巴色河北岸全爲華軍控制時，巴色河南岸八聯華商區領袖 Eng Kang，在想像中將會糾集八聯華人響應，掃蕩南岸郊區地帶。此後兩軍會師，進攻馬尼剌王城，將王城重重圍困，縱不能破城而入，城中守軍亦當絕糧屈服。華軍領袖 Suntay 顯然未悉 Eng Kang 已被西人拘禁，彼爲取得部屬信心，揚言此次起義之領袖並非彼本人，實爲彼之義父 Eng Kang，不久 Eng Kang 將有所行動云（註三）。

馬尼剌精兵緊急增援敦度區及棉倫洛區，與守軍會合，達斯摩利那率領西軍在敦度區迎擊進攻之敵人。華人既無組織，且缺乏武器，乃不支撤走。達氏統帶一百八十西兵，全力追擊，因急於求勝，誤入泥深沒脛之沼澤區，不愼中伏，全軍覆沒，餘生者僅四人。華人將西兵三主帥達氏（Dasmarinas）、市長 Alcega、西督之姪 Tomas 梟首示衆。並派人潛赴八聯，再游說華商參加行動，一部分人同意加入，但有一千八百人始終留居八聯，持觀望態度。

十月五日（星期日），華人起義軍靜候八聯區 Eng Kang 發動事變，起而響應之消息，故暫時未有行動。

西督亞苦那接受大主教提議，准八聯華人携帶貨物入城避難，華人迅即同意，將貴重財貨運入城中存放，該批財物總值達三萬六千披索之鉅（註四）。但華人則不願入城居留，誠恐西人有詐。是時華人起義軍領袖羣中發生內鬨，Eng Kang 渺無响應消息，而八聯與馬尼剌城之華人，往來如常，華商貨品陸續由八聯搬出，運入馬尼剌城中。義軍領袖 Suntay 之諾言成空，亦無可解釋。Suntay 立被部下扣留，並以叛逆罪處死。Suntay 受刑時猶高呼 Eng Kang 食言欺騙，出賣親人。羣衆繼而選出兩名非教徒之華人，任軍事最高指揮（註五）。華軍決定休息一日。而八聯華人亦嚴守中立，該夜得平靜渡過。

十月六日（星期一）拂曉時分，華軍集結河岸，準備强渡巴色河，進攻馬尼剌城。西督立刻派兵火焚八聯，截斷通道。華軍渡河，衝入八聯區，撲滅火頭，脅迫八聯華人肩負武器，助攻馬尼剌城，華商無奈，含淚負兵器，參加行伍。

華人開始展開攻城戰，但行動毫無計劃，千餘人持棍棒手斧，蠭湧而來，架設雲梯，冒死登城。城上守軍，包括西人、日人及土人，槍炮齊鳴，彈如雨下，華人傷亡慘重，遺屍遍野。華人由晨至暮，反覆撲攻，始終無法破城而入。

十月七日（星期二）晨，西軍以坐困非計，決意反守爲攻，乃開城出擊。早上八時許，一百五十西兵火槍隊及五百日人，在 Sargento-mayor Gallinato 指揮下，列陣進攻。華人主力駐守馬尼剌城旁利姥教區（Dilao）之教堂，雙方接戰後，華人在火力壓制下，死者五百人，傷者甚多。華人急調動主力一千四百人，分兩翼反攻，攻勢猛烈，西軍不敵，退入王城。華人買其餘勇，再度攻城，西軍藉火炮威力，擊潰圍攻敵人。

戰事進行如火如荼之際，一千邦邦牙省（Pampanga）土兵及武六干省（Bulacan）土兵援軍及時趕至，配備有長矛及火槍，立即掩襲華人，華人陣腳大亂，死亡過千。是時西督曾下令華人入城投降者，可免一死，結果投降者僅得四百人。土兵縱火盡焚八聯，八聯區三百名碩果僅存最富有之華人，身陷絕境，葬身火窟或自縊與財物共存亡者大不乏人。土人及日人殺人越貨，無所不爲，絲綢寶貨，予取予携，搶掠行動由午及夜，八聯蕩然無存，八萬披索資財一掃而空。

華人隊伍分兩路撤走，一路約二千人，向東方之巴色城（Pasig）退走，一路亦約二千人，退入東南方拉根那省（Laguna）的杉巴洛山或大崙山（San Pablo）。西督下令 Don Luys de Velasco 率領五百西人及一千土兵啣尾窮追，見有華人即殺無赦。退守巴色城之華人隊伍，爲西菲聯軍追及，如虎入羊羣，結果華人無一倖免。另一隊華人在大崙山設防，負險頑抗。西籍統帥 Velasco 領六十西兵撲攻敵營，中華人伏兵之計，西主帥及四西兵以身殉，西軍無心戀戰，撤兵下山而回。消息傳至馬尼剌，西督赫然震怒，即下令 Sargento-mayor Christoval de Azqueta 再領大軍三千一百二十人趕急往援，此等部隊包括西人、日人及土人。

西大軍抵大崙山後，經四天精密部署，派兵封閉各處通路，然後揮軍直入，華人力戰不敵，死者四百人，乃撤退至較高山地固守。翌日晨西軍大舉進攻，華人拚死反抗，戰況慘烈，華人屍橫枕藉，死難者一千四百人，有三百華人走匿叢莽樹林中，亦爲西軍搜獲，斬盡殺絕。

西軍紮營休息三日後，繼續行軍搜索殘敵，結果在描東牙示省（Batangas）之海濱村落處，發現有一股二千五百華人集結，意欲乘船脫逃返中國。西軍猝然進攻，華人倉皇應戰，喪生者一千一百餘人；其餘負創逃入內陸深山藏匿。是役也，華人死亡殆盡，只餘二百人保存性命，被帶回馬尼剌充當帆船划槳手，任操舟苦役。西兵連日劇戰，疲憊不堪，統帥 Azqueta 及土酋 Don Ventura de Mendoca 領二百邦邦牙土人繼續追索華人，數日後據報所餘華人亦盡喪土兵刀下。

一六〇三年十一月十二日，西兵全部完成殲敵任務，十一月十四日奏凱返馬尼剌。西督等熱烈歡迎，對邦邦牙土人之忠誠更表感謝。邦邦牙土人及日人一律分潤刧掠品，利益均霑，包括有鉅量金銀珠寶及貨幣。及後論功行賞，此名手段殘酷之軍曹隊長 Azqueta 大受西督讚賞。西督於一六〇四年七月向西王推薦 Azqueta，賜予封地（Encomienda），以酬其功（註六）。

事變後，全島華人生還者不足八百人，本來華人旅居菲島者共有二萬二千人之多（註七），即華人慘死者達二萬一千多人，其中以閩漳州府海澄縣人最多。至於明史呂宋傳及東西洋考呂宋篇則稱華人死者二萬五千人。明神宗實錄則稱呂宋酋長屠戮華人商民二萬餘（註八）。

華人領袖 Eng Kang 被誣通敵叛逆，據稱在其家中搜出火藥，卒被處極刑，梟首示衆於八聯，含寃莫白，死時爲一六〇三年十月十一日。Eng Kang 家財全部充公，總數達一萬五千披索之鉅，其中一部分錢財運返西班牙以充國庫。十月十五日繼將華人叛亂之首要分子 Onte 及 Sagoyo 處決。

關於此次華人事變經過及其結果，明史及明代若干史籍亦有記載。明史卷三二三呂宋傳曰：

「……而呂宋人終自疑，謂天朝將襲取其國，諸流寓者爲內應，潛謀殺之。………酋乃下令，錄華人姓名，分三百人爲一院，入即殲之。事稍露，華人羣走菜園（按即今日馬尼剌市區之三米訖及溪亞婆一帶地方），酋發兵攻，衆無兵仗，死無算，奔大崙山（按即馬尼剌市南郊馬加地之 San Pablo）。蠻人復來攻，衆殊死鬥，蠻兵少挫。酋旋悔，遣使議和，衆疑其僞，撲殺之。酋大怒，歛衆入城，設伏城旁，衆饑甚，悉下山攻城，伏發，衆大敗，先後死者二萬五千人。」

明張燮東西洋考呂宋篇有關此事之記載與明史呂宋篇大體相同，相信明史呂宋傳乃以張書爲藍本。現節錄東西洋考卷五呂宋篇有關記載，以作比較：

「……然夷竟疑中國有啓疆意，益暴虐諸流寓。諸流寓無賴者，聲言今日之事，汝爲政，一旦天兵下海門，汝輩寧爲石人乎？語稍稍傳布，酋益疑。明年（按乃即年之誤，慘殺案在一六〇三年內發生），夷遂決計謀殺諸流寓。……乃約日勒點名籍，分三百人爲一院，入即殺之。事稍露，諸流寓乃糾衆走菜園，屯衆爲亂。八月朔日（按華人於一六〇三年十月三日夜起義，戰事始起，八月朔日則言之過早），夷兵大起攻菜園，死傷無數。次日，聚大崙山，揭竿應敵，夷亦少挫。酋旋悔禍，遣人請和，華人慮其誘我，撲殺彼使。夷怒，設伏城旁。初三日，華人在大崙山，飢甚，不得食，冒死攻城。夷人伏發，燃銅銃，擊殺華人萬餘，華人大潰（按與事實發生先後不符），或逃散餓死，山谷間橫尸相枕，計損二萬五千人，存者三百口而已。」

細考上述兩傳內容，發現與西班牙史書所記畧有出入，西班牙史書資料乃當事人手記，屬第一手資料，相信較爲信實可靠。上述兩傳其中有云：「酋乃下令，錄華人姓名，分三百人爲一院，入即殲之。」此種用詭計殺害華人之法，語焉不詳，照常理測度，似無可能。

至若呂宋蠻酋遣使與華人議和之說，亦難令人置信。當時西班牙軍隊已操勝券，窮追華人，斬盡殺絕，焉有後悔，而遣使請和之理。

又華人退守大崙山時，敗象已成，僅能負隅頑抗，戰事已近尾聲，華人安能再有餘力下山冒死攻城，致被殺傷萬餘。明史呂宋傳及東西洋考呂宋篇此節所記亦不足信。

## 附註

（註一）Blair and Robertson, The Philippine Islands, Vol. XIV, P. 135

（註二）一五九三年，菲督達氏（Gomez Perez Dasmarinas）率艦遠征摩鹿加（Moluccas），華人槳手以不堪虐待，以潘和五為首，途中叛變，殺西督，奪旗艦，逃往安南，此即著名之潘和五事件。

Cf. Dr. Chen Ching-ho, The Pan Ho-wu Incident, The Chinese Community in the Sixteenth Century Philippines pp. 119-141

（註三）H. de la Costa, The Jesuits in the Philippines 1581-1768, P. 210

（註四）Blair and Robertson, op. cit., Vol. XIII, P. 223

（註五）H. de la Costa, op. cit., P. 212

（註六）Blair and Robertson, op. cit., Vol. XIII, P. 225

（註七）Ibid., op. cit., The Sangley insurrection of 1603, Vol. XIV, P. 134

（註八）明神宗實錄卷四〇四，頁四。

## 第五章　張嶷之收場

因張嶷採金事件而引起之華人叛亂，發生於一六〇三年（明萬曆三十一年）十月三日，至同年十一月十二日，華人被殺殆盡，亂事遂平息。華人有脫險歸國者，將事變實情報告福建有關當局，閩省主管官員以事態嚴重，始積極澈查其事。福建稅監高寀（高寀劣蹟昭彰，一生事蹟見東西洋考稅璫考）因奏聞明帝，指控張嶷欺妄之罪，明帝據報，乃詔令押解張嶷返京，與同謀者閻應隆一併審訊治罪。

明神宗實錄卷三百九十，第六頁稱：「萬曆三十一年（一六〇三年）十一月癸丑朔甲子，福建礦稅務太監高寀以奉旨差官過海，勘明機易不出金銀，因參奸民張嶷與百戶閻應隆妄奏，詔以張嶷虛誑，着內官高寀會同撫按等官拏解來京，與百戶閻應隆一併究問。」

京師審訊張嶷等人，揭發呂宋蠻酋屠戮中國商民二萬餘一案。張嶷與閻應隆兩罪俱發，欺誑朝廷，僞報採礦，生隙海外，引致國人受戮。兩人死有餘辜，明正典刑，梟首傳示閩省。張嶷伏罪之日當在公元一六〇五年一月（明萬曆三十二年十二月）之後，距華人在菲叛亂之時（一六〇三年十月），相隔已有一年許。而明廷亦延遲至亂事平息後一年稍多，始下令閩省當道追究呂宋番酋，擅殺華人之罪。

明神宗實錄卷四零四，頁四有載：「萬曆三十二年十二月（一六〇五年一月）丁未朔戊午，刑部等衙門右侍郎董裕等題福建奸民張凝陰懷窃叛之謀，陽獻採摧之策，黨結弁璫，釁挑蠻醜，閻應龍同肆欺罔，致呂宋酋長懷疑蓄憾，屠戮商民二萬余，是凝以一己之狡圖，基八閩之顯禍，萬鬼之寃未雪，千里之首宜傳。上曰：張凝等無端欺誑朝廷，生隙海外，以致三萬商民盡遭屠戮，損威遺禍，死有余辜，即行梟首，傳示該省，其呂宋番酋，擅殺官民，還不行與撫按官議處，奏請定奪。」

明史呂宋傳亦有曰：「……巡撫徐學聚等亟告變於朝，帝驚悼，下法司議奸徒罪，（萬曆）三十二年十二月議上，帝曰：嶷等欺誑朝廷，生釁海外，致二萬商民，盡膏鋒刃，損威辱國，死有餘辜，即梟首傳示海上，呂宋酋擅殺商民，撫按官議罪以聞。……」

## 第六章　呂宋西班牙人之動向

一六〇三年十一月華人在菲律賓叛亂事件平息後，菲島總督亞苦那（Pedro de Acuna）於十二月十八日上書西王腓力伯第三（Felipe III）（註一），縷述華人發生叛亂之原因，諉過於華人中「不良分子」之煽動，指彼等為不安分之無賴奸徒，身無長物，因犯罪及負債而逃亡海外，渴望改變現狀。乃誣揑西人之戒備行動，諸如築城牆、掘濠溝、整軍備等，實為預謀盡殺華人之先聲；因而唆擺華籍良民，起而叛變，先發制人。

西督亞苦那繼稱事變後，審訊有關人等，獲悉該次叛亂，由於中國方面策動，而華人事前亦曾與五月時來馬尼剌查勘產金事之中國官員談論此事。

西督此種文過飾非，强詞奪理之言論，絕不能掩蔽事實眞相。當前文述及之一六〇三年五月三位中國官員探訪完馬尼剌之後，種種風吹草動之跡象，引起西班牙人多方揣測，此種不尋常之行動，是否意味中國方面將對菲律賓有所圖謀？一時謠啄紛傳，莫衷一是。馬尼剌大主教彼那維底斯(Archbishop Fr. Miguel de Benavides)，因傳教關係，多與華人教徒接觸，向以「中國通」自居，此際更公開指稱華人官員來訪馬尼剌，乃中國侵略菲島之開端，不久中國艦隊將攻擊馬尼剌，到時當地華人則起而響應，據云此乃得自華人教徒方面之可靠消息。身爲大主教之彼那維底斯，在未查明眞相之前，妄發聳人聽聞，擾亂民心之言論。大主教言行，舉足輕重，對教徒具有一定影響力，是以西班牙人與華人誤會愈深，終致釀成慘劇，而彼那維底斯大主教謠言惑衆之罪愆，實難辭其咎。當暴亂事發後，明廷始終未發一卒以支援在菲島起義之華人，所謂由中國策動華人叛亂之讕言，不攻自破。

中菲間之貿易，乃菲島經濟之命脉，如中菲貿易關係斷絕，西班牙人在菲之地位亦不可保。菲島每年約有二三十艘華舶來航，商貨總值達二十萬披索，其中糧食品如麵粉、糖、餅乾、牛酪、生果、鹹肉、火腿之屬僅佔一萬披索之值，但數量已甚豐富，足供馬尼剌及四鄰全年之需，亦可補給船隊及商船。除上述糧食品外，其餘華貨大多爲絲織品以及大批棉布（註二）。其中大部分絲織品將轉口運銷美洲「新西班牙」（按指今日之墨西哥及其附近地區），換取墨西哥銀圓，而菲島政府之主要經濟來源仰賴豐裕之商品貿易稅收。華商乃推進中、菲、墨三角貿易之主要角色，足以影響菲島西人之前途，如無華商供應糧食及消費品，西人將難以生活；如無華商供給絲貨商品，菲島與墨西哥之間貿易，將一蹶不振，菲島之經濟亦陷絕境。

西班牙人深知華商足以操縱菲島之經濟命脉，一六〇三年十月華人叛亂事件雖告平息，然此後隱憂重重，深令西人疑慮不安，誠恐前此誅戮華人過甚，激引華人憤慨，斷絕雙方貿易關係，則菲島前途危殆。尤甚者爲明廷藉此大興問罪之師，一旦大軍壓境，菲島遠隔重洋，僻處一隅，增援困難，鞭長莫及，菲島勢必成爲中國囊中之物。

西班牙人之焦灼心情，惶急態度，備戰之緊張，從西督亞苦那於一六〇三年十二月十八日致西王之報告書中（註三），可見一斑：

「……未知華商能否繼續來馬尼剌通商？此舉將令整個聯邦造成無可補償之損失，而我皇國庫將損失超過五萬二千披索之數，此乃華商繳納貨稅之通常價値，此外墨西哥及其他地方購入布疋之價格亦因而高漲。……

臣欲確知中國是否整軍進攻菲土，……全城對此事十分驚懼，尤以大主教及宗教人士爲甚，本土防禦工作雖已完成，但探取確實情形仍屬異常重要者。

……由於對中國之戒懼，及每日均有麻煩事件發生，因此需要大量火藥及兵器。臣已函託專人盡量搜購火藥及硝石，並請皇上從國庫中撥給欵項支付費用。如我等被切斷與中國關係，則危機重重，難以應付。如本土被敵人包圍，距離過遠，增援困難。

維持此地富源確實十分需要，如對華貿易失敗，本土絕不可以維持，皇上亦難承擔本土鉅大支銷。華人在此地所納稅項及運輸布疋之商人在新西班牙所繳之稅欵，總數遠超本地支銷。……

臣準備將四艘船隻武裝，臣甚有信心，如中國人來襲，在彼等登陸之前，將蒙受重大損失。……中國艦隊如來菲，預料當在今十二月至明年三月之間。

……中國人叛亂一事，使本土耗費甚鉅，財政如此貧乏，令臣極感爲難。無處籌措金錢，事實上又需財孔亟。倘有差池，我等將盡失所有。……現存銀幣甚少，支付軍餉亦須分兩期支付。軍士無口糧分配，令彼等蒙受痛苦，此事令臣大受困擾。……懇請皇上立即撥發大量經費，以解救目前窘境。……」

西督亞苦那爲防明廷接獲脫險歸國之華人投訴後，可能派遣艦隊越洋攻襲菲律賓，以報殺害國人之仇。急欲事先遣使向中國當局委婉陳詞，闡明事件發生之「眞相」，指證菲島華人叛變謀反，西當局殺戮華人乃不得已之舉，希圖推諉責任，並藉機刺探中國反應，以決定應變方法。遂於一六〇三年十二月十日遣派幹練之Captain Marcos de la Cueva爲專使，帶領一百四十名西兵及二敎士，携同西督致送與廣州、漳州總督及其他中國官員之公文，另菲島生還華人致送親屬及死難華人之夥友之各種函件，逕往中國報告菲島事變眞相。公文中叙述叛亂事件發生情形，又告以華人存放在西班牙友人處之財物，將歸還原主並附加優厚利息，又西班牙負欠華人之債務，如該等華人債主並無參與叛亂者，亦將獲如數歸還。而華商繼續來菲貿易，將深受歡迎云云。中國史書亦有記述此事：

明史呂宋傳記曰：

「……酋尋出令諸所掠華人貲，悉封識貯庫，移書閩中守臣，言華人將謀亂，不得已先之，請令死者家屬往取其孥與帑。……」

張燮東西洋考呂宋篇記曰：

「……後夷酋下令，招撫其所掠華人貨，悉封識貯庫中，移書閩當事，俾諸戚屬往領。……」

西督專使一行先到澳門，因澳門密邇中國，亦爲葡萄牙人居留通商之地。西督亞苦那用心良苦，並分函澳門葡人司令官、主敎、神甫及其他人士等，詳述華人叛變事件，並附同西督致送中國官方之公文副本一分，以作參考。因葡人較熟悉中國國情，辦理交涉亦有經驗，冀葡人對西督專使有所提點，有助完成使華任務。

不料 Captain Cueva 一行，中途遇颶風，船隻受破損，於一六〇四年二月十七日折返馬尼剌。稍事休息後，繼於二月二十五日改乘 Santiaguillo 號船，帶領一百五十名西兵，偕 Luis Gandullo 神甫，準備再前往中國。彼等先抵澳門，將公文交與葡人，着轉呈中國官方，並在澳門勾留，等候訊息。但葡人私心不願西人重與明廷修好，以免增多商業上競爭對手，故多方推搪，迄未將西督公函轉呈中國當局。事實上中國當局早已從脫險返國之華人口中，獲悉菲島華人受殺害之事，但張嶷一案仍在京師進行審訊中，對呂宋暫未採取行動。故中國方面平靜如恆，並無異動。

福建漳州販番賈客聞菲島西使留駐澳門，急欲明瞭菲島現況如何，乃有兩名常川來往閩菲，與西人貿易之富有華商 Captain Guansansinu 及 Guachan 者（註四），兼程來澳門，會晤西使，該兩名富商獲知原委後，答允將西督公函代轉福建漳州當道，並力勸其他漳州華賈即行遣派商船往馬尼剌貿易，毋相驚擾。

西使 Marcos de la Cueva 在澳門完成任務後，並採購一批火藥、彈丸，於一六〇四年五月返抵馬尼剌。果然不久華舶如常結隊前來馬尼剌貿易，但數量較少，共有十三艘，載來小量需用物品及貨物。

張燮之東西洋考卷五呂宋篇有云：

「……明年（指一六〇四年）賈舶乃稍稍去。……」

菲島西人歡欣若狂，數月來疑慮，一掃而空。華商貨品，銷路甚佳，轉瞬銷售一空。菲島西人縱有金錢，亦無從購貨以轉售墨西哥。華商出售布帛，一反常例，一律現銀交易，不設賒賬。鑑於過去西班牙人賒取貨物，事後往往並無償還貨值，華商血本無歸，多次蒙受損失，因而存有戒心，預爲防範。

西班牙人爲博取華商信心，盡量寬待華人，准許華商自由來往馬尼刺，如未得同意，並無擅自取去華商貨物等情，此種優遇爲前所未有者。

西督亞苦那擬將一六〇三年叛亂初起時，前八聯華商寄存馬尼刺王城之重貴貨物歸還物主，履行前向中國當局許下之諾言，並圖洗脫殺害華人以謀奪財物之罪名。上述貨物之物主多屬安分守己，頗有地位，而又嚴守中立之華商，彼等左右爲難，終於自尋短見。此批財貨總值達三萬六千披索，但已由總督、法院及財政參議會協議授權，將之撥充軍餉（註五）。現今此筆鉅額欵項，在需財孔亟之際，實無處籌措，勢不能依約如數交還華人。西督爲此困惱不安，乞請西王撥欵接濟，以應急需。

菲島一年來民生凋蔽，損失無可補償。政府財政匱乏，華貨進口稅及貿易稅額銳減，較諸往年，損失達四萬披索（註六）。因此西人切望華商來年能携帶更多貨物，提早到菲島通商，當時華商亦一一答允。

一六〇四年六月，有兩艘大帆船由馬尼刺開往墨西哥，馬尼刺甚多富豪挾財貨舉家乘船遷居新西班牙，另謀發展，對菲島前途，表示失望。豈料天有不測之風雲，兩艘商舶途經日本海時，因天氣惡劣，其中一艘發生覆舟慘劇，乘客無一生還。另一艘帆桅折斷，拋棄大量貨物，以減輕載重之後，得以折回馬尼刺，幸免於難，此次災禍菲島前所未見。

附註

（註一）Blair and Robertson, The Philippine Islands, Vol. XII, pp. 153-167

（註二）陳荆和博士：十六世紀之菲律賓華僑，頁六六至六七。

（註三）Blair and Robertson, op. cit., Vol. XII, pp. 153-167

（註四）Antonio de Morga, Sucesos de las Islas Filipinas, annotated by Jose Rizal, published by the Jose Rizal National Centennial Commission, P. 217

（註五）Letters to Felipe III from Pedro de Acuna, Blair and Robertson, The Philippine Islands, Vol. XIII, pp. 221-230

（註六）Ibid.

## 第七章　中菲之交涉

一六〇五年華舶遲遲未來菲島貿易，西人望眼欲穿，直至五月之末，仍無音訊。同時澳門方面更傳來消息，稱華人將渡海前來，興師問罪，爲死難華人復仇。爲此馬尼剌市陷於恐懼與焦慮之境。按張嶷案件於一六〇五年一月由刑部判決，張嶷被處死，梟首傳示閩省；至於呂宋番酋，擅殺商民之罪，則由撫按官員共商對策。

華船終於在一六〇五年六月由中國抵馬尼剌，共有十八艘，船上有華人五千五百人（註一），並攜來大量布帛。其中一華籍船主 Juan de San （料即 Captain Guansansinu ）攜來福建巡撫、巡按、稅監分別簽發致送呂宋總督、馬尼剌最高法院、大主教之函件，三函內容相同，用中文書寫。

明史呂宋傳有曰：「……（徐）學聚等乃移檄呂宋，數以擅殺罪，令送死者妻子歸。……」

又張燮東西洋考卷五呂宋篇亦有云：「……（萬曆）三十三年（一六〇五年），有詔遣商往諭呂宋，無開事端。……」

按該書函西班牙文譯本現藏於西班牙國家檔案館，爲一珍貴外交文獻。現根據Blair & Robertson: Letter

from a Chinese official to Acuna, The Philippine Islands, Vol. XIII, pp. 287-291 記載，將該英譯全函回譯爲中文如下：（按該英譯全函乃從西班牙國家檔案館中之西班牙文譯本再轉譯爲英文者）

「當獲悉在呂宋華人商販爲西班牙人殺害一事，本人查究彼等之死因及懇請皇上處分禍首，俾得進行善後賠償，而商人亦可享有和平與安寧。本人未接任福建巡按之前，有張嶷者受皇上之命與三官員赴呂宋，查勘機易山產金銀之事，此事純屬欺妄，該地並無出產金銀，其後皇上直接懲罰此妄言者張嶷，料已獲知此事。

本人蒞任後，乞請皇上傳訊張嶷及審核有關證供，並指證張嶷欺君犯法。又稟告皇上由於張嶷之誑言，引致西班牙人疑心中國開啓戰釁，釀成超過三萬呂宋華人慘遭殺戮。皇上乃將閻應隆處死，張嶷亦梟首示衆。呂宋華人被害者乃屬無辜，我等與皇上討論此事，欲知皇上之意旨。此外又有另一重要事件尚待解決。事緣有兩艘英國（爲荷蘭之誤）商船駛入漳州海岸，對我國危害實甚。處理此兩嚴重事件，有待皇上定奪。我等並獻議皇上應下令懲罰引帶英人（爲荷人之誤）泊岸之兩華人。皇上批覆來華之英船（爲荷船之誤），應立即著令離去，回返呂宋，誠恐彼等不懷好意，行同海寇。傳言呂宋居民切勿相信某等華人之謊言欺騙，並下令立即處決引帶英人(爲荷人之誤)來漳州之兩名華人。至於呂宋華人被殺害事件，則授權福建省撫按官處理。本人與巡撫、稅監三人奉命後立即函達呂宋總督。貴督須知中國皇帝及其帝國之偉大（中國皇帝統治日月照臨之地），同時呂宋總督應知中國皇帝極爲公正治理龐大之帝國。歷來無人敢冒犯此帝國。雖然日本曾試圖干擾中國之藩屬高麗，結果不但未能成功，且遭驅走，高麗得以保持和平與安寧，呂宋人民當已熟知此事。

去年當我等獲知由於張嶷欺妄之結果，引致甚多華人在呂宋被殺。爲此中國甚多官員商議，要求皇上爲死難者復仇。我等曰：呂宋爲一無關重要之卑賤地方，乃鬼蛇聚居之地。其後由於移民關係，數年來甚多華人到此與西班牙人貿易。華人努力經營，呂宋始成富庶，華人築城牆、建房舍、闢田園以及完成其他對西人有重大利益之工作。然而西班牙人非特不表感謝，反而殘殺我華人。雖然我等再三向皇上陳情，然皇上答覆曰：雖然朕爲此種慘事而感悲痛，但我等不作復仇之舉或向呂宋宣戰者，厥有三故：一、中西兩國人民在此地一向友好；二、如兩國開戰，勝利不知究屬何方？三、被西人所殺害之華人乃係賤民，對國家不忠，對父母親屬亦不敬，離棄鄉井多年，不回中國，此等華人並無任何價值。皇上只命令巡撫、稅監及本人修函經由此使者送達貴方，呂宋人民當知中國皇帝不下令向呂宋人民宣戰，足見皇上大德大量，慈悲爲懷。同時皇上懲罰張嶷妄言欺騙之罪，亦可見其處事公正。西班牙人乃有智慧而愼重之民族，彼等戕殺大量生靈，定感悲痛及後悔，同時對劫後餘生之華人亦應公平處置。西班牙人爲表示公平起見，理宜將生還華人遣回中國，並償還華人被奪貨財之値。如此中國與呂宋雙方仍修舊好，中國商舶每年如常前往貿易。否則皇上將禁止商賈與呂宋通商，並下令整備戰船千艘，滿載銳卒及死難華人家屬，聯同納貢效順中華之諸藩部衆，興師伐罪，絕不容情。其後呂宋一土亦將賜予納貢中華之藩國。」

巡按（按即巡按福建監察御史湯兆京）一函發信日期：

萬曆三十三年（一六〇五年）二月十二日

稅監（按即福建稅監高寀）一函發信日期：

萬曆三十三年（一六〇五年）二月十六日

巡撫（按即福建巡撫徐學聚）一函發信日期：

萬曆三十三年（一六〇五年）二月廿二日

細察福建巡撫等致送呂宋總督全函，主要指責西班牙人疑心中國意圖侵犯，不惜妄動干戈，以怨報德，枉殺無辜華人三萬餘。繼則誇耀中國之强大，至於明帝不與呂宋宣戰者，理由爲：（一）兩國人民，向來親善。（二）兩國興戎，不知勝利究屬何方？（三）被殺華人乃係拋棄鄉里之賤民。呂宋人民當感謝明帝之大德大量。最後並限令西班牙人將生還華人送回中國，所奪去之財物亦應償還，若然則修好如常，否則將禁絕雙方貿易，並大張撻伐，夷平呂宋，收爲藩屬。

此篇聲討西班牙人書函，雖張大其詞，聲言以大軍壓境，興師問罪，惟預留餘地，以待轉圜，所謂遣還華人，賠償損失，人數與物值多寡，亦未有明言，西班牙人自易於籌辦。至於明廷不與呂宋西班牙人宣戰之理由，更有辱國體，色厲而內荏，受有識之士所詬病。

或有據此書函考證，指斥明廷國策不合，視海外華僑爲死不足惜之賤民，不加保護。要知明廷當日國家多難，征戰連年，民窮財盡，焉有餘力再啓釁端。

明史呂宋傳有曰：

「……（福建）巡撫徐學聚等亟告變於朝，帝驚悼，下法司議奸徒罪。……帝曰：……呂宋酋擅殺商民，撫按官議罪以聞。……」

此段記載足以說明明帝並非漠視僑民生死，徒以當道撫按無力征討，不欲輕啓戰釁，故强詞曲說華僑爲賤民，以存體面云爾。

惟明室對外夷照會，竟然自稱：「兩國開戰，不知勝利究屬何方？」此點誠令人大惑不解。中國以天朝自命，視呂宋爲化外蠻荒，弔民伐罪，理直氣壯，焉能怯懦如斯，自承勝利不知究屬何方？實於情理不合。此種顯著之矛盾，極有可能當時翻譯者誤解中文原意，將中文書函譯爲西班牙文時，迻譯錯誤，有以致之。

幸得閱皇明經世文編卷四三三之「徐學聚報取回呂宋囚商疏」，此疏乃奏陳明帝，呂宋酋長已遵命放還華民及財貨者，爰將奏疏全文徵引如下：

「議照呂宋通商一節，原因漳泉濱海居民，鮮有可耕之地。航海商漁，乃其生業，往往多至越販諸番，以窺厚利。一行嚴禁，輒便勾倭內訌，嘉靖季年，地方曾受蹂躪之慘。維時當事，議以呂宋素不爲中國患者，題奉欽依，許販東西二洋，華夷相安，亦有年矣。顧一旦屠戮逋商至萬計者，變出異常，法應討罪。但究其禍端，良由張嶷妄奏採榷，爲之厲階；及姦商前年殺其酋長（按指潘和五殺西督事件），積怨蓄憾，有以激之。情似可原。矧提師渡海遠征，勝負難料，國體攸關，何敢輕率啓釁，以厪　皇上南顧之憂。臣隨會檄傳諭佛郎機國酋長，呂宋部落知道：我　高皇帝總一方夏，表則千古，禮樂威信，世守如一。迄我　今上皇帝陛下，允奮天綱，該覽八紘，北極沙漠，南及爾等，東南諸夷，所有之海，日照月臨，共成正朔。如日本諸島，犯我屬國，三遣吏兵，屠頹釜山，恢復朝鮮，還直其王，以守宗廟；

景印香港新亞研究所《新亞學報》（第一至三十卷）



鬼方楊酋（指播州土司楊應龍），不畏王章，奪父賊弟，棄妻擅殺其民，南徼吏士，驅兵進縛千里之國，夷宗翦土，鞠爲茂草，非爾等所耳而目之者乎？去年海外姦民張嶷，妄稱爾呂宋機易山有礦金可採，有司覆聞，　皇帝以爲驚擾海邦，貽爾憂戚，遂付法曹斬之西市，傳首海上，以告姦宄。乃聞張嶷去後，爾呂宋部落，無故賊殺我漳泉商賈者至萬餘人。有司各愛其民，憤怒上請，欲假沿海將士加兵蕩滅如播州例。且謂呂宋本一荒島，魑魅龍蛇之區，徒以我海邦小民，行貨轉販，外通各洋，市易諸夷，十數年來，致成大會。亦由我壓冬之民，教其耕藝，治其城舍，遂爲隩區，甲諸海國。此輩何負於爾，有何深仇遂至戕殺萬人，蠻夷無行，負義如此，曷逭天誅，堅乞再三。　皇帝以呂宋久相商賈，不殊吾民，不忍加誅；又海外爭鬥，未知禍首；又中國四民，商賈最賤，豈以賤民，興動兵革；又商賈中棄家遊海，壓冬不回，父兄親戚，共所不齒，棄之無所可惜，兵之反以勞師，終不聽有司言。爰降旨特行令所在遣使傳諭爾等酋長部落，令咸改悔，畏天守善。其海外戕殺姑不窮治，爾等當思　皇帝浩蕩之恩，中國仁義之大，張嶷一誑口，輒不憚梟示以謝爾等，爾等非木石。獨不思灑濯其心，以報中國乎？若前事訛傳，未有兵革，投欵効順，商舶往來，交易如故。若果有嫌恨，已相讐殺，可將該島所有漳泉遺民子孫，追歛各夷刼去貨財賫送還郡。自此商舶交易仍聽往來如故，其或聽信姦徒，煽惑執恡，貪保昏迷，不共恃遠，抗拒不聽賫還，即當斷絕海舶，不得西行。仍聽諸吏兵同其家願報讐者，一風張颿，千艘竝出，鄉音難辨，玉石俱焚。或復聽各貢市諸國二百年忠順者，許其部落驅兵合勦，即以呂宋賜爲市舶提舉。有司再請天怒，且及一旅僅頳釜山，　播州白骨在望，能不噬臍！　故茲檄諭主者施行等因去後，今據前因，除取回商民，批行該道查審明白，發令各家屬領回安插外，該臣會同巡按福建監察御史湯兆京，看得呂宋原禁商民併切去財貨，遵照傳檄悉經放還。詳閱來文，詞甚恭謹，皆仰藉　皇上之寵靈，得以保商民之生命，且不至煩兵費餉，坐令懷德畏威，　實得柔遠固圉一策，　即臣仰荷天語責成至意，亦可少抒其萬一矣。」

從福建巡撫徐學聚奏疏中，具見徐學聚不欲將慘殺華僑事件擴大，將引起慘殺案之直接原因，歸咎於張嶷之欺妄，間接原因由於雙方積怨在心，積怨之形成乃因潘和五之殺害西督事件所致云（按此事件發生於一五九三年）。徐學聚不主張討伐呂宋，自知國力未逮，勝負難料，不敢輕舉妄動。當日徐氏之分析敵我形勢，事關機密，奏聞明帝則可，固絕無可能向外夷透露也。「報取回呂宋因商疏」中有曰：

「……顧一旦屠戮逋商至萬計者，變出異常，法應討罪。但究其禍端，良由張嶷妄奏採榷，爲之厲階，及姦商前年殺其酋長，積怨蓄憾，有以激之，情似可原。矧提師渡海遠征，勝負難料，國體攸關，何敢輕率啓釁，以廑　皇上南顧之憂。……」

又徐學聚之「報取回呂宋因商疏」，其中亦有述及當時之「諭呂宋檄」，內稱：

「……臣隨會檄傳諭佛郎機國酋長，呂宋部落知道，我高皇帝總一方夏，表則千古，……爾呂宋部落，無故賊殺我漳泉商賈至萬餘人，……蠻夷無行，負義如此，曷逭天誅，堅乞再三。　皇帝以呂宋久相商賈，不殊吾民，不忍加誅；又海外爭鬥，未知禍首；又中國四民，商賈最賤，豈以賤民，興動兵革。又商賈中棄家遊海，壓冬不回，父兄親戚，共所不齒，棄之無所可惜，兵之反以勞師。……故茲檄諭主者施行。……」

據此爲證，當日徐學聚之「諭呂宋檄」，指陳明廷不向呂宋宣戰者之第二點理由實爲「海外爭鬥，未知禍首」，意指呂宋殺害華人事件之釀成，未知禍首爲何人？中文原文正確意義如此，當非如上西班牙文譯本中所言：「兩國開戰，勝利不知究屬何方？」之自相矛盾，示弱於人。

因現藏西班牙國家檔案館中之一六〇五年（明萬曆三十三年）明福建巡撫「諭呂宋檄」之西班牙文譯本，將明廷不向呂宋西班牙人宣戰之第二點理由有誤譯之處，導致後來歷史學者徵引不當，以訛傳訛，習非爲是，此點必須一一指出，加以澄清，例如：

(1) Blair and Robertson: Letter from a Chinese official to Acuna, dated March, 1605, The Philippine Island, Vol. XIII, P. 290: -

There were three reasons why we should not avenge ourselves or make war upon Luzon. The first was that the Castilians had long been friends of the Chinese in this region; the second is that it was uncertain who would be victorious, Chinese or Castilians ………

(2) Alfonso Felix, Jr. edited: The Chinese Colony in Manila 1570 - 1770, The Chinese in the Philippines 1570 - 1770, Vol. 1, P. 54: -

"First, because the Spaniards had been our friend for long; second, it was not certain whether the Spaniards or Chinese would win ………"

(3) Antonio de Morga : Sucesos de las Islas Filipinas, annotaed by Jose Rizal, published by the Jose Rizal National Centennial Commission, P. 221 : -

……… it was not convenient to take revenge or make war on the people of Luzon for these reasons : first, because for a long time the Spaniards have been friends of the Chinese; in the second place, it was not certain whether victory would be for the Spaniards or for the Chinese………

徐學聚任福建巡撫有年，且有政聲於時，其人事蹟見金華府志卷十七，頁廿一至廿二：

「徐學聚字敬輿，萬曆癸未進士。任浮梁知縣，盜賊充斥，窖鎮無賴，多窟穴其中，聚至設法解散之。調吉水，會連年水旱，斗米千錢，聚多方賑濟，民賴以生。葺文興閣，築河堤三十餘里，人稱爲徐公堤。特建仁文書院及劍氣樓各置用以贍學者。擢吏科給事中，疏請勤召對。建元良蚤諭敎，又爲雪李督撫寃，裁黔國非分請，以暨究江西宗室暴橫，當道忌之。出湖廣僉事，陞江西督餉參議，尋擢山東提學副使，陞河南按察，轉福建布政。奸民吳建糾白蓮敎千餘人謀叛，旦夕將發，聚設計擒之，全閩底定。晋巡撫，贈白金文綺。漳有守備劉謀不軌，聚廉知捕之伏辜。奸民引紅毛駕夾板三艘，泊彭河（按應爲澎湖）求互市，倚高稅監爲奧援，勢甚張，聚抗疏陳八誣五患，毋輕縱，致貽閩海禍。高監擅利，聚復疏其惡，而以稅額歸有司。漳泉海寇爲患，聚傳檄責問，數年不敢窺內地。七疏乞歸，閩人立祠尸祝焉。天啓間，贈副都御史，予祭塟，議謚。」

按萬曆三十二年（一六〇四年）七月乙亥福建左布政使徐學聚爲右僉都御史巡撫福建，至萬曆三十五年

（一六〇七年）六月甲辰徐學聚始去職（註二）。

如前所述，一六〇五年六月雖有十八艘華舶賡續來馬尼剌作商業貿易，但携來三封由福建巡撫、巡按及稅監分別簽發之致菲島總督公函，要求菲督遣還慘殺案餘生之華人，及賠償被奪去財物所值，否則將斷絕貿易，並興師討伐。此種要求乃代表中國官方之反映。而菲島西班牙人對中國官方提出之要求，各方面反應大致相同，因震於中國聲威，均主張順應中國要求，免生事端。

馬尼剌大主教彼那維底斯力主將一六〇三年叛亂時，前八聯華商寄存於馬尼剌王城之財物（按總值三萬六千披索）交還華人，以示公正。至於華人被罰充苦役一事，大主教認爲有失公平，蓋此批苦工達五百人甚或更多之數（註三），其中頗多並非眞正戰俘，僅爲匿藏山間及鄉村中避難而被搜出捕獲者，實難證明彼等曾參與叛變。是以大主教亦主張遣還服苦役之華人。

彼那維底斯大主教於一六〇五年六月初就中國皇帝要求遣還華人及賠償一事，提交馬尼剌最高法院之請願書稱（註四）：

「……本土目前有重大危機，因力量强大之中國皇帝向我等大施恐嚇，如不答允所要求之兩事，則將遣派戰船千艘進攻本土。其中所要求一事顯屬公平，當一六〇三年華人發生叛變時，華商曾存放大量財物入馬尼剌城內，而當時總督下令將該批財物加以保管及事後歸還彼等。其後大部分財物售諸西班牙人，得現金超過三萬披索，交由本市保管官 Diego de Marquina 保管，其後全數轉充國庫。其餘之華人財物則爲 Captain Sebastian de Aguilar 取去，尚有其他人等可能收藏有上述之華人貨物。

中國皇帝又要求釋放在船艦中服苦役之華人返國。此事須小心考慮，究竟處罰華人服苦役是否公平？華人並非西皇臣民，並無叛國。且彼等被判刑時亦無從辯白，抗告無門。人所共知此次暴亂乃違反多數華人之意旨。有數量頗多之服刑華人，並非在作戰中俘獲，乃匿藏山間及鄉村中被搜獲者。至於本島總督所謂遠征船隊需要華工划船一節，亦非出於皇上明令。華人狡獪機靈，可能在遠征船隊中重演殺害西督一事，甚或使我等趨於滅亡。

余懇求立即交還華人財物與中國，首先將國庫中變賣華人財物所得送還，如有需要，甚至可向市民籌措款項。

至於釋放華人一事，余請求進行審訊，以探知眞相，如此立即可以判決，而華舶亦可傳達適當之答覆與中國當局。

送還華人之舉，尤其犯罪非重者，於我等聲譽並無任何損害，爲我皇殖民地安全計，毋因此事致生意外。」

彼那維斯底大主教數日後再呈交第二封請願書與馬尼剌最高法院，就中國當局索還華人一事，作更詳盡解釋，現摘錄要點如下（註五）：

「……最令華人悲痛者厥爲被罰作操舟苦役之華人囚犯，彼等備受虐待。犯人中有妻兒親屬在中國者，勢必不斷向中國當局請求設法營救。……據稔熟之華人友好透露，中國皇帝甚有可能斷絕兩國貿易關係，違令者處以最嚴重懲罰。本聯邦受此打擊，勢將全部瓦解。中國曾禁止華人與日本通商，……違反禁令者處死，甚至父母親屬亦受害。至今仍懸爲例禁，華人毋敢越軌。此點請貴院愼加考慮。……」

馬尼剌最高法院接獲大主教之兩封請願書後，當即於一六〇五年六月十三日開庭硏究，因裁定如下（註六）：「着令該等保管人從速開列彼等所保管之華人財物賬目，以便移交。同時當西班牙船隻來菲時，可以將所應償還之數目交付與皇家庫房。至於在船艦中服役之華人，應進行審訊，作出適當之處置，於華船離菲返中國前，應予判決。」

相信菲島當局得接最高法院訓示後，迅即進行審訊服苦役之華工，擇其罪狀較輕者予以釋放，俾得趕及乘搭中國商船，於七月初時揚帆返國。

一六〇三年之菲島華僑慘殺案，馬尼剌華人損失慘重，八聯區華商貨物被日人及土兵刧掠一空，貨物價値約八萬披索，此筆損失，西班牙人絕口不提，華人無從索償。八聯區華人領袖 Eng Kang 被誣倡亂，含寃而死，家財充公，約達一萬五千披索，西班牙人亦無補償。變亂初起時，八聯華商曾將貴重財貨寄存馬尼剌王城，總値三萬六千披索，但據稱西督已將該批財貨大部分變賣，撥充軍餉支銷。當時菲島經濟困難，籌措非易，西班牙人勢不能將該批財貨全數歸還中國，且其確實數値亦未有向中國透露。於是狡詐多端之西班牙人，諸多推搪，敷衍拖延，自承大量財物早已發還物主。

按張燮東西洋考呂宋篇曾曰：

「……明年（指一六〇四年），賈舶乃稍稍去，奸商黃某者，與酋善，輒冒領他貨（指無主之華人財貨），稱爲某子甲姻黨，細載乾沒云。……」

西班牙人繼稱目前僅能如言交還一部分（按數量未詳，因無案可稽，相信僅佔全數之一小部分）前華商寄存之財貨，至於其餘之無主財貨將設法陸續送還云。

菲島總督亞苦那巧言善辯，狡獪多詐，就福建巡撫等來函中所質詢各節，繕寫覆函，一一加以反駁，避重就輕，應對得法，令明廷無如之何。

西督覆函福建巡撫等，畧稱：「一六〇三年華人事變後，當即遣派使者到澳門，請葡人代爲轉達菲島當局公函與中國，但葡人食言，故中國當局無由得知事實眞相。

所云中華帝國之大，足以統治日月照臨之地，此乃只知有己，不知有人。西王亦擁有甚多殖民地，合計亦相等於中國之大。

華人被殺者並非如所言三萬之多，即一萬五千人之數亦無。西人待華人如兄弟，但華人竟加背叛，如不先發制人，則爲華人所害。

中國皇帝處事公正，在未調查清楚之前，不應貿然向呂宋開戰，如中國有意啓釁，西班牙人亦善能保衞領土。

華人叛亂罪該處死，但西人赦免其罪，使改充苦役。犯罪較輕者已獲釋放，犯重罪者則仍須服役。

至於華人所存財物，去年經已交還與物主，但仍有若干無物主認領之財物，寄存國庫中。現將一部分無主財物送還，由於最近西班牙船隻遇險，運輸工具及貨物受損，目前不能完全履行諾言，明年當盡力設法將其餘送還。

中國與呂宋通商，對中國有利，華人攜去西人之銀幣，西人所得回者乃不耐用之消費品而已。」

茲將西督亞苦那於一六〇五年七月初致福建巡撫徐學聚之覆函全文譯述如下（註七）：

「本人等收到由 Captain Juan San 親自交來之貴總督公函，內稱：『中國官方獲悉來呂宋經商之華人遭西人殺害事，經調查後，呈請中國皇帝懲處禍首。事緣張嶷謊言欺妄，西班牙人疑心華人作亂，引致呂宋三萬華人無辜受戮。皇上將張嶷梟首示衆，其同謀者閻應隆亦受處決。』

本人就此事謹答覆如下：當事變發生後，本人立即派遣使者乘船往澳門葡人處，葡人亦爲我皇臣屬（按一五八〇年，即明萬曆八年，西王腓力伯第二 Felipe II 以姻親關係兼襲葡國王），意欲葡人代將公函轉交中國總督及各有關官員。但葡人未能代我等善爲處理。原因在葡人認爲中國與我等有密切友誼，彼此有商業往來及鉅量貿易額，致令葡人不能用十分低廉價格購買商品。假如中菲雙方貿易終止，葡人可得償所願。所以葡人將我等致送中國官方函件，不予遞送，是故此事件之眞相及呂宋華人自取其咎之事實，中國方面亦無由得知。如中國當局得知事實眞相，定覺華人所受懲罰不能補償其罪過，因中國官員向來執法公正，有過必罰。

關於貴國懲罰華人引帶兩艘荷蘭商船到漳州海港一事，措施甚爲公正，此等荷蘭人並非西人之友，且爲死敵。雖然荷人爲我西皇之臣民，但彼等背叛君國（按荷蘭本西班牙領土，因人民信仰新教，而西王腓力伯第二强迫其信奉舊教，於是荷蘭人於萬曆九年即一五八一年，脫離西班牙而獨立），行同海寇，肆意刼掠，有如中國之海寇林鳳。所以彼等不敢到呂宋，如彼等來呂宋，本人將拘捕之並加懲罰。

至於來函所述，使本人得知中國皇帝及其帝國之偉大，足以統治日月照臨之地。又期望本人知悉帝皇之絕頂智慧，治御廣大國土，實無人膽敢冒犯。本人謹奉覆，西班牙國土廣大，世界上土地各有所屬，中國向無與外國通商，祇知有己，不知有其他國家，妄自尊大。我皇連年征戰，國力强盛，相較之下，中國顯見藐小。中國皇帝須知由菲島至西廷相距五千西里（按一西里 Legua 約等於三英哩 Mile），在其間西皇擁有西班牙及秘魯兩大國土，合計幾等於中國之大，其他大島尚未包括在內。同時本人知中華帝國用最高智慧管治，而此處所有人民均知有朝鮮戰爭之事。

華人叛變被殺者並無三萬之衆，甚至一半之數亦無。來函又述及當中國獲知華人受害之消息後，甚多官員一致要求皇帝准許彼等爲死者復仇，譴責西人殘暴不義。華人助西人建屋宇城牆，爲西人耕作，我等不應以怨報德。此點本人答覆如下：西人並非殘暴，斷不致無理啓戰釁。我等爲公正之民族，且在世界上有地位。如有事實指出我等行爲不當及傷害任何人，尤其友邦及眞誠相待之朋友，我等當深感憂傷。我等對待此地華人親如兄弟及兒女，全無戒備之心。准許華人隨時隨地進入我等住所，一如西班牙人。事實上非上帝揭露彼等背信棄義，華人將可叛變成功。

在貴總督來函中本人獲悉中國皇帝之答覆。貴皇帝處事應公正，未查清罪咎屬何方之前，不應受影響而向呂宋開戰。否則我等難以稱中國皇帝爲英明之主。

貴總督又稱西班牙人爲有智慧有理性之民族，定當後悔殺害大量生靈。繼稱如果我等對待華人公正，應送還劫後餘生之華人，及償還所取去華人貨物之值。如此中國將與我等保持友好，及每年仍派遣商船來呂宋。否則中國皇帝禁止船隻來呂宋，並下令建戰船千艘，配備兵員，包括死難者親屬，及納貢中國之藩屬人民，征伐呂宋，將呂宋土地賜給納貢中國之子民。

此節本人答覆如下：雖然事實上我等對華人所受之損害表示悲痛，但我等實毋需後悔。我等將擬無理加害吾人之敵人消滅，如我等不先行下手，則爲彼等所害。我等和平生活，而彼等背叛吾人，邪惡成性。秘密營建堡壘，我等毫無所知。華人乘人不備，襲破農莊，殺我西人及土人，甚至對西人婦女及男女奴僕亦施殘暴。此乃事實，生還之華人可作證明。若此事發生在中華，則如何處置，尚祈貴總督定奪。

華人罪該處死，本人生憐憫之心，准許若干人服勞役於大帆船（Galleon）中，此乃我等赦免死犯改充勞役之一種刑罰。彼等被安置在大帆船之後，犯罪較輕者其後獲釋放。另有其他人則充奴役，受同等看待。犯罪者不受懲罰將無以立國，如華人犯重罪而事後可逍遙法外者，則華人日後將羣起傚尤。是故本人仍未將服勞役於大帆船之華人釋放。彼等如回返中國，甚至告知貴總督事情發生經過，本人確信當貴總督獲悉事實眞相後，亦認爲懲罰甚輕，如有異議，可將尊意告我。

至於去年所存華人財物，經已交還物主或物主委託人；此等財物數量甚大，現今彼等取去……（原文缺畧）此數目乃本人可以從庫房中送還者。在國庫中存放有若干華人之財物，因物主已無處追尋，明年本人當盡力設法將其餘送還。去年有一艘船抵步；另一艘船在駛往西班牙途中遇事，損失大量中國布疋及其他貨物，是故目前不能完全履行遣送任務。貴總督須知，送還財物此舉事屬合理，並非由於貴國君主所言除非遣還華人及其財貨，否則即向呂宋開戰。本人確信中國皇帝及執政大臣為有智慧及處事慎重之人，不致因小故而進行戰爭。然彼等如有意啓釁，則西班牙人亦善能保衛領土，以防止所有之侵犯者，當敵人意圖征服吾人時，吾人亦知如何進攻敵人，將敵人逐出家園。

關於准許中國船隻來呂宋通商一節，事對中國有利，華人每年帶走大量銀幣，全部存放在中國，吾人用銀幣交換得來之中國貨物乃消費品及極不耐用。因此吾人可曰華人通商所得利益之鉅，一如西班牙人獲利之多，或甚至較西人得益更多。」

## 附註

(註一) Blair and Robertson, The Philippine Islands, Vol. XIV, P. 51

(註二) 談遷：國榷，卷七十九。

(註三) Blair and Robertson, op. cit., Sangley insurrection, Letter from Pedro de Acuna to Felipe III, 18-12-1603, Vol. XII, P. 156

(註四) Ibid., op. cit., Vol. XIV, pp. 38-42

(註五) Ibid., pp. 42-43

(註六) Ibid., pp. 43-44

(註七) Ibid., pp. 44-50

景印香港新亞研究所《新亞學報》（第一至三十卷）



## 第八章　慘殺案之善後

從菲島西督之覆函觀之，西班牙人確有遣回若干服刑之華工，及將一部分華人財物交還中國。福建巡撫徐學聚會同巡按御史湯兆京於一六〇五年（萬曆三十三年）七月下旬接收遣返之華人及償還之財貨，分發各人家屬領回安置。

皇明經世文編卷四三三徐學聚「報取回呂宋囚商疏」有曰：

「……今據前因，除取回商民，批行該道查審明白，發令各家屬領回安插外，該臣會同巡按福建監察御史湯兆京，看得呂宋原禁商民併刼去財貨，遵照傳檄，悉經放還。……」

明史呂宋傳則稱：

「……學聚等乃移檄呂宋，數以擅殺罪，令送死者妻子歸，竟不能討也。……」

明史呂宋傳所記，不知有何所本？「竟不能討也」一語，顯見不當。

閩撫徐學聚接獲西督亞苦那覆函，以西督能如言放還華人及被刼財貨，私心竊慰，一場紛爭消弭無形，兩國通商如舊，並可了結此一段公案，吾人可從徐學聚「報取回呂宋囚商疏」之奏疏中，概見徐氏之欣悅心情：

「……詳閱來文，詞甚恭謹，皆仰藉　皇上之寵靈，得以保商民之生命，且不至煩兵費餉，坐令懷德畏威，實得柔遠固圉一策，即臣仰荷天語責成至意，亦可少抒其萬一矣。」

徐學聚乃明廷南疆大吏，歷任要職，對明朝局勢洞若觀火，當日明室四方多難，民窮國弱，焉能再輕啓邊釁，妄動干戈，渡海遠征呂宋，故徐氏「報取回呂宋囚商疏」中明言：

「……矧提師渡海遠征，勝負難料，國體攸關，何敢輕率啓釁，以厪　皇上南顧之憂。……」

或曰，閩撫徐學聚大可陳請明帝，與呂宋斷絕貿易，施行經濟封鎖，則不費一兵一卒，亦可制其死命。要知福建漳泉二州，濱海之區，地瘠民貧，農耕不足糊口，當地居民，得近海之利，每歲揚帆赴遠夷爲外市，以維生計。如一旦嚴施海禁，漳泉商販勢必生機斷絕，淪爲私梟海寇，勾通倭夷，爲患地方。

徐學聚「報取回呂宋囚商疏」故有曰：

「議照呂宋通商一節，原因漳泉濱海居民，鮮有可耕之地，航海商漁，乃其生業。往往多至越販諸番，以窺厚利，一行嚴禁，輒便勾倭內訌。……」

抑且明代皇室宗藩，窮奢極侈；又邊患頻仍，調兵集餉，開銷浩繁，對金銀貨幣需求最殷，而中國銀產又不足供應，因此與呂宋西班牙人通商，換取美洲墨西哥銀幣，最合需要。外國銀貨大量輸入，至明中葉以後，銀逐漸成爲中國各地市塲之通用貨幣，而銀貨來源，當以呂宋轉來之銀貨佔最重要地位。如厲懸海禁，停販西洋，豈非自絕財源，故從經濟觀點而言，明廷必不與呂宋決裂也。

萬曆間周起元（按周起元爲海澄人，任湖廣道御史）爲張燮東西洋考所作序文有云：

「……我穆廟（按指穆宗）時，除販夷之律。于是五方之賈，熙熙水國，刳艅艎，分布東西路，其捆載珍奇，故異物不足述，而所貿金錢，歲無慮數十萬，公私並賴，其殆天子之南庫也。……」

中國與呂宋通商，互相利賴，菲島西人生活所需，仰賴華商供應，而中國亦爲菲律賓與墨西哥間大帆船貿易貨物之主要來源。當日明廷聲威仍在，菲島孤懸海隅，兵力微薄，焉敢冒犯虎威，是以西人亦志切求和，不欲多生事端。菲督亞苦那於一六〇五年七月八日致西王書中坦承曰（註一）：

「……我等力求保持中西雙方友誼，中國國力强大，而我等能支撐菲島局面僅憑我等所有之威信而已。」

明朝自萬曆三十一年（一六〇三年）至三十三年（一六〇五年）之間，連續發生天災橫禍，地震、雨災、水災、饑荒相繼而來，民不聊生，哀鴻遍野，國內情勢，動盪不安。茲引證明史神宗本紀（卷二十一，本紀二十一）所載云：

「萬曆三十一年（一六〇三年）五月戊寅京師（今北平）地震，鳳陽（今安徽鳳陽）大雨，雹毀皇陵殿脊（按皇陵乃指明太祖祖先陵墓）。是夏河決蘇家莊（按指今江蘇省西北之黃河故道），北浸豐（今江蘇豐縣），沛（今江蘇沛縣）、魚台（今山東魚台縣）、單縣（今山東單縣）。

萬曆三十二年（一六〇四年）六月丁酉昌平（在北平之北，按乃明陵所在地）大水，壞長、泰、康、昭四陵石梁，秋七月庚戌京師大雨，壞城垣，辛酉振被水居民，九月戊申振畿南六府饑。

萬曆三十三年（一六〇五年）五月丙申鳳陽大風雨，毀陵殿神座，九月丙申京師地震。」

福建省漳州亦於萬曆三十一年（一六〇三年）八月發生水災，災情慘重。張燮東西洋考呂宋篇有記其事曰：

「……是月（按指萬曆三十一年八月）漳亦大水，漂沒萬家，受禍同時，陽九之均厄也。……」

明室當日地方多難，自顧不暇，焉有餘力以征討呂宋？菲島西人亦從相稔華人口中，得悉中國處境不利，當無可能向菲島發動戰爭，西班牙史料中有述及其事（註二），內稱：

「……一六〇五年（萬曆三十三年）五月，中國商船抵馬尼剌，帶來中國當局三封公函，分送菲總督、最高法院、大主教，……西督會商後，繕一覆函，由一華人名 Juan de San 者帶回中國當局。該華人富有且有名聲，曾在馬尼剌居住多年。該華人等告稱：廣州（按乃漳州之誤）河水泛濫成災，死者二十萬人，財物損失甚鉅。且內陸（按指明朝北京）發生地震，歷時兩月，宮殿受震，房屋寺觀倒塌，天災疫症流行。此外日本與中國兵戎相見（按指朝鮮之戰），動員四十萬兵力作戰，中國受創甚深。天災人禍，中國方面元氣大傷，此天佑我人也。」

一六〇三年（萬曆三十一年）呂宋發生慘殺華人事件後，中西雙方均不願將事態擴大，蓋情勢使然也，其理由已如上述，不再贅言。及後華商以利之所趨，於是與呂宋通商仍舊，往來如故，華人留居菲島者又成聚矣。

明史呂宋傳記曰：

「……其後華人復稍稍往，而蠻人利中國互市，亦不拒，久之復成聚。」

張燮東西洋考呂宋篇亦曰：

「………（萬曆）三十三年（一六〇五年）有詔遣商往諭呂宋，無開事端，至是禍良已，留者又成聚矣。」

茲根據西班牙史料，摘錄一六〇三年以後三年來華人赴菲貿易及留居菲島數目，列成下表，以明菲島華僑概況：

| 年份 | 赴菲華船 | 載來人數 | 居留菲島人數 | 備考 |
|---|---|---|---|---|
| 一六〇四年 | 十三艘（註三） | 約四千人（註四） | 四五七人（註五） | |
| 一六〇五年 | 十八艘（註六） | 五五〇〇人（註七） | 一五〇〇人（註八） | 最高法院所批准居留，該批華人重建馬尼剌被焚房舍及作其他服役。 |
| 一六〇六年 | 廿五艘（註九） | 六五三三人（註十） | 三千至四千人（註十一） | 西王明令華人居留馬尼剌者不得再超越此數。 |

附註

（註一）Blair and Robertson, The Philippine Islands, Vol. XIV, pp. 70-71

（註二）Ibid., The Sangley insurrection of 1603, Vol. XIV, P. 138

（註三）Antonio de Morga, Sucesos de las Islas Filipinas, annotated by Jose Rizal, published by the Jose Rizal National Centennial Commission, P. 217

（註四）陳荊和博士：十六世紀之菲律賓華僑，頁一四一。

（註五）Blair and Robertson, op. cit., Fiscal to Felipe III, Vol. XIV, P. 150

（註六）Ibid., op. cit., Chinese immigration restricted, Vol. XIV, P. 51

(註七) Ibid.

(註八) Ibid.

(註九) Ibid., op. cit., **Chinese immigration in the Philippines**, Vol. XIV, pp. 189-191

(註十) Ibid.

(註十一) Ibid., op. cit., Felipe III to Acuna, 4-11-1606, Vol. XIV, P. 192

## 結論

菲律賓在西班牙統治期內第一次華僑慘殺案發生於一六〇三年（明神宗萬曆三十一年），該役死難華僑約二萬五千人，損失財物約達十三萬披索之鉅，此頁慘痛之華僑史，歷久難忘。當日明廷處理此件殺僑案，甚爲不當，未能承擔責任，保障海外華僑生命與財產。明朝辦理外交事務無能，虛張聲勢，實則色厲而內荏，對於西班牙人之殘暴，未作任何制裁行動，上下欺瞞，慘殺案不了了之，遂使華僑沈冤難雪。然而舊者葬身異域，新人又接踵而來，此種冒險犯難，前仆後繼之拓荒精神，能不令人同情與欽佩。

第一次慘殺華僑案發生後，中國無若何激烈反應，西班牙人此後更肆無忌憚，爲欲所爲，殺華僑案乃接二連三陸續發生，華僑血淚斑斑，苦難重重，追源禍始，一六〇三年第一次華僑慘殺案之處理不善，實有以致之。

菲島西班牙人事實上不能缺少華僑之商品供應，但華僑留居當地人數過多，則引起疑慮不安，恐有不測。

西班牙人心情矛盾，迄無良策以解決華僑問題，此皆由中西民族雙方缺乏諒解與同情。中國商民寄居菲島，旨在謀生，實無政治野心，奈何西人毫不了解，引起誤會重重，釀成無可補償之悲劇。

中西民族由於語言、性格、風俗、習慣之不同，彼此隔閡非常。華僑孳孳爲利，旨在賺取金錢，博取較安定生活，對當地生活環境，以及當地居民之狀況，不曾著意關懷，更無論採人之長，以補己之短，溝通感情，交流文化矣。明廷接承中國傳統，自命天朝，視呂宋爲蠻夷化外之地，絕無建立邦交，對僑民亦不加聞問。反之，西班牙人對華僑亦何獨不然，視華人爲奸詐、貪利、邪惡之輩，毫不了解中國，更不知中國文化爲何物。教會人士之接近華人，目的在便利傳教，並非眞心試圖了解華人習性，故亦不能作爲溝通雙方意見之橋樑。中西民族猶如處於不同之世界，隔膜不明，遇事則無由化解，偶發事件立可釀成巨災。

明神宗之貪財，最易爲小人所愚。所謂機易山乃無主金山之說，荒誕而無稽。派遣使臣往呂宋查勘金山，輕舉妄動，地各有主，焉可越俎代庖？明使之不明事理，在呂宋華人區濫用法權，益令西人反感啓疑。明廷雖無掠地之心，但難免貽人口實，慘殺案之促成，明神宗亦難辭其咎。

西班牙人多疑而暴虐，大主教危言聳聽，不肖西人及土著更覬覦華商財富，惟恐天下不亂，以遂其巧取豪奪之心，華人乃如待決之囚，俎上之肉，一有風吹草動，殆無噍類矣！

菲島華人處此危急存亡之際，意氣用事，憤作孤注一擲，揭竿起義，血肉長城，以當虎狼。此輩烏合之衆，計劃未周，其失敗也固宜，哀哉八聯華商，殃及池魚，以齒而焚身，能不令人痛心！西班牙人殘暴不仁，大量屠殺無抵抗之華人，不留餘地，尤令人憤慨！二萬餘人成異國寃魂，血債如山，淸還無日。

慘殺案發後，張嶷投首，聊以謝國人而已，中國當道所謂傳檄聲討呂宋夷酋，不過一紙空文，虛張聲勢，以保存體面。明室依靠西班牙銀貨以挽救經濟危機，西班牙人亦仰賴中華絲貨之運銷以圖利。菲島西人糧食消費，與夫稅收來源，無一不賴華商供給，倘中菲斷絕貿易，西人生機亦絕。

實則中西雙方互相利賴，經濟上有依存作用，客觀情勢影響下，不容雙方斷絕關係。是以明室提出善後解決辦法，遣囘囚商及資財之議，亦輕而易擧；西班牙人亦樂爲虛應故事，遣返一部分人犯及資財，聊以塞責交代。於是事過境遷，華人又絡繹南渡菲島經營，留者又成聚矣！

## 參考書目


1. Blair, Emma H. and Robertson, James A., The Philippine Islands, 1493 - 1898, 55 Vols., Clevelard, Arthur Clark Co., 1903 - 1909.
2. De la Costa, Horacio, S. J., The Jesuits in the Philippines 1581–1768, Cambridge, Harvard University Press, 1961.
3. Morga, Antonio de, Sucesos de las Islas Filipinas, annotated by Jose Rizal, published by the Jose Rizal National Centennial Commission, Manila, 1962.
4. Chen, Ching - ho, The Chinese Community in the Sixteenth Century Philippines, The Centre for East Asian Cultural Studies, Tokyo, 1968.
5. Purcell, Victor, The Chinese in Southeast Asia, London and New york, Oxford University Press, 1952.

6. Foreman, John, The Philippine Islands, London, 1890.

7. 明史呂宋傳　張廷玉修

8. 明神宗實錄　嘉業堂明實錄傳鈔本

9. 東西洋考　張燮

10. 漳州府志　明萬曆元年修　羅青霄

11. 漳州府志　清光緒三年修　沈定均

12. 皇明象胥錄　茅瑞徵

13、名山藏　何喬遠

14. 皇明經世文編　陳子龍等

15. 皇明世法錄　陳仁錫

16. 萬曆野獲編　沈德符

17. 明史紀事本末　谷應泰

18. 天下郡國利病書　顧炎武

19. 國榷　談遷

20. 明臣奏議　清高宗敕選

21. 十六世紀之非律賓華僑　陳荊和博士

22. 中國殖民史　李長傅
23. 中菲關係史　劉芝田
24. 菲律賓與中菲關係　陳烈甫

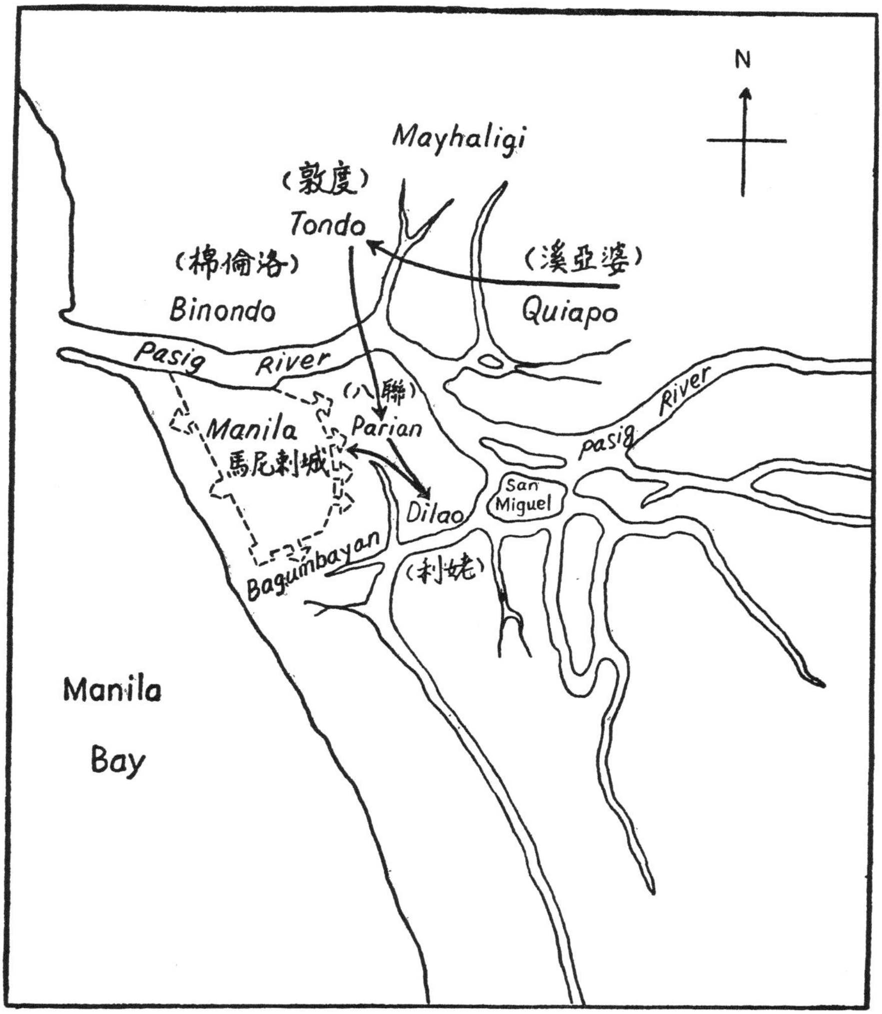


(一) 馬尼剌及其附近圖

——→ 華人起義軍進攻路線示意

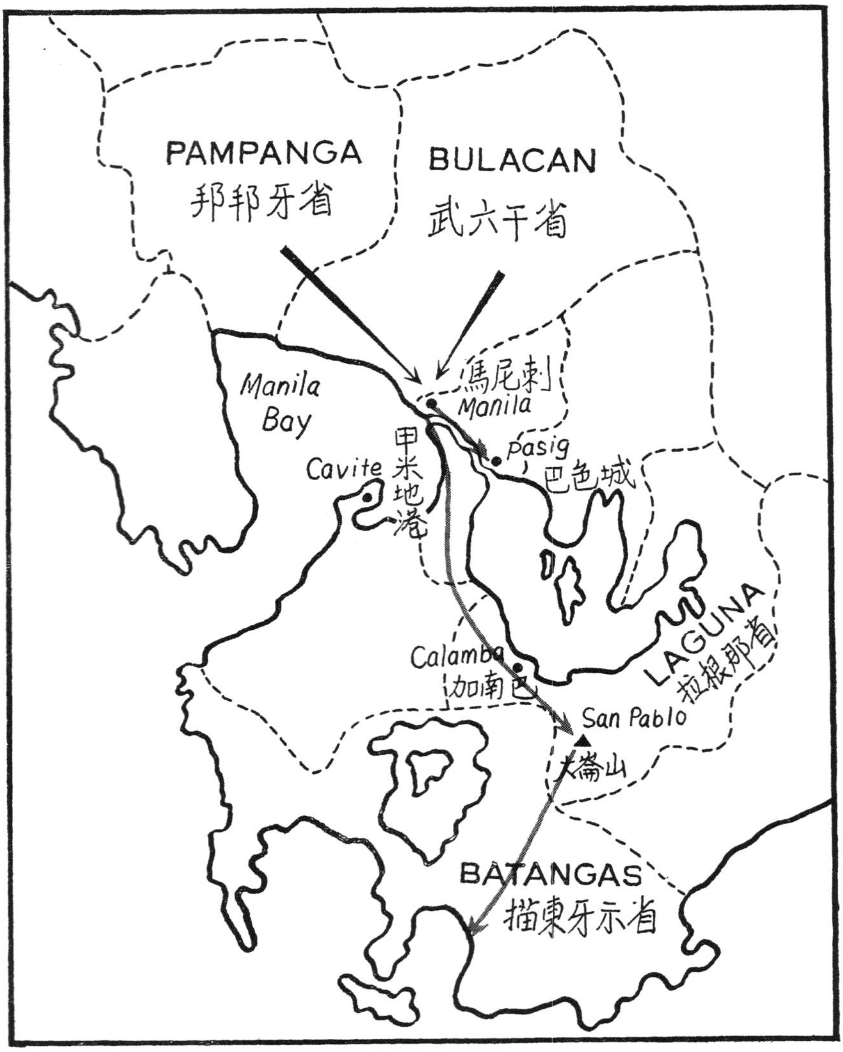


（二） 馬尼剌附近省分圖

土兵援軍進兵路線示意

華人義軍撤退路線示意

編按：原圖修復放大見圖錄冊，圖版十一

# 服爾德著作中所見之中國

王德昭

## (一)

杜倫夫婦(Will and Ariel Durant)的巨著「文明史」第九分冊(*The Story of Civilization: Part IX*),題名曰「服爾德時代」(*The Age of Voltaire*)。於其「著者贅言」中,杜倫說:

本書不是一冊服爾德的傳記;本書係用服爾德的激盪的、遊踪遍處的生活爲綫索,以溝通不同國家與不同世代間的連繫。本書認爲從路易十四世(Louis XIV)逝世以迄於巴斯底堡(Bastille)陷落,此一大時代中〔公元一七一五—一七八九年〕,服爾德乃最重要與最具代表性的人物。試問,於此一動盪時代所有的男女人士中,有誰比服爾德更爲人所鮮明記得?有誰有更多受人閱讀的著作?有誰對今日世界發生更生動的影響?誠如白蘭德司(Georg Brandes)所說,「服爾德總括一個世紀;」或如古讓(Victor Cousin)所說,「十八世紀〔歐洲〕的無冕之王,是服爾德。」(註一)

服爾德本名法郎索哇・馬利・阿盧哀(Francois Marie Arouet),生於公元一六九四年(清康熙三十三年),卒於公元一七七八年(清乾隆四十三年),生前主歐洲啓蒙思潮(Enlightenment)的壇坫,爲當世所宗仰。但這位以一身表現一個時代的啓蒙思潮的巨靈,却於中西文化交流史中居於一非凡卓絕的地位,令人起敬。他是公元第十八世紀中,以言論和著作向歐洲社會傳播有關中國的知識和宣揚中國文化的最有力的人物。

歐洲啓蒙思潮之在在可見中國思想的影響，服爾德的地位關繫重大。

服爾德一生著述繁富。於其全部著作中，道及中國之處，觸目可見。其中論道中國尤詳贍者，有「風尚論」（*Essai sur les moeurs*）、「哲學辭書」（*Dictionnaire philosophique*）、和收入「文學雜纂」（*Mélanges littéraires*）的「中國書簡」（*Lettres Chinoises*）等部分。此外，其小說「查地」（*Zadig*）借巴斯剌（Basra）市集內一位來自汗八里（Cambalu，即大都）的中國人之口，稱道中國事物；而他的悲劇「中國孤兒」（*L'Orphelin de la Chine*），乃是據元曲「趙氏孤兒」的法譯本改作。（註二）

## （二）

服爾德於其著作中最不厭重覆申述者，爲中國歷史的悠久與幅員的廣大。在「風尚論」的「論中國」（De la Chine）條下，他說：

> 中華帝國，即在往昔，其幅員之廣大亦已超過查理曼（Charlemagne）的帝國；如再與其屬國來朝貢者如高麗及安南，合併計之，則幅員尤廣矣。中華帝國東西跨三十經度，南北越二十四緯度。此帝國迄今已有約四千年光榮的歷史，於此長時期中，其法律、風尚、語言、以至服飾諸事，皆未有重大的變化。（註三）

服爾德爲一啓蒙思想家，視「舊制度」（Ancient regime）如寇讎。以是於其言論著作中，凡遇有舉述中國之時，每與歐洲「舊制度」下的政治和社會相對比，以貶抑後者。中國於是成爲服爾德與其同時代的其他啓蒙思想家（philosophes）筆下假以鞭韃舊歐洲的「巨杖」。（註四）服爾德與同時代的一般啓蒙思想家相若，不以武力的擴張疆域爲然；他們尤其憎惡歷史之僵化爲頑强的傳統。服爾德譏笑世人之好妄稱往昔的好時光勝於今日；他有時乃至譏笑歷史著作，譏笑對於往古的知識之無用。（註五）因此他之稱道中國的年祚與疆域，一種用意，自亦欲於相形之下，顯示當時歐洲國家的狹小與文化的淺陋，譏刺「舊制度」下統治階級的妄自尊大。此於其小說「查地」中所見尤爲明顯：

「有一天，故事的主角查地在巴斯刺和若干旅客共同用餐。旅客中有埃及人、印度人、希臘人、開爾特人（Celt）、和一個來自汗八里的中國人。座間談話發生了爭論，每個人都堅稱自己的民族歷史悠久。」從汗八里來的人接上了話頭，他說，我不想說到我自己的國家，它的疆域，和埃及、迦勒底（Chaldea）、以及印度的土地加在一起一樣廣大。我不想爲立國的古老爭辯，因爲能幸福便足夠了，古老毫不足貴；但諸位若要談到年曆，那末讓我告訴諸位，全亞洲都奉我們的正朔——而在迦勒底懂得算術之前，我們已經有了不止一種頗爲完善的曆法了。（註六）

在「哲學辭書」的「光榮、光榮的」（Gloire, Glorieux）條下，服爾德繼一段虛擬的一個荷蘭的「飽學之士」和一個中國人的談話之後，說：

至於我自己，他們談話時我恰好在場，我明白看出了所謂「光榮」之爲何物了。因此我說——因爲中國，這一舉世最優美、最古老、最廣大、人口最衆、和治理最良好的國家，不知有凱撒（Caesar）和朱比德（Jupiter），你們一個小國的官吏，你們一個小村或小鎮的教士，你們撒拉曼喀（Salamanca）和布爾日（Bourges）大學的博士，你們淺薄無聊的著作家，你們笨拙煩瑣的註釋家，便可以妄自尊大了。（註七）

服爾德反覆指出，在歐洲，沒有一個國家，能如中國一樣充分證明其立國的悠久。他說，在中國已是廣大繁庶、而且有完備而明智的制度以治理國家之時，「我們〔法國人〕尚是一小撮在阿爾登森林（Ardennes）中流浪的野人。」（註八）

至於對於政治制度，歐洲第十八世紀的啓蒙思想家究竟嚮往於民主政治，或贊成君主專制，說者不一。就服爾德本人言，則在理論上他承認民主政治的優點。此如他在「哲學辭書」的「民主政治」（Démocratie）條下所說：「在大人物與小百姓的各惡行之間，通常不能相比：前者貪得無厭，而後者即令有所企求，亦不過『自由與平等』。對於『自由與平等』的企求，不必導致譭謗、刼奪、行刺、下毒、以至加於鄰邦土地的蹂躪；反之，貪得無厭與對於權力的渴求，則使他們隨時隨地無惡不作。」（註九）但當服爾德的時代，在歐陸，除了少數小邦如瑞士外，所有的國家都受專制君主的統治。這使他推想「民主政治似祇適合於小邦，而且是僥幸地理位置安全的小邦。」（註十）反之，君主政治則是國家領土擴張的必然的結果。（註十一）他所面對的現實的政治環境既如此，加以對於下層的民衆缺乏信心，所以服爾德與多數同時代的啓蒙思想家期望一位「哲學王」出現，行使專制統治，同時則運用其權力使啓蒙思潮的崇高的理想貫徹實行。服爾德之所期望於普魯士王腓德烈二世（Frederick II）和俄羅斯女皇凱薩琳二世（Catherine II）者在此；而中國歷史中仁君之治的傳統與淸初盛時的大一統政府，則被視作可奉爲圭臬的理想的政府。首先，服爾德認爲多數歐洲國家的政府事事受教會的干涉，反之，中國政府則以儒家學說爲基礎，由士大夫治理，是一個哲學家的政府。他說：

試問，世間能有一民族完全免於迷信的偏見乎？這是說世間是否能有一哲學家的民族。據說中國士大夫社

會確能排除迷信的愚行。（註十二）

他又說：

理性神教一如猶太教，在世界各不同宗教區域皆可發現。所不同者，猶太教爲迷信之極，受民間的憎恨與智者的譴咎，然因金錢之故，到處皆獲容忍；反之，理性神教爲迷信之敵，不爲民間所知曉，而唯哲學家遵從之，且祗在中國獲得公開的信奉。（註十三）

服爾德認爲，得儒家學說之益，中國政府具有甚多優長，爲歐洲國家的政府所不及。其中尤可貴者，一爲治者與被治者的關係之本於一家親慈子孝的關係；另一爲法律的精神之重視獎善，尤過於懲惡。（註十四）

如上所述，服爾德與同時代的多數啓蒙思想家的政治理想，可泛稱爲開明的父道專制政治（enlightened and paternalistic despotism）。服爾德相信，中國帝國政府便是一個開明的父道專制政府。在他的「中國書簡」中，他說：

當我每次考察中國法制的基礎時，我發現所有的遊歷家和傳教士、我的親者和仇者，異口同辭告訴我，中國法制乃建立於父道的權力之上，易言之，乃建立於自然的最神聖的法則之上。（註十五）

在他的「風尚論」中，他並說：

中國人所最精通、最致力促進、與最達於完善者，當屬倫理與法制。子代對於親代的恭敬，乃他們的政府的基礎所存。……有學問的士紳被奉爲市鎮和地方的父老，而皇帝爲一國的君父。

因此中國的一項根本法，視全國如一家，對於公共福利的重視爲任何他國所不及。皇帝所宵旰關注者在

景印香港新亞研究所《新亞學報》（第一至三十卷）



此，而各級官吏則勤於修治道路，開通河渠，勸民盡力耕作和製造。（註十六）

服爾德引「大學」「一家仁，一國興仁；一家讓，一國興讓」與「孝者所以事君也，弟者所以事長也，慈者所以使衆也」二語，認爲其至理名言，「抵得過西方一位哲學皇帝奧理略（Marcus Aurelius）在位。」（註十七）見於中國歷史的此種政治與倫理的一致，也是他的悲劇「中國孤兒」所力加闡揚的主題之一。因爲儒家學說以德教人，德教無迷信，不迷信權力，亦不迷信神祇，所以中國臣民之效忠君主，乃出於衷心的從順，而不是迫於嚴峻的法律或殘忍的暴力。「中國孤兒」虛構一成吉斯汗大軍入燕京滅宋的故事，大臣尙德（Zanti）於其所奉事的君主蒙難之後，藏匿皇子，以親子頂替，欲爲趙宋保全遺孤。對於他的妻子的哀求和征服者的逼迫，他的答覆是他之如此，乃義所當爲。宋天子是他的君父，本於君臣之義，他寧肯殺身以成仁。（註十八）

因此，服爾德認爲，中國的君主政府雖同屬專制的政府，然不是一個暴虐的政府。所謂暴虐的政府者，他的定義是「一個政府，其君主得以爲其所欲爲，無需任何法律的形式或理由，以『合法的』奪去公民的生命與財產。」而世間如會有一國家，其人民的生命、榮譽、與財產受法律的保護者，「其唯中華帝國乎？」（註十九）服爾德反駁孟德斯鳩（Montesquieu）所稱中國政府暴戾之說。他舉中國人民有陳情之權與臺諫之官有爲民請命之權爲例，謂「即此已足以徹底擊破我人於『法意』（*The Spirit of Laws*）中所見的空洞的指責。」（註二十）他指出，中國君主政府由於制度本身之故，不可能成爲一個暴戾的政府。清康熙帝（聖祖）的施政便是一明顯的證據。此如入華耶穌會士李明（Louis le Comte）的報道所曾指出，無論聖祖如何樂意加惠於基督教傳教士，然未得他的大臣們的同意，他不能擅自採取行動。服爾德最後說，對於這樣一個政府，「他唯有信服讚嘆，心嚮往之。」（註二一）在他的筆下，聖祖成了開明專制君主的完美的儀型，應爲歐洲的君主所取法。（註二二）

服爾德以孔子的教人「以直報怨，以德報德，」和教人「己欲立而立人，己欲達而達人，」爲人類所曾有的最高智慧的表露。他認爲以孔子的教訓與耶穌的教訓相比較，後者的用意重在防惡，而前者重在獎善。（註二三）因孔子思想的影響，中國法律也在舉世國家的法律中表現卓特的精神。服爾德認爲，與「舊制度」下歐洲國家法律的紊亂、殘酷、和不平等相比較，中國法律的卓特在消極的方面爲統一與公平。他說，「各種各樣的罪惡在其他國家發生，同樣也在中國發生，但因中國法律統一公平之故，其防止罪惡的效果，顯然非其他國家可及；」由於同一原因，其刑罰，也不像他國嚴酷。（註二四）服爾德反覆指出中國對於死刑的判處在程序上的審愼。「在中國，死罪重囚，非經三審，送三法司覆議奏可，任何法庭不得處決。」他說，關於中國，僅此一端，已足以令他說，「這是舉世最公正最人道的民族了。」（註二五）

## （三）

儒家之教在中國本土雖非宗教，然第十七、八世紀入華的基督教傳教士，與在歐洲的啓蒙思想家，則皆以宗教視儒教。服爾德稱儒家學說爲中國的國家宗教，或士大夫的宗教。以第十八世紀歐洲啓蒙思想家對於知識的重視，與對於其自身在社會中的啓蒙使命的重視，服爾德之稱中國的士大夫階級的宗教爲國家的宗教，自不足異。因爲中國民間僧、道的宗教尚迷信，而歐洲航海家如英國的安遜勳爵（Lord George Anson）以此詆諆中國，（註二六）服爾德問，「我們豈可以少數沿海下等人民的行爲舉止爲根據，對於一個大國如中國，驟下判斷？」（註二七）他說，「中國士大夫祇信奉上帝，而聽任民間依附僧、道的迷信。」（註二八）而且，「中國士大夫雖……寬容僧、道，然頗知如何加以約束防範。……不若其他國家中僧、道〔案係喻基督教士〕之到處專權用事。」（註二九）反之，多種宗教教派在中國和平共存的事實，亦足以見中國政府的宗教寬容的精神。（註三十）

服爾德與其同時代的啓蒙思想家，對於歐洲「舊制度」下基督教會的不容異己與迷信，深惡痛絕。他說，「在舉世所有的宗教中，基督教無疑最應弘揚寬容的精神，然而基督教徒却迄今是全人類中最不容異己的人。」（註三一）對於耶穌會士在東方的傳教事業，他說，「我們所感染的不容異己的熱症是如是之深，我們竟在長途旅行中以之散播於中國、安南、和日本等地。……作爲對於各該地人民給予我們的熱誠接待的報答，我們一開頭便向他們說，『舉世皆非，唯吾獨是，我們理應爲你們的主宰。』」（註三二）他以無比的銳利之筆，對於耶穌會士在中國朝廷所受的寬容，和他們的報之以不容異己的傳教，加以嘲笑曰：

> 耶穌會士得康熙皇帝的允准，在中國傳教。他們利用中國皇帝的好心，向受他們招徠的少數中國人灌輸一種思想：除了那個住在義大利半島一條名叫泰伯（Tiber）的小河邊上、自命爲神在世間的代理者的人外，不許服從任何他人爲主上；除了羅馬公教信仰外，任何其他的宗教信仰和崇拜，在神的眼中都是惡事；凡不信耶穌會士的教導者，神必將罰之墮永刼；他們的皇帝和賢主康熙，甚至未知「基督」一字的字母拼

法，……將受永刼之苦；皇帝雍正必將遭遇同一的命運，斷無容赦；所有中國人和滿洲人的祖先，將蒙同樣的懲罰；他們的子子孫孫也難逃此刼，世界其他部分亦將如此；而可敬的神父們，耶穌會士，他們因有如許多的靈魂受到了懲罰，眞在慈悲的內心感到憐憫。（註三三）

服爾德所了解的中國的國家宗教，除了寬容的精神外，如他在小說「查地」中借「從汗八里來的人」之口所說，所信者唯「理」或「天」。（註三四）在上引巴斯剌市集的一場爭論中，也涉及宗教。查地向每一個參予爭論者溫語安慰，勸他們息怒。「對於從汗八里來的人，他未曾多說，因爲他是在所有的人中最有理性的人。」（註三五）西方研究服爾德的學者如弢雷（Norman L. Torrey），因此據以主張故事中的查地實即服爾德的理想的化身，而查地所同意的中國人的宗教信仰，亦即他自己的宗教理想的表達。（註三六）據服爾德自己對於中文「理」與「天」所作的注釋，「理」即理性（raison），亦即「天賦的啓蒙之光」（lumière Naturelle），而「天」爲上天，亦即上帝（Dieu）。（註三七）服爾德既視儒家學說爲中國的國家宗教，而儒家學說無迷信，所以他所虛擬的巴斯剌市集的爭論，同時也意在表示理性與迷信的逕庭。

服爾德與其同時代的啓蒙思想家視愚昧、不容異己、與信仰的狂熱，爲人類幸福的主要的障礙。三者皆由宗教的迷信而生，迷信所謂神示宗教的教義與教條。他說，「君不見歷史中最迷信的時代，亦即最罪惡滔天的時代乎？」（註三八）由於其所處的時代之故，服爾德對於宗教迷信所作的抨擊，集中於「舊制度」下的基督教會——尤其公教教會。自然，服爾德所加於當時歐洲基督教會的抨擊是否完全正當，乃另一問題。要之，本於服爾德的觀點，基督教的傳統爲一種神示宗教，神示宗教植基於迷信，而迷信則爲人類不幸的根源。然則，苟基督教不再存在，眞宗教興起，此眞宗教究應如何？他的回答是：「在眞宗教中，無教派之分；人人皆知信奉一共同的上帝，並誠意信奉之。」（註三九）服爾德自稱爲一 théiste，爲奉理性神教者。在他的著作中，théisme（信神教）一語，實即 déisme（理性神教）之謂，而如本文上節所述，他稱 théisme「祇在中國獲得公開的信奉。」凡此皆見服爾德之視中國的儒家之教，與他自己的宗教理想契合。在「哲學辭書」的「信神教」（Théisme）條下，他並說：

信神教爲一種宗教，散播於各派宗教之中；它有如一種金屬，與其他宗教相熔合，而其礦脈延伸於地下，無遠不屆。此礦藏在中國最得公開採煉，至於在他處則迄仍埋藏未露，知其秘者，不過少數方家。（註四十）

孔子是中國國家宗教的建立者。在「風尚論」中，服爾德說：

孔子使世人獲得對於神的最純眞的認識，此乃人智所能及，無需求助於神示。因此李明神父與其他傳教士曾說，在舉世其他國家尚在禮拜偶像之時，中國人已經認知了眞神。（註四一）

當歐洲因中國傳教問題而有所謂「典禮之爭」（rites controversy）發生時，抨擊中國者有謂中國的拜天、祭孔、祀祖爲偶像崇拜者，亦有謂中國儒家之所謂天乃自然的天，非超自然的神，故中國人爲無神論者。服爾德駁責二者立論的矛盾，斥之爲無稽。他說：

當我們以無神論譴責這一個廣土衆民的帝國時，我們竟至如此不加思考，又以偶像崇拜加之以罪，不惜自相矛盾。對於中國典禮的最大的誤解，乃是由於我們以我們自己的習尙來評判他人。我們眞是把我們的好

爭訟的精神，帶到世界的極邊，無遠弗屆了。（註四二）

如上所述，服爾德所見的爲中國儒家之教的宗教，其建立者爲一人世之人，一位有最高理性的哲學家；此宗教信奉上帝，上帝之體爲「天」，而其用爲「理」，「理」之於人，亦即「天賦的啓蒙之光」；此宗教無迷信，無神秘；博大，寬容，而有節度。這正是服爾德及其同時代的啓蒙思想家所憧憬的理想的宗教！服爾德並指出，中國的儒家之教不言迷信，不言神秘，其所言者唯道德。在「風尚論」的「序言」中，他說：

> 孔子唯以德教人，他的學說絕不含不可思議的神秘的成分。在他的第一卷書中，他教人治國，「自天子以至於庶人，一是皆以修身爲本。」在他的第二卷書中，他證明人有天命之性，天命之性本善，所以率性爲道，循乎自然，即是爲善；至於教之爲用，便是教人率性爲道，而不枉性以從惡。（註四三）

這一以德教人的宗教，其博大而無所不容，與歐洲基督教之派別橫生，適成對比。服爾德以中國儒家之教之崇尚理性與自然，崇尚公理，與基督教之不時糾纏於教義之爭作比較，謂儒家之教以其簡易的信仰，歷久而彌新，「而歐洲乃有多馬派（Thomists）與波那凡多派（Bonaventurists）的分裂，有喀爾文派（Calvinists）與路德派（Lutherans）的分裂，有約森派（Jansenists）與摩利諾派（Molinists）的分裂。」（註四四）歐洲的所謂宗教改革者，「雙方各以同樣無謂而可笑的辯論相攻擊，結果是在結黨營私者的煽動下，發生瘋狂的殘殺。」（註四五）

中國即以其以德教人的宗教和以根本的自然法爲根柢的法制，造成其國祚的緜長和文明的輝耀。中國的歷史中非無蠻族入侵與武力征服之事，長城便是爲防禦蠻族的入侵而建築。服爾德把中國的長城視爲地圖上一條以文明對抗野蠻的顯著的防線。他說：

在顯示人類心智的光榮上，中國的長城是現存的最偉大的紀念性建築之一。……長城並非如金字塔之爲虛榮的理由而建築；它的建築的目的乃在維持和平。守法的中國民族所最念茲在茲者，莫過於防禦北方胡人的入侵與擄掠。（註四六）

但長城在抵禦蠻族的入侵和征服上，並不永久成功。在中國歷史中，蠻族即曾數度突破長城的防線，征服中國。因此，尤使服爾德讚歎不已的，爲中國雖在歷史中曾數度受蠻族的征服，然征服者在軍事的勝利過後，莫不立即轉而受中國文明的征服。關於滿清的征服中國，他說：

長城的防壘未能阻止胡人……征服帝國；但帝國的法制並未因政權的變化而遭更張或削弱。征服者的故土現在成了被征服者的國家的領土，而滿洲胡人，名雖爲中國的主人，其實劍未離手，業已以其僭奪所得的皇位，投降於中國的法律之前。（註四七）

他並說：

中國文明使征服者襲用其法制，其事爲舉世所罕見。反顧自身，我們「歐洲人」迄今仍屈服於征服者勃艮地人（Burgundians）、法蘭克人（Franks）、和哥德人（Goths）的習俗之下。（註四八）

公元一七五五年八月二十日，服爾德的悲劇「中國孤兒」在巴黎上演。如前所述，「中國孤兒」係據法國在華耶穌會士馬若瑟（Joseph Marie de Prémare）的元曲「趙氏孤兒」的法譯本改作。隨着劇情的發展，征服者成吉思汗屈服於尙德夫婦的道義的力量之前；尙德表現了儒家之敎的忠義的力量，而其夫人表現了自然的婦德與母愛的力量。成吉思汗攻下了燕京，踐登了中國的皇位，却在道德上感覺了自卑。如他所自道：

被征服者統治了征服者。智慧支配了蠻勇，感化了暴力，使後者對之稱臣。我自己以身作證：你們的征服者和君主，劍猶在手，已屈服於你們的法律之前。（註四九）

在「趙氏孤兒」的獻詞中，服爾德對於中國的國家和文明，加以第十八世紀歐洲啓蒙思想家的最高的頌讚。他說，「這是爲理性和智慧之必然優於盲目和野蠻的勢力，現身說法！」（註五十）

## （四）

服爾德在第十八世紀所加於中國的稱道，於今日視之，自不無視事過易，而失之籠統。然如有的西方學者謂服爾德與同時代的啓蒙思想家之所以稱道中國，因爲「他們喜歡造出明智的波斯人、中國人、印度人、休倫人（Hurons）、和南海島民……以批評當時的歐洲，」「凡此所謂非歐洲人，無非出自虛構，無非烏有之人」云云，（註五一）則非事實。其所以作如是觀，推原其故，一則當因這類西方學者對於第十七、八世紀西方與中國在知識、學術與思想等方面的交通之密切，未能重視；再則當因他們係以第十九、二十世紀的西方人對中國的觀念，以衡量第十七、八世紀的中、西關係。但第十七、八世紀乃歷史中西方——尤其法國——對中國最切欲認識與最有豐富的報導的時代之一。服爾德具有當時人所能有的最充足的有關中國的知識；他之稱道中國雖時或出以詼諧或揄揚過當，然大體頗忠實於其所依據的知識的來源。而以第十七、八世紀的歐洲與同時期的中國相較，其政治、社會與一般文化，無疑也尚多不及中國之處。

公元第十七、八世紀中，中、西知識、學術與思想的交流，主要乃東來傳教的耶穌會士之功。自新航道開通後，葡萄牙的勢力東來，羅馬教廷因授葡萄牙以在東方傳教的特權，同時並選派教士東來傳教，其中有耶穌會士。因此初期入華的耶穌會士如利瑪竇(Matteo Ricci)等人，雖不必屬葡萄牙人，然受葡萄牙節制。迨入第十七世紀，因香料羣島（Moluccas）爲荷蘭所奪，英國和法國的勢力又相繼伸入印度，所以葡萄牙在東方的勢力日衰。在西方，則第十七世紀後半爲路易十四世（Louis XIV，一六四三—一七一五年）時代，歐洲進入法國優勢時期。一六八五年（清康熙二十四年），路易十四世選派法國耶穌會士六人東來，其中洪若翰（Joan. de Fontaney）、張誠（Joan. Franciscus Gerbillon）、李明、劉應（Claudius de Visdelou）與白晉（Joachim Bouvet）等五人於一六八七年抵中國，翌年入北京，而法國與中國的直接交通亦啓。

耶穌會創立於宗教改革運動時期。耶穌會士在歐洲本土興辦教育，從事學術工作，以爲傳教之助，所以多博學與奇才異能之士。東來者更多經過特別的選拔。他們入中國前先受充分的中國語文的訓練，乃至肄習中國經典。從利瑪竇以下，耶穌會士在中國以學輔教，贏得中國士大夫階級和宮廷的信重。他們一方面與中國學者合作，翻譯西方宗教、哲學、史地、曆算、與科學等類書籍爲中文，同時也以有關中國歷史、地理、風土人情、政治倫理、以至思想文物的知識，向西方報導。他們初則求適應中國的環境，所以習華語，衣華服，用心認識中國。及至有見於中國的文物制度與思想精神比諸同時期的歐洲國家尤爲優尙時，他們又欲以中國的儒家學說比附基督教義，求從中發現基督的聖傳。入華耶穌會士於是又多成爲中國文化的熱誠的研究者和稱道者。在利瑪竇入華（一五八三年）後的一百年中，入華耶穌會士研究與報導中國歷史文化的著作，已陸續在西方刊行。其中如葡萄牙耶穌會士曾德昭（Alvarus de Semedo）的「中國通史」（*Imperio de la China*，一六四二年，馬德里刊）、和義大利耶穌會士衞匡國（Martinus Martini）的「中華上古史」（*Sinicae historiae decas prima*，一六五八年，慕尼黑刊），都曾屢經再版，並譯成多種歐洲文字。兩書的法文本即分別於一六四五和一六九二年在巴黎刊行。同時義大利耶穌會士殷鐸澤（Prospero Intorcetta）、奧地利耶穌會士恩理格（Christian Herdtricht）、葡萄牙耶穌會士郭納爵（Ignatius da Costa）、與比利時耶穌會士柏應理（Philippus Couplet）暨魯日滿（Franciscus de Rougemont）諸人，則以拉丁文譯述中國的「四書」。如殷鐸澤和郭納爵所合譯的拉丁文「大學」（*Sapientia Sinica*），於一六六二年在江西建昌府付刻；（註五二）殷鐸澤所譯的拉丁文「中庸」（*Sinarum scientia politico-moralis*），於一六六七暨一六六九年分別在廣州和印度臥亞刊行；柏應理得殷鐸澤、魯日滿、暨恩理格等人之助所譯的拉丁文「西文四書直解」（*Confucius Sinarum philosophus*），收有「大學」、「中庸」和「論語」的譯文，於一六八六—八七年在巴黎刊行，並亦皆陸續轉譯爲他種歐洲文字。「中庸」的拉丁文本於一六七二年刊行巴黎版，同年其法文本亦在巴黎刊行。一旦法國對華的傳教事業開始，於是歐洲與中國的文化的接觸又展開一新局面，中國知識和思想的西傳，無論在質上與量上都更勝於前。

法國耶穌會士的受命來華，傳教而外，亦皆從朝廷受有研究與報導中國文化的使命。即如「西文四書直解」之在巴黎刊行，亦係膺路易十四世之命。繼洪若翰諸人之後，一六九九年（清康熙三十八年）又有法國耶穌會士十人來華，其中有馬若瑟、雷孝思(Joan.-Baptiste Régis)、殷洪緒(Franciscus Xaverius d'Entrecolles)、和巴多明（Dominicus Parrenin）諸人。而其後續至者尚多，如馮秉正（J.-F. Moyriac de Mailla）、宋君榮（Antonius Gaubil）和錢德明（Joan.-Joseph-Maria Amiot）等人皆是。他們在中國，或奉仕朝廷，或散在行省。他們從清廷所受的寵遇之隆，就聖祖之至於因他們的請求，於公元一六九二年（康熙三十一年）明旨廢除禁教之令、准許天主教公開信奉一事上，可以見之。至於耶穌會士之為清廷效力，也確實有足多者。張誠、白晉、和巴多明諸人為聖祖進講西方科學，療治疾病。張誠並曾參預中、俄的邊界交涉，助成「尼布楚條約」的議訂（公元一六八九年）。再如清康熙朝「皇輿全覽圖」的測繪，也以法國耶穌會士的勳勞為多。此事，方豪教授於其大著「中西交通史」中指出，（註五三）即在世界地學史中亦屬一樁前驅的工作，應用西方的新地學原理和方法，為中國全境測繪一套地圖。第十七、八世紀中，法國入華耶穌會士所撰的有關中國歷史文化的著作和書簡、所譯述的中國典籍、以及在法國本土的學者和教士所編撰的同類的著作，陸續刊行。其中刊行於服爾德生前而於當時尤受重視者，計有：

（一）李明，「中國現狀新誌」（*Nouveaux mémoires sur l'état présent de la Chine*）。巴黎，一六九六年。

（二）白晉，「康熙帝傳」（*Portrait historique de l'empereur de la Chine*）。巴黎，一六九七年。

（三）白晉，「中國現狀誌：滿漢服圖」（*L'état présent de la Chine, en figures*）。巴黎，一六九七年。

（四）李明，「中國典禮論」（*Sur les cérémonies de la Chine*）。列日（Liége），一七〇〇年。

（五）宋君榮，「中國天文學論」（*Traité de l'astronomie chinoise*）。巴黎，一七二九年。

（六）白晉，「致萊布尼茲氏書二通」（*Deux lettres à M. de Leibnitz*）。漢堡（Hamburg），一七三四年。

（七）杜・阿爾德（Jean-Baptiste du Halde），「中華帝國全誌」（*Description de L'Empire de la Chine*）。巴黎，一七三五年。

（八）馬若瑟，「中國悲劇：趙氏孤兒」（*Tchao-chi-cou-eulh, tragédie chinoise*）。巴黎，一七三五年。

（九）「中國新圖」（*Nouvel atlas de la Chine*）。海牙（Haye），一七三七年。

（十）宋君榮，「成吉斯汗與蒙古史」（*Histoire de Gentchiscan et de toute la dynastie des Mongoux*）。巴黎，一七三九年。

（十一）「巴多明與德・梅朗二氏通信合輯」（*Lettres entre le M. de Mairan et le P. Parrenin*）。巴黎，一七五九、一七七七年。

（十二）宋君榮「法譯書經」（*Chou-King*）。巴黎，一七七〇年。

（十三）「耶穌會士書簡集」（*Lettres édifiantes et curieuses*）第一至第三十四卷。巴黎，一七〇三—一七七六年。

（十四）「北京傳教士中國紀要」（*Mémoires concernant l'histoire des Chinois*）第一至第三卷。巴黎，一

景印香港新亞研究所《新亞學報》（第一至三十卷）



七七六—七八年。

（十五）馮秉正「法譯中國通史」（*Histoire générale de la Chine*）第一至第八卷。巴黎，一七七七—七八年。

其中馮秉正的「中國通史」係翻譯朱熹「通鑑綱目」與商輅等「續通鑑綱目」、並增補明代與淸初的史事而成。其書發刊時馮秉正已物故多年，而於發刊次年服爾德亦謝世。「耶穌會士書簡集」與「北京傳教士中國紀要」皆屬卷帙浩繁的書簡與論說的集刊。後者於一七七六年始發刊，早服爾德逝世纔二年；然「書簡集」則早發刊於一七〇二年，至一七七六年共刊行三十四卷。杜・阿爾德的「中華帝國全誌」初版爲一七三五年，學者譽之爲「集明末以來至出版當時一百五十年中歐洲人研究中國所得成績之大成，……壓倒既刊羣籍，而爲西方此一學術領域中之金字塔。」（註五四）杜・阿爾德爲耶穌會士，未至中國，然曾主編「耶穌會士書簡集」。其「中華帝國全誌」的撰成除於已刊書籍廣蒐博採外，兼網羅未刊的著作、書札和記事。馬若瑟的「法譯趙氏孤兒」和若干耶穌會士（如白晉、張誠）的紀行，便是附「中華帝國全誌」印行。此外，早在十六世紀後半，西班牙奧斯定會（The Order of the Augustinians）修士門多薩（Juan Gonzales de Mendoza）雖也未至中國，然他所撰的「中華大帝國史」（*Historia del gran Reyno de China*）亦風行歐洲。該書於一五八五年在羅馬初版，自一五八八年至一六〇〇年，僅巴黎一地即有五種法譯版本刊行。又比利時耶穌會士衞方濟（Franciscus Noel）以拉丁文譯有「中國古典六種」（*Sinensis imperii libri classici sex*），於一七一一年在普拉格（Prague）刊行。（註五五）

服爾德於一七七八年以八十四歲的高齡去世，所有上舉諸書皆刊行於一七七八年前，以出版的年代言，其中十、九他都可有時間讀及。服爾德的小說「查地」於一七四七年撰成；「中國孤兒」於一七五五年上演，同時刊行；「風尚論」與「路易十四世時代」（*Le siècle de Louis XIV*）於一七五六年同時出版；而「哲學辭書」首卷的刊行，乃在一七六四年。凡此著作撰成之時，上舉書目中的十之八、九也已刊行。說者有謂服爾德少時曾在路易大王書院（Lauis-le-Grand）受耶穌會士的教育，是以對於耶穌會的文獻，他應該知之有素。此自不過臆度之言。然以服爾德生前於歐洲思想界所居的領袖羣彥的地位，又身預「典禮之爭」，爲在華耶穌會士的稱道中國歷史文化辯說，則他對於當時所可見的有關中國的著作，自不能不熟悉詳審。事實是服爾德本人於其著作中即曾屢屢提及傳教士和法國耶穌會士的著作。在「風尚論」的「序言」中，當道及中國歷史的悠久時，他說，「我們的形形色色的教派，多明我會（Jacobins）、耶穌會、路德派教會、喀爾文派教會、英格蘭派教會，自身間雖動輒爭吵，然對於中國立國的悠久一事，它們的傳教士和旅行家却衆口一聲，絕無異辭。」（註五六）在另一處他並說，「噫嘻！難道是爲圖詆毀基督教聖經，拿伐累推總主教（Navarrete）、門多薩、亨能（Hemengius）、路易・德・古茲曼（Luis de Guzman）、曾德昭、和所有的傳教士纔衆口一聲，絕無異辭的指出，中國民族的摶成已有五千多年歷史了！」（註五七）在法國耶穌會士中，服爾德對於李明、白晉、宋君榮、杜・阿爾德、傅聖澤（J. F. Foucquet）和王致誠（Joan. Denis Attiret）諸人，尤多道及。一九〇八年，法國著名漢學家高廸埃（Henri Cordier）於法國金石文藝院（L'Académie des Inscriptions et Belles-Lettres）的年會中講演，並謂「服爾德自己的藏書中有門多薩、亨能、路易・德・古茲曼、曾德

昭、宋君榮等人的著作，有巴多明的書簡，尤其重要的有杜・阿爾德的『中華帝國全誌』。」（註五八）

如前所述，服爾德的稱道中國和抨擊「舊制度」下的歐洲，時或語涉嘲謔。然此無礙於他的叙事的忠實；即以嚴格的學術標準衡之，服爾德亦頗能忠實於他所根據的史料。服爾德稱道中國立國年祚的長久和幅員的廣大，然東來的傳教士與旅行家孰不有見於此，而以之報道於其國人？早在第十七世紀後半，義大利耶穌會士利類思（Ludovicus Buglio）於其爲葡萄牙耶穌會士安文思（Gabriel de Magalhaes）的「中國新誌」（*Nouvelle relation de la Chine*）作序，即曾說：

中國的土地如是廣大，如是富庶，如是肥沃，其人口如是衆多，其工藝製造與夫政府施政如是美妙絕倫，凡我人於海外航行所至，從未見一國足以與之比擬。此乃舉世皆知之事實。（註五九）

服爾德於其「哲學辭書」「年曆」（Almanach）條下，道及中國曆法起源的久遠和中國制曆授時與藩屬奉中國正朔的故事，說：

中國人據說最早制曆授時。他們的國君所享有的特權中最有意義的一項，是頒行他的曆法給藩屬和鄰邦；拒絕奉他的正朔是大不敬，將受到征討，恰如歐洲封建領主拒絕向他們的國君舉行臣服禮一般。

我們觀周天祇有十二星座，他們却有二十八宿〔星座〕，其名稱與我們的全不相類——這足以充分證明，我們繼承了迦勒底人的黃道帶，而他們是獨立發明。（註六十）

在杜・阿爾德的「中華帝國全誌」中，可以發現對於同一事項的幾乎相同的敍述。杜・阿爾德列舉入華比利時耶穌會士南懷仁（Ferdinandus Verbiest）和法國耶穌會士金尼閣（Nicolaus Trigault）、李明、暨宋君榮等人有關中國曆法的報導，其中的一節稱：

> 制曆授時一事之爲中國及其鄰邦所尊重，以及對於中華帝國的重要，可於下舉一事見之：奉中國正朔者，乃自明其爲中國的附庸與皇帝的藩屬，而拒絕奉行者被視爲叛逆的表示。
>
> 我們發現中國天文學家分周天爲二十八宿〔星座〕。……據說是夏禹皇帝始分周天爲二十八宿。（註六一）

服爾德稱道中國立國年祚的久遠，其最堅强的證據爲天文計算，據其自稱係得自宋君榮的報導。在「風尚論」中，服爾德說：

> 中國歷史以天文觀察爲依據，乃無可辯難者。其年祚，按正確的年代可上推至公元前二一五五年的一次日食，並經擅於推算的傳教士加以證實。……宋君榮神父曾檢查了孔子書〔春秋〕中所記載的三十六次日食，發現其中祇有二次是虛構的，另二次可疑。……中國人溝通天體與人間的歷史，使二者互爲證明。（註六二）

在上引杜・阿爾德的書中，也可見同樣的記載。杜・阿爾德說：

> 孔子書中所道及的三十六次日食，祇有二次是虛構的，另二次可疑；其餘的確實無疑。有的歐洲人不願相信中國人的記載，但經自己的推算後，終於證明其眞實可信。湯若望（J. Adam Schall von Bell）便曾推算並證實了仲康日食，該次日食發生於公元前二一五五年。（註六三）

即如服爾德之稱中國儒教爲德教，及其所信奉的上帝爲眞神，入華的耶穌會士亦多如是言之。於其「中國現狀新誌」中，李明曰：

在中國歷史中我們所發現的眞宗教之深遠的遺跡，使我們自然想到，這正證明了無遠弗屆的全能的神的旨意。……有兩千年，當中國已經認知了眞神、已經實行了最高形式的道德時，歐洲和世界的其餘部分，幾乎還全體沈淪於錯誤和罪行之中。（註六四）

服爾德稱道中國政治與倫理的一致，而此亦恰是入華耶穌會士所舉以稱道中國者。巴多明即曾於其致法國科學院院士德・梅朗（Jean-Jacques Dortus de Mairan）的書簡中謂，「凡你所稱慕中國的，也正是我們所爲之歎賞不止者。我們親眼目擊這個廣土衆民的帝國所享有的賢明的統治。」（註六五）在另一通入華耶穌會士的書簡中，更可見如下的對於中國政治的稱道：

在中國，一個人的社會地位祇能藉學問與功績昇遷。……法律、倫理、與文學乃中國學校中所主要攻讀的學科，而著名的哲學家孔子的學說爲一切學問的基礎。（註六六）

服爾德也稱道中國政府爲一種父道政治的政府。在李明與杜・阿爾德的著作中，對於中國的政治理想與制度皆曾作充分透徹的敍述，對於中國所特有的考試與量才任官的制度報導尤詳，而二書皆稱中國政府爲一種父道政治的政府。李明說：

在中國，古代的立法者於建國之初便立此以爲永守的準則：君者，民之父母，非徒高據王位、奴役人民的主宰已也。……中國的教育家與思想家不斷著書立說，主張一國猶一家，凡能齊家者，必能治國，反之亦然。（註六七）

於入華耶穌會士的書簡中，亦可見相似的稱道：

於舉世國家中，唯有中國政府的施政，乃以親子的相互責任為基礎。皇帝為國之父母；省、府、州、縣的長官，為各該地方的父母。（註六八）

他們也都主張中國政府雖屬專制政府，然不是一個專恣的政府。李明說：

中國人雖不喜共和政府，然他們尤不容專恣與暴虐。……中國人認為，他們的國君之所以承受不妄用權力的責任，乃在證明並鞏固他們的為君的地位，而不是破壞他們的地位；這一明智的限制，國君資以約束自己的情欲，然並非減損他們在世間的勢力和權威，正如相似的限制並未減損全能的神所有的尊嚴和權力一般。

法律賦予皇帝以無限的權力，法律也加之以謹慎和適度使用此權力的責任，這是長時期來中華帝國的偉大體制所賴以維持的兩大支柱。（註六九）

類似的對於中國政治的稱道，在入華耶穌會士的有關中國的著述中，蓋觸目可見。而白晉於其「康熙帝傳」中，頌揚清聖祖的「公平與正直、對於人民的父道的仁慈、對於道德與理性的崇尚、對於一己的感情的節制、日理萬機而於科學與藝術猶持有廣泛的興趣。（註七十）如其所稱述，則不待服爾德為之渲染，清聖祖已昭然是一位典型的啓蒙思想家所理想的開明君主了。

服爾德稱道中國法律的寬仁和量刑的審慎，入華耶穌會士亦多言之。李明即曾於其「中國現狀新誌」中對中國法律詳加闡述。關於中國量刑的審慎，他說，在中國，「凡死刑的判處，必須法司會審，皇上欽准。……

在多數情形下，皇上同意法司的決定，但他往往也會命令減刑，使刑罰更加寬仁。」」（註七一）在另一入華耶穌會士的書簡中，也可見同樣的稱道：

對於死刑的判處，從無一地有如中國之審慎將事者。在中國，無論爲平民或貴族，苟非罪關叛逆或作亂者，任何法官皆不能將之處死，其死刑必須皇上欽定。（註七二）

服爾德於其悲劇「「中國孤兒」」中，頌揚中國文明同化蠻族的偉大的力量，而入華耶穌會士所見亦然。於「北京傳教士中國紀要」」第五卷中，即可見如下的論說：

所有從古來相傳至今的各式政府，無一足以與中華帝國的法制的完善相比。中國立國的久遠即足以爲之作證。中華帝國雖曾三次遭韃靼人征服，而至亡國，然其法制終得匡救亡國的不幸。征服者爲圖統治中國，發現其最善之道莫如承受中國的法制。因此，國家雖更換了君主，然從未更換政府。（註七三）

「紀要」第五卷的刊行，自遠在服爾德的「「中國孤兒」」後，然二者所表示的觀感則一。再者，「「紀要」」因係一纂輯之書，其所取材亦遲早不一。

最後有一問題尙待澄淸者，即服爾德乃傳統教會的激烈的抨擊者，而耶穌會爲傳統教會的堅强的護持者，何以服爾德乃因敵爲資，取汲於耶穌會所供給的知識，而以之抨擊「舊制度」、傳統教會、乃至耶穌會本身？案入華耶穌會士之以有關中國的報導傳之歐洲本土，從耶穌會士的立場言，除了作爲知識的傳遞以盡他們所受自在上者的付託外，同時亦欲表明他們所正從事傳教者乃一廣土衆民的國家，其文明的發達，除基督教信仰一事外，較之歐洲國家猶且過之。他們乃至希望於此悠久的文明的歷史中，或且可發現基督的眞傳。由此以見在華傳教工作的意義的深巨與前途的遠大。然自啓蒙思想家如服爾德的觀點視之，則中國歷史的悠久與文物制度的發達，適足以證明一種非基督教的優越的文明的存在，與猶太——基督教聖經所教人的創世之說的荒謬。羅馬公教教會內部因中國傳教問題而發生的「典禮之爭」，就中西交通言固屬不幸，然就中國儒家思想的西傳言，則毋寧爲不幸中的幸事。「典禮之爭」所爭者，即中國的拜天、祭孔、祀祖是否爲一種偶像崇拜，或僅係意在崇德報功的社會倫理思想的表達？因爲敬天祀祖乃儒家倫理思想之本，所以無論耶穌會士爲辯護自身的主張，或其他會派爲反對耶穌會士的主張，對於中國儒家學說皆需窮研細析，反覆論難。在華的各會派教士如此，在歐洲，自教會以至於一般知識人士也都爲之激動，而尤以法國的知識社會爲然。入華耶穌會士爲圖保護自身的立場，分中國儒學爲古儒與今儒，因爲宋明理學表章性理，表章道與自然，與基督教的「超性」與「超自然」的神學絕難相容，所以他們稱理學爲「今儒」（Neo-Confucianism），不認其爲儒學的正統。他們在中國爲欲以儒家學說附會基督教義，所以要駁難理學；他們向歐洲爲欲解釋其所尊重者乃具有崇高的倫理意義的孔學，而非表章性理與自然的理學，所以要辨析孔學與理學的不同。加以他們所最先譯述的儒家經典又是「大學」和「中庸」，爲宋明理學所據以立說的主要的二書，所以結果使理學思想也盛傳歐洲。服爾德在爲中國的拜天、祭孔、祀祖之禮的辯護上與耶穌會士一致，但他也頌揚儒學之以理性、道德、與自然之道教人，從而抨擊傳統基督教會所持的「靈魂不滅」、「地獄天國」、「神秘」與「奇蹟」諸說。此見服爾德的以敵爲資，亦仍無損於他的對於他所可能依據的史料的忠實。

## （五）

苟以舊制度下的歐洲與同時期的中國相對而言，則凡入華耶穌會士與服爾德之所稱道中國者，亦且未可謂非事實。服爾德並未爲中國諱言短失。他不僅曾說「各種各樣的罪惡在其他國家發生，同樣也在中國發生，」（註七四）他並且曾强調指出，以第十八世紀歐洲科學發達的情形言，中國已顯然落後而停滯不進。他說：

> 有一個問題曾被提出，何以中國人過去在發明上如此前進，而其後未再繼續發展？……何以藝術和科學在中國經長時期不斷開發後，多數未再張大？
>
> 我們歐洲人開始有自己的發明爲時甚晚，然一旦開始，其進步迅速。（註七五）

他認爲中國當時所有的科學知識，與歐洲二百年前或乃至希臘羅馬時代所有者相若。（註七六）他希望中國能有一個自己的卡西尼（Jean and Jacques Cassini）和牛頓的時代來臨。（註七七）但如英國牛津大學學者道生（Raymond Dawson）於其近著「中國變色龍」（*The Chinese Chameleon*）中，以明季朝綱的濁亂與清初諸帝對於中國士氣的壓抑爲言，謂服爾德與其同時代啓蒙思想家所見的中國「不是實在，而是一模型，或一烏托邦，」（註七八）則係就片面與絕對的標準立說，有失論事的正鵠。案入華耶穌會士與服爾德，對於晚明諸帝皆未多稱述；他們對於清初諸帝所加意揄揚者，亦惟聖祖一人。他們稱道中國的文物制度，因爲清承明制，所以雖未加軒輊，亦未可厚非。但尤要者，服爾德乃第十八世紀的歐洲人，其論事的尺度自以所見的「舊制度」下的歐洲爲準。西方的迅速進步乃在工業革命和法國大革命發生後。如以「舊制度」下的歐洲國家與同時期的中國相較，則尚不無差遜；歷史的悠久與幅員的廣大不如中國無論矣，即政治、法律、與社會等方面，亦尚多不及中國之處。

如前所述，在第十八世紀的歐洲，絕大多數國家行君主專制。國王為理論上和事實上的絕對統治者，他的意志是法律；他的王位之受尊崇，一如教堂中的聖壇，因為二者在理論上皆受命於神，在世間執行神的命令。但國王尚缺乏組織完備而權責分明的行政機構，以輔佐他施政。以法國言，繼路易十四世後，國王既無能力承担國務，而王權的專制則使樞臣以希承國王的意旨為能事，政府的效能低落。在地方，總督省（gouvernements）、巡按省（généralités）、主教區、與司法區重疊錯綜，各自為政。結果法國政府雖名為王權專制，然實際則混亂糾雜，滯重無能。法國在路易十四世時代，因為波旁王朝（House of Bourbon）的利益，對外屢起戰爭。迨第十八世紀中葉前後，法國又在歐洲的兩次戰爭中失利，海外的殖民地喪失，而國家債台高築。法國當時賦稅的徵收，尚多行包稅法。國家也尚未有一種預算制度。國王視國家財政的收入如私產，他可以恣意揮霍，用於賞賚嬖倖，或般樂無度。而國家最富有的階級——貴族階級和教會——尚享有豁免國家的主要賦稅的特權，使財政無法開源。其結果王家財政瀕於破產，王家政府唯有繼續對僅有的稅源，竭澤而漁。

就法律言，法國於第十八世紀中尚無一部全國通行的統一的法典，各種各樣適用於不同情形和不同地域的法律，多至三百餘種。其結果，國家司法權的行使也重覆糾纏，不同法庭的裁判矛盾牴觸，而好訟之風盛行。當時刑罰的酷烈也駭人聽聞，有斷肢、烙印、和車裂等刑。但除了法律的紊如亂麻和嚴酷外，對於人身自由安全的威脅尚有國王及其大臣任意拘禁國人的專制行為。他們可以事前不給警告，不經審判，不許上訴，而祇憑國王的一紙「拘禁狀」（lettre de cachet），以「王意如此」爲理由，拘捕國人，加以長期的禁錮。此外，從巴黎以至地方的高等法院（parlements）乃特權團體，維護「舊制度」下的既得利益與特權，阻撓一切對現狀的改革；而普遍存在於全國的各種過時的立法與陋規，則妨礙新商工業的發展。法國如此，歐洲其他國家亦然。即以英國而論，英國乃第十八世紀中號稱歐洲最進步的國家，然遲至第十九世紀初葉，其刑法仍「慘急而紊如亂麻，」（註七九）「人民因偸窃五個先令被處死，一個女孩子因窃取一條手帕被處以絞刑。」因爲獄吏之職乃納貲捐來，所以牢獄是他們的產業，獄中雖殘暴慘毒，暗無天日，然而改革無方。（註八十）

在「舊制度」下，歐洲多數國家繼續保持封建階級的區分。在法國，兩個特權階級——教士和貴族——的人數佔全人口不過百分之二，但他們享有全國最富饒的土地的收益，豁免最苛重的賦稅的負担，而且盤據政府、軍隊、和教會中的最高和俸祿最豐的職位。他們中一部分甚且不居住於自己的產業之上，他們留在國王的宮廷，享受最奢華佚樂的生活，而由家臣向佃農徵收租賦，供他們豪賭和揮霍。尤有甚者，貴族寄生於農民的勞苦之上，享受巨額不勞而獲的收益，但貧困的農民必須負担國家苛重的賦稅，而貴族却無需負担。農民自然樂歲終身苦，凶年不免於死亡。他們除了負担國家苛重的賦稅外，尙須爲地主服力役，繳納田租，和盡其他殘餘的封建義務。但在「舊制度」下的法國，城市中等階級也未曾獲得公平的待遇。到第十八世紀時，城市中等階級人士已是法國社會最有教養、最多識見、和最進步的成分，但他們無緣預聞國政。他們即令爲王家政府供職，所得者也多屬次一等的職位，因爲政府、軍隊、法院，和外交機構的優缺都爲貴族所盤據。而且，他們也同樣身受王家行政、司法、和賦稅制度的叢積的惡弊之苦。（註八一）

服爾德乃在如此的背景之上認識和稱道中國。任何人設身處地以察之，當見凡他所稱道者，實去事實不遠。此所以「哲學辭書」的一位英譯者要說，「服爾德之所以稱道中國，其目的實至明顯，其揄揚亦不無過當，然從實言之，則其據以論斷與貶抑『舊制度』下的歐洲，確無可辯駁。」（註八二）

公元第十七、八世紀乃西方求認知中國的一個十分重要的時代。因爲當時西方人士對中國的同情與求知的懇切，有關中國的知識與思想乃能廣大傳播於西方知識社會，（註八三）助成近代西方最重要的思想運動——啓蒙思潮運動。近五十年來，以拉許溫（Adolph Reichwein）的「中國與歐洲」（China und Enropa）（註八四）一書爲首，西方學者論道中、西此段思想運動的因緣者，頗不乏人。所感不足者，他們多數所重視者爲當時西方所見的中國若何，而未多措意於當時西方求知中國的懇摯，與其所知的深切著明，（註八五）如服爾德者然。

註一：Will and Ariel Durant, *The Age of Voltaire*, p. viii. New York, 1965.

註二：參閱 Wang Teh-chao, "Cathay in Voltaire," *Chinese Culture*, Vol. I, No. 2, pp. 96-120. Taipe October, 1957.

註三：*Essai sur les moeurs (1), OEuvres Completes de M. de Voltaire*, t. 16, p. 250. Kehl, 1784.

註四：Crane Brinton, *The Shaping of Modern Thought*, p. 232. A Spectrum Book, 1963.

註五：分見 "Annales" 與 "Antiquité" 各條，*Dictionnaire philosophique (1), OEuvres*, t. 37, pp. 360, 371.

註六：*OEuvres*, t. 44, pp. 51–52.

註七：*Dictionnaire (4)*, *OEuvres*, t. 40, p. 482.

註八："De la Chine," *Dictionnaire (2)*, *OEuvres*, t. 38, p. 480. 又 "Introduction," *Essai (1)*, *OEuvres*, t. 16, p. 85.

註九：*Dictionnaire (3)*, *OEuvres*, t. 39, p. 254.

註一〇：Ibid., p. 256.

註一一："Etat, Gouvernements," *Dictionnaire (4)*, *OEuvres*, t. 40, p. 143.

註一二：Superstition," *Dictionnaire (7)*, *OEuvres*, t. 43, p. 251.

註一三："Athée," *Dictionnaire (2)*, *OEuvres*, t. 38, p. 97.

此處所謂之「理性神教」，服爾德之原文為 théisme，義為「信神教」。於服爾德之著作中，所謂 théisme，其實乃 deisme 之謂，即「理性神教」。又文中所謂之「中國的理性神教」，所指係儒家之教。

註一四："De la Chine," *Dictionnaire (2)*, *OEuvres*, t. 38, p. 492.

註一五：*Mélanges littéraires (1)*, *OEuvres*, t. 47, p. 213.

註一六："De la Chine," *Essai (1)*, *OEuvres*, t. 16, pp. 263–264.

註一七："Lettres Chinoises," *Mélanges littéraires (1)*, *OEuvres*, t 47, p. 202.

註十八：參閱王德昭「服爾德的『中國孤兒』」，「大陸雜誌」第四卷第七期。台北，民國四十一年四月。

註一九："De la Chine," *Essai* (4), *OEuvres*, t. 19, p. 328.

註二〇："De la Chine," *Essai* (1), *OEuvres*, t. 16, p. 264.

註二一：同註十五。

註二二："De la Chine," *Essai* (4), *OEuvres*, t. 19, p. 334. 又 ch. XXXIX, ***Le siècle de Louis*** XIV, ***OEuvres***, t. 21, pp. 407–408. 又 "Epitre VI," *Epitres*, *OEuvres*, t. 13, p. 246.

註二三："De Confucius," ***Le philosophe ignorant***, *OEuvres*, t. 32, p. 142.

註二四：同註十四、二十。

註二五："Lettres Chinoises," *Melanges litteraires* (1), ***OEuvres***, t. 47, p. 212.

註二六：George Anson, *A Voyage around the World in the Years 1740–1745*. Amsterdam, 1749.

註二七："De la Chine," *Essai* (1), *OEuvres*, t. 16, pp. 264–265.

註二八："Introduction," ibid., pp. 87–89.

註二九：Ibid.

註三〇："De la Chine," ibid., p. 271.

註三一："Tolérance," *Dictionnaire* (7). ***OEuvres***, t. 43, p. 345.

註三二：Ibid., pp.351–352.

註三三："De la Chine," ***Dictionnaire*** (2), ***OEuvres***, t. 38, p. **484**,

註三四：同註六。

註三五：同上。

註三六：參閱 Wang Teh-chao, "Cathay in Voltaire's *Zadig*," *Proceedings of the Second Biennial Conference*, International Association of Historians of Asia, pp. 733-744. Taipei, October, 1962.

註三七：*Zadig*, *OEuvres*, t. 44, p. 51.

註三八："Superstition," *Dictionnaire (7)*, *OEuvres*, t. 43, p.251.

註三九："Secte," *Dictionnaire (7)*, *OEuvres*, t. 43, p. 171-172.

註四〇：*OEuvres*, t. 43, p. 323.

註四一："De la Chine," *Essai (1)*, *OEuvres*, t. 16, pp. 267-268.

註四二：Ibid., p.270.

註四三："Introduction," ibid., p. 86. 服爾德此處所引二書，前者爲「大學」，後者當是「中庸」。後者之服爾德原文較譯文爲簡，直譯之頗似「三字經」開首數語。然竊謂「三字經」開首數語所道者亦無非「中庸」開首數語之義，而「中庸」與「大學」爲耶穌會士入華後最先翻譯爲西方文字之書。殷鐸澤(Prospero Intorcetta)之「中庸」拉丁文譯本「中國政治道德學」(*Sinarum scientia politico-moralis*)，於公元一六六七與一六六九年（淸康熙六年與八年）先在廣州與印度臥亞(Goa)刊行，於一六七二年卽在法國巴黎同時刊行拉丁文版與法文版。

註四四："De la Chine," *Dictionnaire (2)*, *OEuvres*, t. 38, p. 493.

註四五：“Introduction,” *Essai (1)*, *OEuvres*, t. 16, pp. 85-86.

註四六：“De la Chine,” ***Fragments sur l'histoire***, *OEuvres*, t. 28, pp. 11-12.

註四七：“De la Chine,” *Essai (1)*, *OEuvres*, t. 16, p. 257.

註四八：同註十四。

註四九：*Théatre (4)*, *OEuvres*, t. 4, p. 348.

註五〇：Ibid., p. 272.

註五一：Crane Brinton, p. 232. 又 John Randall, Jr., *The Making of the Modern Mind*, p. 367. Boston, 1940.

註五二：該書仿中文書全版木雕。

註五三：「中西交通史」第四冊，頁二〇一。台北，民國四十三年。

註五四：石田幹之助，「歐人の支那研究」，頁一九四。東京，日本昭和七年。

註五五：以上據石田幹之助上揭書、後藤末雄「支那思想のフランス西漸」（東京，日本昭和八年）、與 Henri Cordier, *Bibliotheca Sinica* (5 vols., Paris, 1904－24)。

註五六：*OEuvres*, t. 16, p. 82.

註五七：“Défense de mon oncle,” ***Melanges historiques*** *(1)*, ***OEuvres***, t. 27, p. 227. 拿伐累推爲西班牙多明我會修士，華名閔明我。其後之義大利耶穌會士閔明我(P. Maria Grimaldi)乃頂其名者。

註五八：**Henri Cordier, *La Chine en France au XVIIIe Siecle*, p. 114. Paris, 1910.**

註五九：安文思原稿係以葡文撰成，時在一六六八年。惟該書於一六八八年首先刊行者，乃其法文譯本，見 **Cordier**, *Bibliotheca*, col. 36.

註六〇：*OEuvres*, t. 37, p. 172.

註六一：Du Halde, t. III, pp. 280–281.

註六二："De la Chine," *Essai (1)*, *OEuvres*, t. 16, p. 250.

註六三：Du Halde, t. III, p. 272.

註六四：Le Comte, t. I, p. 337; 又參閱同書 t. II, pp. 108ff.

註六五：*Lettres edifiantes*, t. III, p. 646. Paris, 1843.

註六六：*Un jesuite missionnaire*, "De la situation de la Chine," *Lettres edifiantes*, t. III, p.664.

註六七：Le Comte, t. II, pp. 21–22.

註六八：同註六六。

註六九：Le Comte, t. II, pp. 3–5.

註七〇：Joachim Bouvet, *Portrait historique de l'Empereur de la Chine*, pp. 11-12. La Haye, 1699.

註七一：Le Comte, t. II, p. 11.

註七二：同註六六。

註七三：*Mémoires concernant l'histoire des Chinois*, t. V, p. 32. Paris, 1780.

註七四：同註二四。

註七五："De la Chine," *Essai (1), OEuvres*, t, 16, pp. 259-263.

註七六：同註八。

註七七："Lettres Chinoises," *Mélanges littéraires (1), OEuvres*, t. 47, p. 220.

註七八：*The Chinese Chameleon*, p. 57. London, 1967,

註七九：G. M. Trevelyan, *British History in the Nineteenth Century and After*, pp. 30-31. London, 1937'

註八〇：David Ogg, *Europe of the Ancient Regime*, pp. 30-32. London, 1965.

註八一：以上有關「舊制度」下的歐洲的部份，主要係節錄 Wallace K. Ferguson and Geoffrey Bruun, *A Survey of European Civilization*, pp. 612-616（Cambridge, Mass., 1952）。該書為一標準大學教本，非專門著作，然亦以是可信其敘事之平正、賅要、有代表性，以概括表示「舊制度」下歐洲之狀況。

註八二：*A Philosophical Dictionary from the French of M. de Voltaire*, Vol. I, p. 180, translator's footnote. Boston, 1836.

註八三：Geoffrey F. Hudson 認為，「第十九世紀中，【歐洲】漢學在專深方面雖有進步，然實在說，一般受教育人士所有的有關中國的知識，尚不如第十八世紀。」見 *Europe and China*, p.25（London, 1931）。

註八四：Adolf Reichwein, *China und Europa*. Berlin, 1923.

註八五：Hudson 於前揭書中，曾慨乎言之，曰，「【入第十九世紀後，】由於崇拜中國之風的衰歇，……歐洲歷史學者對於第十八世紀中國思想的影響，多數不能予以公平的評價。他們或稱第十八世紀歐洲的崇拜中國不過一種時行的奇思怪想，亦或稱之爲一種烏托邦式的幻想，取中國之名，而與實在的中國及其文化無關。凡此臆說蓋完全不知第十八世紀西方所有的種種便利，可藉以獲得有關中國的知識。在當時歐洲，除了大量中國藝術品外，尚有爲數頗多、出乎意料的正確的有關中國的報導流行，以及若干最重要的經典的譯述。」（*Europe and China*, p. 25.）

# 陰平道辨

嚴耕望

陰平道因鄧艾伐蜀著稱於史。紀要五九云，階州「制兩川之命，爲入蜀經路者，則曰陰平道。」下引鄧艾伐蜀，及後唐擊孟知祥事。最後述明代史事云：

「明初，傅友德奉命征四川，陽言出金牛，而使人覘青川、杲陽，皆空虛，階、文雖有兵壘而守備單寡，遂繇陳倉攀緣山谷，間行而進，克階州，進拔文州，遂引兵出青川、杲陽，直趨綿州，此即鄧艾陰平故道也。今自階州經隆（龍）安至綿州幾千餘里，其間皆重巖複澗，閣道險仄，僅而得達。」

按顧氏所述傅友德行軍路線，由階、文經青川至綿州，以爲即鄧艾陰平故道。就此節文字看來，如何由文州至青川未明言。乃本注引輿程記述階、文南下之行程云：

「自階州至文縣二百十里，繇文縣而南，至四川龍安府三百三十里，又東至青川所百二十里，又東南至江油縣百九十里，折而西南至成都府之綿州一百八十里。」

是自階、文南下，先至龍安府治，再東經青川至江油、綿州也。按此爲唐宋以來文、龍間之捷徑，非鄧艾入蜀故道。而自漢以來，陰平入蜀又另有徑道，既非鄧艾道，亦非輿程記之捷徑。故陰平入蜀前後凡三道。茲詳爲論證如次：

## （一）陰平入蜀非一道

陰平道之出名雖始於鄧艾伐蜀，然此前由陰平入蜀固有通道。漢地志，廣漢郡屬有甸氐道（縣）在今文縣西；有陰平道（縣），「北部都尉治。」在今文縣西北。是今文縣地區，雖隔在山北，然在漢世必已有入蜀之徑路。否則不能遠隸廣漢也。然其路行程如何？鄧艾路線如何？二者爲一線，抑爲兩線？及其他種種異同問題，諸待考論。

考華陽國志二漢中志云：

「陰平郡本廣漢北部都尉。永平後羌虜數反，遂置郡。……安帝永初二年，羌反，燒郡城，郡人退住白水。」

按此白水無論指白水郡之白水縣，抑白水關而言，皆在今廣元昭化西北白龍江沿岸之白水街地區，（詳後文。）白龍江即古白水，北由陰平流來，下入巴蜀。山地交通路線多循河谷，此條史料已暗示漢世陰平入蜀，白水地方爲一中道據點矣。

復考鄧艾伐蜀時事詳見三國志，除顯示鄧艾入蜀道外，亦顯示白水爲由陰平入蜀之要道。茲稍詳引錄如次：

蜀志一四姜維傳云：

「（景耀）五年，維……住沓中（在洮水流域，今臨潭縣西）……六年，維表後主，聞鍾會治兵關中，欲規進取；宜並遣張翼、廖化督諸軍分護陽安關口（即今陽平關，寧羌西北一百里。）陰平（今文縣）橋頭（今文縣東南），以防未然。……後主寢其事。……及鍾會將向駱谷，鄧艾將入沓中，然後乃遣右車騎廖化詣沓中，爲維援；左車騎張翼、輔國大將軍董厥等詣陽安關口，以爲諸圍外助。比（蓋「化」之譌）至陰平，維爲鄧艾所摧，還住陰平。鍾會……遣別將進攻關口（即陽安關口）。……關口已下，長驅向前，翼、厥甫至漢壽（今昭化縣南），維、化亦舍陰平而退，適與翼、厥合，皆還保劍閣以拒會。……而鄧艾自陰平由景谷道傍入，遂破諸葛瞻於緜竹。」

魏志二八鍾會傳云：

「（景元）四年（即蜀景耀六年）秋，詔使鄧艾、諸葛緒各統諸軍三萬餘人，艾趣甘松、沓中，連綴維，緒趣武街（今甘肅成縣西）、橋頭，絕維歸路。會統十餘萬衆分從斜谷、駱谷入，……至漢中。……會……西出陽安口，……攻破關城（即陽安關口）……姜維自沓中還至陰平，合集士衆，欲赴關城。未到，聞其已破，退趣白水，（今昭化西北一百二十里。）與蜀將張翼廖化等合守劍閣拒會。……鄧艾追姜維到陰平，簡選精銳，欲從漢德陽入江由左儋道，詣緜竹趣成都，與緒共行。緒以本受節度邀姜維，西行非本詔，遂進軍前向白水，與會合，……向劍閣。」

又鄧艾傳云：

「（景元）四年秋……使艾與維相綴連，雍州刺史諸葛緒要維，令不得歸。艾遣……金城太守楊欣等詣甘松，維聞鍾會諸軍已入漢中，引退還，欣等追躡於彊川口，大戰，維敗走。聞雍州已塞道屯橋頭，從孔函谷入北道，欲出雍州後。諸葛緒聞之，却還三十里。維入北道三十餘里，聞緒軍却，尋還從橋頭過，緒趣截維，較一日不及。維遂東引還，守劍閣。鍾會攻維未能克；艾上言……從陰平由邪徑經漢德陽亭趣涪，出劍閣西百里，去成都三百餘里，奇兵衝其腹心，……掩其空虛，破之必矣。冬十月，艾自陰平道行無人之地七百餘里，鑿山通道，造作橋閣，山高谷深，至爲艱險，……艾自以氈自裹，推轉而下，將士皆攀木緣崖，魚貫而進，先登至江由……蜀衞將軍諸葛瞻自涪還緜竹，列陣待艾。」

據此三條，漢末由秦隴入蜀之道口，除陽安關之外，其西之陰平橋頭亦爲要道；故姜維預先籌劃陽安與橋頭並重，其後魏人入侵亦正由此兩道並入也。橋頭爲姜維出入西北洮水流域之孔道，故其退兵及廖化支援之路線皆以此爲中路，諸葛緒自武街（今成縣西）邀姜維亦以此爲關鍵也。姜維、廖化由陰平退兵，經白水至漢壽（今昭化）退守劍閣，諸葛緒亦自陰平尾追經白水至劍閣，可見此爲一通行大道。而白水爲必經之地，正可與前引華陽志云漢世陰平郡人退屯白水事相印證矣。白水當漢中經陽安關入蜀之大道，譚宗義漢代國內陸路交通考第一章已詳考之。則其地適當陽安、橋頭東西兩道入蜀之會。華陽志二漢中志：「白水縣有關尉，故州牧劉璋將楊懷高沛守也。」蓋以其當兩道入蜀之會，地居衝要，故置關尉耳。蓋當時路線，東路由漢中西行入陽安關口，西渡嘉陵江至白水；西路由陰平橋頭東南行亦至白水，與東路會合，再南至漢壽入劍閣也。故當時由蜀通陰平之眞正徑道當爲橋頭、白水、漢壽道。鄧艾所行乃由景谷、漢德陽亭向西南傍入江油者，故諸葛緒以爲西行非本詔，而引軍東行經白水至劍閣也。後世震於鄧艾偏道出奇之成功，以陰平道專屬於鄧艾之偏道；似陰平險阻，別無道路者。其實非也。今先考陰平入蜀之正道，次論鄧艾入蜀之偏道，並附述唐以下之捷徑如次：

## （二）陰平入蜀之正道

前論秦隴入蜀兩道會於白水關，關亦爲西道之重點。今先論關之地望。後漢書李固傳注引梁州記：「關城（陽安關即今陽平關）西南百八十里有白水關。」又一統志保甯府卷關隘目，白水關「在昭化縣西北一百二十里故白水縣界。」按白水縣、白水關皆因白水受名。白水今又名白龍江，檢地圖，江濱有白水街，在陽平關之西南，昭化縣之西北，各別距離亦約爲一百八十里、一百二十里之譜。然則今白水街雖未必即古白水關、白水縣之準確位置，要亦相去不遠。

次論橋頭之地望。陸游老學庵筆記八云：

「陰平在今文州，有橋曰陰平橋。淳熙初，爲郡守者大書立石於橋下，曰鄧艾取蜀路。過者笑之。」

按此謂郡守愚闇，示敵人以入侵之路也。然不明橋究何在？檢紀要五九文縣目：「陰平橋在縣治東南，跨白水上，即所謂陰平橋頭也。」一統志階州卷津梁目：「陰平橋在文縣南門外，跨白水上，所謂陰平橋頭也。……通志，在縣西南一里，白水急流中有石二道，就石立柱成橋，長二十餘丈。」是即在今文縣近郭處。然水經注三二羌水注云：

「羌水又逕葭蘆城南，……又東南流至橋頭，合白水，東南去白水縣故城九十里。」

按橋頭東南去白水故城僅九十里，則決不在今文縣近郭。又按酈注所謂羌水亦即今白龍江，白水即今文縣河。（二水會合即前文所謂白水也。）葭蘆在今武都縣東南七十里。橋頭在葭蘆之東南，當二水之會，觀申報館新地圖及國防研究院地圖，當在文縣東南六七十里以上或近百里，絕非近在縣郭也。復檢寰宇記一三四文州曲水縣目：「武州水在縣東八十里，從隴右故壘州常芬縣下，入故長松縣東，過入白水江，次入利州昭化縣境，合嘉陵江。」元和志二二文州，長松縣「西南至州七十里。」武州水亦即今白龍江，尤見二水之會必在文縣東或東南約七八十里或近百里處也。一統志及其所引通志之陰平橋蓋後代建築位置，非漢魏之舊矣。

橋頭與白水關縣之地望已明。則漢魏時代陰平入蜀之徑道即畧沿白水而行，斷可知矣。

南北朝時代，此白水道仍通行。魏書五一皮豹子傳云：

「興安二年正月，（劉）義隆遣其將蕭道成（畧）等入漢中，別令楊文德、楊頭等率諸氐羌圍武都。豹子分兵將救之。……文德謂豹子，欲斷其糧運，回軍還入覆津，據險自固。義隆恐其輒回，又增兵益將，令晉壽、白水送糧覆津……。」

按晉壽即前文之漢壽，在今昭化縣境。覆津在葭蘆之北，今武都縣東南白龍江（即酈注之羌水）上，則此正即魏蜀時代之橋頭、白水、漢壽線，畧循白水河谷而行者。

又南北朝時代，白水縣地區曾置沙州。見元和志二二景谷縣目。（並參紀要六八昭化縣目。）南北爭武都氐地，常進出白水、沙州一線。如宋書九八氐胡傳，楊難當據武都，詔遣梁州刺史劉道眞等伐之，「道眞到武興（今畧陽）……（遣）安西參軍韋俊，……別向下辨（今成縣西三十里），……又遣司馬夏侯穆季西取白水；……並望風奔走。」是採南北包抄之戰畧，以取武都也。又云「後立元和爲武都王，治白水。」南齊書五九氐楊氏傳：元徽中，以楊廣香「爲陰平公，茄蘆鎭主。……建元元年詔曰：……茄蘆鎭主陰平郡公楊廣香怨結同族，……當宋之世，舉地降敵，茄蘆失守，華陽暫驚。近……仰惟新之化，肉袒請附，復地千里，……可特量所授……爲督沙州諸軍事、平羌校尉、沙州刺史。」又云：「永明元年，以征虜將軍（楊）炅爲沙州刺史、陰平王。」炅死，子崇祖襲位爲沙州刺史、陰平王。按茄蘆爲陰平東羌水（白龍江）上之重鎭，在今武都縣東南七十里，詳另文。此亦均見沙州白水爲通陰平茄蘆之經道。南齊氐傳又云：

「白水居晉壽上流，西接涪界，東帶益路，北連陰平、茄蘆，爲形勝之地。」

此誠不虛，亦正見南北朝時代，白水爲由蜀北出陰平、武都之主要通路矣。

又周書一九豆盧寧傳：

「弟永恩……武成元年，遷都督利沙文三州諸軍事、利州刺史。時文州蠻叛，永恩率兵擊破之。」

按文州即陰平，利州即唐之利州，今廣元縣，沙州居其間，當白水。三州南北列爲一直線，正藉白水爲通道耳。

復考通鑑一六三及一六四書楊乾運擊楊法琛事云：

梁簡文帝大寶元年，「黎州民攻刺史張賁……引氐酋北益州刺史楊法琛據黎州，命王賈二姓詣武陵王紀，請法琛爲刺史。紀深責之，囚法琛質子。……冬十月丁丑朔，法琛遣使附魏。」

「十二月……武陵王紀遣潼州刺史楊乾運……討楊法琛，法琛發兵據劍閣以拒之。」

大寶二年正月，「楊乾運攻拔劍閣，楊法昌（一本昌作琛，皆琛之譌）退保石門。」

二月，「楊乾運進據平興。平興者，楊法琛所治也。法琛退保魚石洞。乾運焚平興而歸。」

胡注以爲梁之黎州即唐之利州（治今廣元縣），潼州即梓潼（今縣），平興爲法琛根據地，亦即北益州治所，唐爲景谷縣（此條又參元和志景谷縣目。景谷今昭化縣西北百里），石門即元和志景谷縣西南十八里之石門關地也。所指皆正確。是石門在唐以前即爲南通廣元、劍閣，北出景谷、魚老之中道矣。

抑尤有進者。通典一七五江由郡目云：

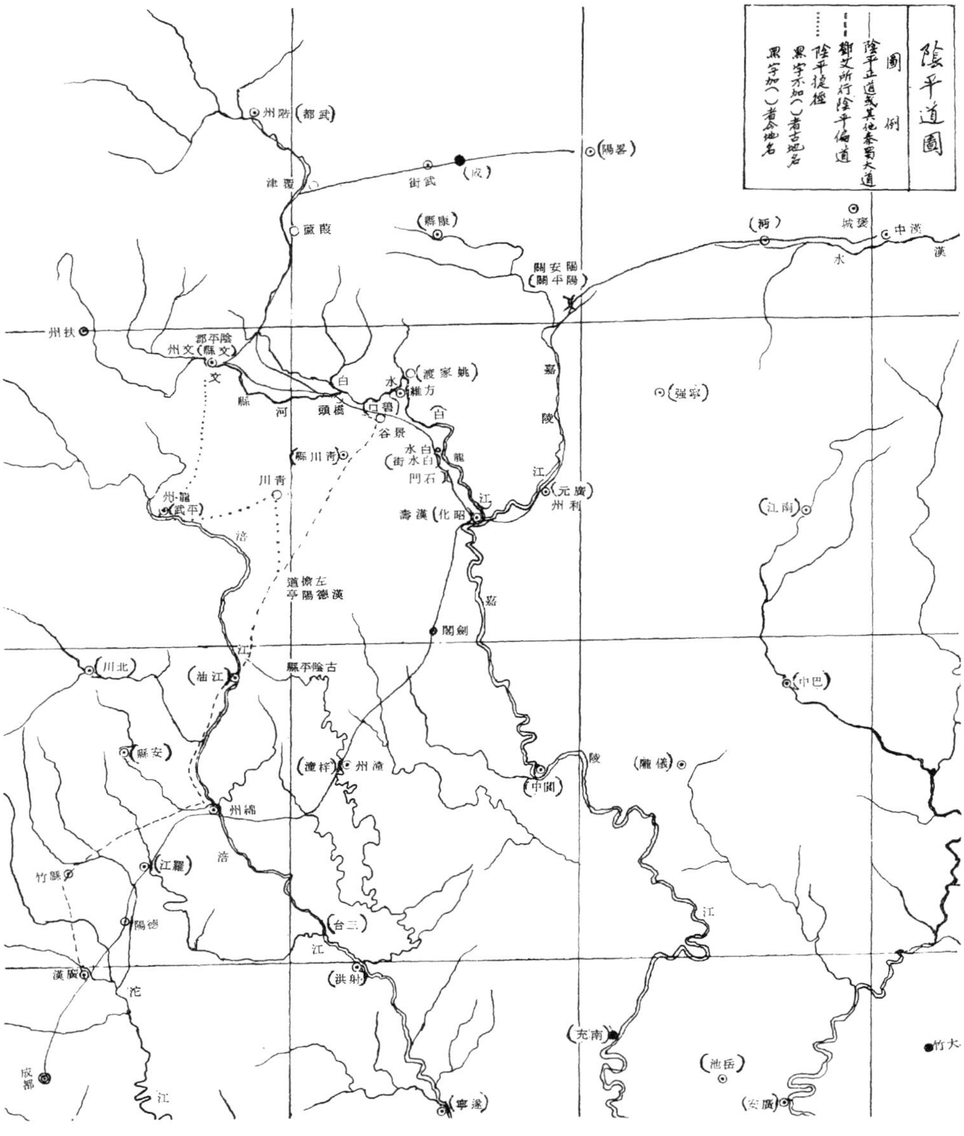


編按：原圖修復放大見圖錄冊，圖版十二

「江油縣（今平武縣）……有石門山，與氐分界。蜀都賦曰，緣以劍閣，阻以石門，是也。」

元和志三三龍州之江油縣目云：

「石門山在縣東一百三里，有石門戍，與氐分界，去仇池城四百餘里。」

按唐代著作而云「與氐分界」，已可異。且照元和志體例，當云石門山去本州縣若干里，今乃云去仇池城四百餘里。仇池與龍州隔文州，何以云然，更非常例。檢蜀中廣記一〇名勝記江油縣目引寰宇記云：

「石門在江油縣東百里，有石門戍。漢水記云，與氐分界於石門，仇池戍去石門四百餘里。左思蜀都賦云……」

按今本寰宇記有此條，但「漢水記」作「漢書地理志」，顯誤不待言。檢隋書經籍志有庾仲雍漢水記五卷，寰宇記所引此條殆其遺文。作者本末雖不詳（經籍志考證），但爲東晉南朝人則無疑。所云「與氐分界」，正亦南北朝事勢也。通典、元和志亦皆直接抄取漢水記原文，至與本書體例不合耳。景谷之石門近白水幹流，白水爲西漢水主源之一，故漢水記述事之範圍涉及景谷之石門之可能性極大，至於龍州之石門，則離白水甚遠，漢水記述事涉及之可能性甚小。且觀上文引通鑑，氐酋楊法琛之根據地在平興，向南進據漢人區域之黎州，後爲楊乾運所敗，退守石門，乾運復敗之，焚平興而還，亦正見漢、氐分界約在唐景谷縣之石門關地區。疑漢水記之石門本指景谷之石門而言，通典、元和志、寰宇記皆誤繫於龍州之石門耳。漢水記云，石門當漢、氐分界，去仇池四百餘里，正見其當北通仇池、陰平之大道。仇池、陰平在白水上流，而此石門靠近白水下流，亦證南北朝時代白水河谷爲仇池、陰平向南入蜀之通道矣。

其在唐世，白水河谷仍爲劍南地區北出陰平之通道。如宋光葆上蜀主表（全唐文九九八）云：

「晉王攻滅朱梁，紹唐稱制。……輕蔑我國，必將交惡。宜勵兵選將，執戈待寇。請……命大將帥兵萬人戍武威城，應援秦、鳳；……萬人屯利州，應援文州及安遠城。」

按利州在今廣元；安遠城即西縣，在今沔陽縣西。是利州北出有兩道，一道東北通漢水上流之西縣百牢關，一道西北通文州陰平也。利州通文州道正當循白水河谷前進，如三國南北朝時代矣。

又舊唐書一一七崔寧傳云：

「其年（大曆十四年）十月，南蠻大下，與吐蕃三道合進。一出茂州，過文（汶）川及灌口；一出扶、文，過方維、白垻（吐蕃傳作白壩）、一出黎、雅過邛郲。……乃發禁兵四千、范陽兵五千赴援。東川出軍自江油趣白垻，與山南兵合擊，蠻兵敗走。范陽軍又擊破於七盤，遂拔新城。」（參見舊吐蕃傳、唐會要九九南詔蠻、通鑑二二六大曆十四年紀）。

按由扶、文一道過方維、白垻，東川出師由江油趨白垻，似吐蕃之師由方維、白垻向江油者。然考于邵劍門山記（全唐文四二九）云：

「皇帝諒闇之初，歲在己未，漁陽公作鎮之一紀也，……犬戎……犯我亭障，以其控弦十萬與羣蠻之師出沉黎，出火井，出僰道，出仇池。邊兵禦之不勝；歘然有北閉劍關拒我後援，西入蜀都而全其地。……朝廷……發禁衛貔貅之旅，俾受律於公。公……分軍守隘，……命諸營堅壁勿戰，收軍入閣，示之以無人，賊……果疑有伏，莫敢前窺。……頓軍數日，……乃夜出精卒，擣其前營；羣兇震擾，……棄

景印香港新亞研究所《新亞學報》（第一至三十卷）



其矛甲者十有四五；……公命緩逐，勿遏其歸。既而又破之於龍安，……寇悉燒營遁去。」

按歲在己未即大曆十四年也。出仇池即出扶文之師。據此文，吐蕃此路軍之企圖爲下劍閣以斷劍南之後援，其路線大致當仍畧循白水，非下江油也。茲就上段史料之方維、白埧兩地名詳爲考證，以定其正確之路線。

檢新唐志利州景谷縣條云：

「武德四年，以景谷及龍州之方維置沙州。貞觀元年，州廢，省方維爲鎮，以景谷來屬。……（縣）西北有白壩、魚老二鎮城。」

是方維、白埧皆在景谷縣之西北。通鑑二二六大曆十四年紀胡注亦云：「景谷縣西北有白埧鎮城，埧必駕反，蜀人謂平川爲埧。」與新志合。檢紀要六八昭化縣目，景谷廢縣在縣西（實爲西北）百里，白壩城在「縣西北百三十里。」是即在景谷廢縣西北三十里，疑即漢魏白水關縣地區，亦即今白水街地區。方維當又在其西北也。方維在景谷、白埧西北，而原屬龍州，是必在龍州之東境或東北境。復考九域志八，文州領曲水一縣。縣領九鄉及「扶州、永定、宕由、南路、方維五鎮。」按扶州鎮乃故扶州，在曲水之西一百五六十里，見寰宇記。五鎮次序蓋由西北而東南，方維既在景谷縣西北，又曾屬龍州在其東境，今屬文州，是必在文州東南，當文州、龍州、景谷縣三地接境處，即文州東南最遠處也。九域志又述文州四至云，「東南至本州界二百三十里，自界首至龍州二百三十里。」準此而言，方維當在文州東南二百里左右，而在龍州東北亦甚遠。紀要七三龍安府平武縣目，方維城在「府東北百二十里。」而一統志龍安府卷古蹟目方維故城條引縣志作縣東北二百二十里。兩書有一百里之差。按一統志同條又云：「西魏置泰興縣，並置建陽郡。隋開皇初，郡廢，改縣曰方維。……水經注，白水逕建陽郡東。（按酈注在卷二〇，建陽或作建昌，詳王氏合校。）方維既在文州即今文縣東南二百里左右，又當白水（白龍江）西岸；檢國防院地圖，當在今碧口鎮、姚家渡地區。又元和志文州卷云，東南至利州四百九十里；利州卷，西北至文州里數同。其路線當大體循白水河谷而行，即方維當在此交通線上，是方維至利州近三百里也。擬爲碧口鎮姚家渡地區，亦正合。是固當在今平武縣東北二百里以上矣。疑一統志引縣志爲正，紀要「百」上脫「二」字。是則唐世由文州入蜀之道，蓋仍由州東近百里之古橋頭，沿白水東南行，經方維、白埧（古白水關，今白水街）、景谷縣（在白水東岸，見岷山雪嶺地區交通圖考第四節。）又南接金牛劍閣道也。

又元和志二二利州景谷縣，「石門關在縣西南十八里，因山爲阻，昔諸葛亮鑿石爲門，因名之。」新唐志亦云，利州景谷縣「西有石門關。」按唐六典六刑部卷司門郎中條；下關七，利州石門爲其一。即此關。隋志，義成郡景谷縣「有關官。」殆亦指此關而言。前引通鑑大寶元年楊法琛由黎州退守石門，亦即此地。元和志云，諸葛所開，宜可信。是自漢歷南北朝至隋唐皆當南北交通要道也。

## (三)鄧艾入蜀之偏道

以上所論乃漢魏以來陰平入蜀之正道。至於鄧艾入蜀，觀艾傳所記行軍情形，多臨時鑿建，實非徑道，故云「傍入」，只能謂之偏道矣。其行程，前引鄧艾傳，「從陰平由邪徑經漢德陽亭……至江由。」抵緜竹。鍾會傳云，艾「從漢德陽入江由左儋道詣緜竹。」而姜維傳作：「鄧艾自陰平由景谷道傍入，遂破諸葛瞻於緜竹。」又華陽國志二漢中志：「陰平郡，……自景谷有步道經江油左儋行出涪，鄧艾從之伐蜀。」是則蓋由景谷與大道分途向西南斜出，經漢德陽亭，至江由，抵緜竹也。其關鍵地名爲景谷、漢德陽亭左儋道與江油。茲以次考其地望如次：

景谷　元和志二二利州景谷縣，宋元嘉中分白水縣置興平縣。「開皇十八年改爲景谷縣，因縣北景谷爲名。」按景谷縣東南至利州(今廣元縣)六十六里，至今昭化縣一百里（並詳岷山雪嶺地區交通圖考第四節。）蓋在今白水街稍南。景谷在縣北，當在今廣元縣西北（直線交通）七十里以上，昭化縣西北一百里以上，白水街以北地區。又按隋書地理志，平武郡方維縣，舊曰秦興，開皇初改名。前引新唐志，方維縣至貞觀元年始廢。則開皇十八年改興平縣爲景谷縣時，方維縣仍見在。則景谷者必在方維景谷兩縣治之間，而在景谷縣境。正當在今白水街西北，碧口鎭東南地區也。

漢德陽亭　華陽志二漢中志，梓潼郡有德陽縣，「有劍閣道三十里，至險，有閣尉。」又卷三蜀志，廣漢郡亦有德陽縣。三國志所稱漢德陽亭必與梓潼之德陽有關，而與廣漢之德陽（即今之德陽）無涉。一統志綿州卷古蹟目德陽故城條，引舊志云在梓潼縣北，正當馬閣山下，去龍安府二百里。紀要七三龍安府平武縣目，亦云此德陽故城在府東二百里。是也。舊志云漢德陽亭在馬閣山下。按寰宇記八四，劍州有陰平縣，在州西一百四十里。「馬閣山在縣北六十里，東接梁山，西接岷峨，昔鄧艾伐蜀從景谷路出江油縣，至此懸崖絕壁，乃束馬製車造作棧閣，方得通路，因名馬閣山。」元和志三三劍州目，亦云陰平縣在劍州西一百四十里。則紀要七三龍安府平武縣陰平城條引舊志云，「陰平城南去梓潼縣六十里。」是也。顧氏以爲在龍安府東北五十里，而云舊志似誤，非矣。此陰平縣，既在今梓潼縣北六十里，馬閣山又在其北六十里，則在今梓潼縣北一百二十里矣。德陽亭既在馬閣山下，而去龍安府二百里。檢視地圖，正當今江油縣東北地區，與鄧艾用兵路線正合。

左擔　任豫益州記（御覽一五九引）云：「江油左擔道，案圖在陰平縣北……其道至阻。自北來者，擔在左肩，不得度擔也。」檢隋書經籍志，有李氏益州記，無任豫益州記。但豫爲東晉南朝人則不待言。據元和志、寰宇記，劍州有陰平縣，在州西一百四十里。又據舊志，縣在今梓潼縣北六十里。則此所謂左擔者正當漢德陽亭地區矣。

江由　通典一七六及元和志三三皆以龍州治所江油縣當之。即今平武縣也。而紀要七三龍州，江油縣「府東南百三十里，……蜀漢置江油戍，鄧艾至陰平欲與諸葛緒自江油趨成都是也。」一統志龍安府卷古蹟目：「江油故城有四，蜀漢置江油戍，爲鄧艾伐蜀路，在今江油縣東。」皆以今江油縣當之，與通典、元和志不同。考水經注三二涪水注：

「涪水又東南逕緜竹縣北。……涪水又東南與建始水合。水發平洛郡西溪，西南流屈而東南流入于涪。涪水又東南逕江油戍北，鄧艾自陰平、景谷步道懸兵束馬入蜀，逕江油、廣漢者也。」

按同書二〇漾水注云，白水又東南，淸水注之。水出於平武郡東北，歷平洛郡東南。淸水即今黃沙河，流至昭化與嘉陵江會合者。其源在今青川鎭地區。則建始水當即今由青川鎭向西南流至新道口注入涪水之小水，或爲發源於鹹草坪，經大防關至平驛舖注入涪水者。此江油戍亦即今江油縣也。（楊氏水經注圖，置江油戍於今江油縣，是也。而以建始水即今平武縣北發源於草河塡崆峒山地區之小水，非矣。）故紀要、一統志爲正。

由此所考，則鄧艾入蜀之路，以今地度之，蓋由今白龍江、文縣河交合處（當時所謂橋頭）向東南行，至今碧口東南白水街西北地區（當時所謂景谷）折向西南斜出，經龍門山區（當時德陽亭在此境）達涪水流域至江油縣，又南下接秦蜀大道也。

以上僅就三國志、華陽國志所記地名爲中心，考證鄧艾入蜀之通道也。今再就較後期之史料補論之。

唐世龍州江油縣有石門山，屢見志書，已見前引。雖「與氏分界」云云，可能係景谷之石門事誤繫於龍州之石門（詳前文）；但唐世龍州有石門戍爲通道，故能有此誤植也。元和志云，石門山在江油縣東一百三里，有石門戍。寰宇記八四龍州江油縣目云：

「石門山……其山兩邊有石壁相對，望之如門，鄧艾伐蜀至此。」

則唐世固有鄧艾入蜀經此石門之傳說也。又前引元和志，隋唐時代景谷之名尙存，是唐世自景谷至此石門必爲一通道，故鄧艾經此之說始能存在。至於此石門戍之位置，元和志云江油縣東一百三里。而一統志龍安府卷山川目引作「一百三十里。」又紀要七三龍安府平武縣，弩牙山，「在府東南百六十五里，狀如弩牙，相傳鄧艾伐蜀屯軍於此。又東南五里曰石門山，山崖相對。」則是在龍州東南一百七十里矣。未知何者爲正。要當在龍州東南一百里以上，或以一百三十里爲正歟？觀此方位，唐世景谷向西南經石門戍道，固與前考鄧艾道頗相一致矣。

又日本栗棘庵所藏宋代輿地圖，其階州旁有說明云：

「階州，古白馬之地，南通文州，次清川，由白馬油龍州（文有脫誤，但影本頗清楚。）此入川之路，昔鄧艾從江油陰平道下蜀，即此路也。尙有廟見存焉。」（據靑山定雄著唐宋時代の交通と地志地圖の研究後封面內袋裝附圖。）

是宋世階州入蜀之道必經淸川，且以爲即鄧艾道也。按圖書集成職方典六二〇，龍安府有「靑川城，古馬盤縣地。形勢險阻，古稱陰平摩天嶺，即此。漢鄧艾由此道伐蜀。係秦蜀咽喉，控白馬諸蕃。明設守禦所。」此即可爲宋圖之注腳。檢今圖，平武縣東約百里有靑川鎮，又東有靑川縣。唐有靑川縣在龍州（今平武縣）東九十里。宋代略同。當是靑川鎮地。已詳岷山雪嶺地區交通圖考第四節。

又一統志龍安府卷關隘目涪水關條引方輿勝覽云：

「江油有十二關，……曰秦隴，在靑川縣北十五里。曰兜率，在靑川縣。」

關名秦隴，必宋世階文入蜀道途之所經，兜率關在靑川縣治，當亦此道所經也。又蜀中廣記一〇名勝記龍安府目引陰平修道記：「龍安棧閣……在東北者曰秦隴，曰東閣。」一統志龍安府卷關隘目棧閣條引明統志：「鄧艾伐蜀，置秦隴等閣道十二處。」是明人記載，有秦隴棧閣，並即視爲鄧艾所始建矣。

又通鑑二七七後唐長興元年紀，述石敬塘擊董璋、孟知祥事云：

「石敬塘入散關……襲劍門，……知祥聞劍門失守，大懼，……令趙廷隱將萬人會屯劍州。又遣（衙署）李筠將四千人趨龍州，守要害。……官軍分道趣文州將襲龍州，爲西川（署）所敗。」

胡注：

「自文州界靑塘嶺至龍州一百五十里。郡志云，自北至南者右肩不得易所負，謂之左擔路，鄧艾伐蜀所由之路也。」

按一統志龍安府卷山川目左擔山條引方輿勝覽，與胡注全同。唐軍分道趣文州襲龍州，所取之道路如何，不可知。但在宋世，青塘嶺必爲文、龍間之交通要道，無疑。故宋人以爲亦鄧艾所經也。然胡注及勝覽皆只云嶺在文州界，至龍州一百五十里；但方位不明。一統志龍安府卷古蹟目淸川故城條引舊志云：

「靑州所城在府東北百二十里，周二里，當白草番後路，東抵白水、陽平關，西通白馬路，抵龍安，南至椒園堡，北通靑塘嶺達階、文，秦蜀襟要路也。」（紀要七三龍安府末附青川所條，同。）

是明之淸川所當在今青川鎭稍東，仍爲北通階、文之要道。青塘嶺即在青川之北蓋五十里左右也，殆與古景谷不相遠矣。

宋人既以青塘、靑川道即鄧艾故道，故祝穆及胡注引郡志皆以左擔道即此道矣。檢蜀中廣記一〇名勝記龍安府目引陰平修道記云：龍安棧道在治東者八，其一爲七里閣，「即左擔也。」又一統志龍安府卷山川目左擔山條引舊志：「山在平武縣東一百八十里，今七里關是也。」此與宋人所指方位畧合，與前考任豫益州記左擔道亦不相遠。

總之，觀宋輿地圖與胡注以及祝穆所記，宋世由文州入蜀之主要交通線，亦即當時所謂陰平道、左擔道者，必經青塘嶺、秦隴關、淸川縣。明代亦然，亦即顧氏述傅友德入蜀道也。此與前考古景谷、德陽故城線不相遠，與唐景谷石門戍線亦不相遠。又觀地圖，宋、明道之靑塘嶺以北，其渡白水處，亦當在今白龍江與文縣河會合處。與古道渡口之在橋頭者亦一實地。然則宋、明陰平道殆果鄧艾舊道歟？縱不全同，要亦變動不大矣。

## (四)階、文入蜀之捷徑

前據紀要轉引輿程記，由階、文，經龍安，東至青川，再南行至江油，其道云何？按階、文在唐世有通道二百五十里，且置驛。已詳松州通散關驛道考。今就文、龍間直線交通續述如次：

元和志云：

文州「東（南之譌）取山路至龍州三百六十里。」（卷二二文州）

龍州「北至渝州取（有衍誤）文州路三百三十里。」（卷三三龍州）

寰宇記云：

文州「南至龍州四（三之譌）百三十里。」「東南至龍州四百三十里。」（卷三四文州）

龍州「北至（至字衍）踰山至文州三百三十里。」（卷八四龍州）

比勘兩書記事，各條顯有衍譌，其正確情形當作「文州南踰山至龍州三百三十里。」「龍州北踰山至文州三百三十里。」按元和志文州治曲水縣，「太白山在縣南二百五十三里，其山叢谷高深，常多霜雪，春夏不消。」所謂南踰山者，殆此山脈也，亦即今摩天嶺山脈矣。故至少自唐以來，階、文、龍三州有南北直達之通路，惟視由橋頭、景谷再向西南迂廻線恐更艱險耳。至於龍州東至青川，即龍州東通利州之道也，詳岷山雪嶺地區交通圖考第四節松州通東川道。由青川折而南行，即與前考宋、明之陰平道同一路線矣。新五代史一四莊宗子繼岌傳，統軍伐蜀，大軍由三泉、利州入劍門，至綿州，別軍「自文州間道以入。」此所謂文州間道頗疑即捷徑也。又前引通鑑二七七長興元年石敬塘伐孟知祥事，其在文、龍間之攻守，胡注雖以鄧艾道爲釋，但此次用兵是否取上節所考之陰平偏道抑取本節所考之陰平捷道實未能定。

由此言之，與程記所述之行程至遲自唐已實有之，惟非鄧艾所經耳。顧祖禹引之以實鄧艾偏道，誤矣。

## (五)結論

綜上所考，陰平道實有三線。（甲）由陰平郡即唐宋之文州（今文縣）東循白水（今文縣河）約近百里至白水、羌水（今白龍江）會合處之橋頭，又畧循會合後之白水東南行，至白水縣關（今白水街地區），又東南與漢中入蜀道合；是爲陰平正道。（乙）由橋頭東南行至景谷（今碧口鎮東南、白水街西北地區）折向西南斜出，經漢德陽亭至江油，達綿州；是爲鄧艾入蜀道，是偏道也。唐代景谷石門戍道與此方向畧合，故唐人視爲鄧艾故道。宋、明時代陰平道由白水之兩上源會合處向南行，折而西南經青塘嶺、秦隴關、淸川縣，又西南循涪水至江油，達綿州，亦即畧循鄧艾故道也。（丙）由文州直南踰山至龍州（今平武縣），又東至淸川，折而西南至江油，此爲捷徑。此道唐以來有之，不知漢世是否已有之，但決非鄧艾所行者耳。

民國五十七年七月十二日改訂稿

# 從東漢政權實質論其時帝室婚姻嗣續與外戚升降之關係

李學銘

## （一）引言

東漢外戚擅權之史實，人所習知，舊史紀述已詳，近人論著亦多涉及。然就外戚之升降，專用帝室婚姻及嗣續以爲解釋，則尚未見有深措意者。至外戚親族姻故之休戚與共，諸帝嗣子之多寡有無，與夫當時舅權之尊重，是否亦與外戚升降有所關連？此則似爲前人所未顯言。竊不自揣譾陋，爰就所知，鈎索綜合，撰爲是文。凡所徵引，不出習見之書，間有臆測之見，固未可以信爲定論，尤不敢自矜有所創獲，得發其覆，僅在備讀往籍者之遺忘，資治國史之商榷，未敢謂可補他人之所未逮也。

## （二）東漢政權實質與帝室婚姻

東漢政權之建立，乃以豪族爲根柢，故光武左輔右弼，雲臺二十八將，多屬豪族出身，近世學人，論述頗詳。惟諸君所討論者，或爲東漢一代之豪族，（註一）或爲東漢政權之建立與士族大姓之關係。（註二）而今欲考辨者，則爲東漢政權之實質及帝室與豪族之婚姻關係，其所著重，自爲東漢外戚升降問題，故有關豪族種種，凡前人所已詳及者，雖與本篇相涉，亦僅擇其要點言之。惟本篇於東漢女后之出身，則不得不詳爲考辨，亦不得不畧舉史實，以爲證明，其中所舉，間有不出前人所已徵引之範圍，但主旨既別，材料即同，諒亦可以免乎勦襲之譏歟？

## （甲）東漢政權之實質

光武之得天下也，范蔚宗嘗總論其因曰：中興之業，誠艱難也，然敵無秦項之彊，人資附漢之思。（註三）范氏所言當時之形勢固甚確切，惟其中有未盡之意，須爲之指出者，厥爲光武與豪族之關係。蓋兩漢之際，天下雲擾，羣雄並起，漢書卷一百上班氏敍傳上記當時之情勢云：大者連州郡，小者據縣邑。薛瑩後漢書光武贊亦云：王莽之際，天下雲亂，英雄並發，其跨州據郡僭制者多矣。（註四）袁山松後漢書又云：世祖以渺渺之胤，起于白水之濱，身屈無妄之力，位舉羣豎，並列于時，懷璽者十餘，建旗者數百：高才者居之南面，疾足者爲之王公。茫茫九州，瓜分臠切。（註五）則當時起事者，數不爲不多矣。據楊守敬「歷代輿地沿革險要圖」所載「前漢末割據圖」，可見當時起事武裝集團，類而別之，約凡十四，光武初興，較諸同時起者，並非最彊，然起兵不數年，遂登帝位者，其故何在？曰：此豪族先後歸附之功也。范氏所謂「敵無秦項之彊」，乃屬比論之言。倘無光武後來之彊，則敵方之弱，又庸可得見耶？若夫人心思漢，是誠然矣，故當時起兵羣雄，每以劉氏舉號。良以劉氏舉號者多，則他人之所以卒敗，光武之終締大業者，又何也？曰：斯亦豪族先後歸附之功也。是則謂東漢政權之建立，乃以豪族爲根柢，信不誣矣。而豪族政權與外戚干政二者，其間又有不可分割之關係，外戚干政，即豪族擅權之表現耳。茲試鈎稽史實，以證成其說焉。

光武南陽蔡陽人，高祖八世孫也，出自景帝子長沙定王發。（註六）則光武之出身，宜爲南陽豪族。後漢書卷七十七酷吏董宣傳云：

（光武）爲白衣時，臧亡匿死，吏不敢至門。

吏不敢至門者，畏其勢也。又後漢書卷十五王常傳云：

常心獨歸漢，乃稍曉其將帥曰：「……今南陽諸劉，舉宗起兵……」

既云諸劉舉宗起兵，則劉氏起事，乃有宗族爲其奧援。若光武之兄縯，則尤爲當地豪强之首。後漢書卷十四齊武王縯傳云：

齊武王縯字伯升，光武之長兄也。……不事家人居業，傾家破產，交結天下雄俊。莽末盜賊羣起，南方尤甚，伯升召諸豪桀計議……於是分遣親客，使鄧晨起新野，光武與李通、李軼起宛，伯升自發舂陵子弟，合七八千人，部署賓客，自稱柱天都部……王莽素聞其名。

夫劉縯必爲地方豪强之首，然後乃可發舂陵子弟，部署賓客，而王莽亦得以素聞其名。（註七）至就下舉引文觀之，則縯之領導地位，尤爲明顯。後漢書卷十四齊武王縯傳云：

諸將會議立劉氏以從人望，豪桀咸歸於伯升，而新市、平林將帥樂放縱，憚伯升威明而貪聖公懦弱，先共定策立之。……伯升部將宗人劉稷……聞更始立，怒曰：「本起兵圖大事者，伯升兄弟也，今更始何爲者！」

是知劉縯兄弟，本受南陽豪强所擁戴，而縯之未得立者，則因新市、平林將帥詭謀有以致之。至東漢所謂開國功臣「雲臺二十八將」，（註八）則頗多出身西漢豪族，其中且擁有龐大之武力者，如後漢書卷十六寇恂傳云：

寇恂字子翼，上谷昌平人也，世爲著姓……同門生茂陵董崇說恂曰：「……昔蕭何守關中，悟鮑生之言而高祖悅。今君所將皆宗族昆弟也，無乃當以前人爲鏡戒。」

寇恂世爲著姓，其爲豪族出身，不喻可知，若其所將宗族昆弟，人數必頗可觀，人衆則勢大，故董崇爲之解說，以爲宜自抑退，所以避讒人而遠怨禍也。又同書卷十七岑彭傳云：

岑彭字君然，南陽棘陽人也。王莽時，守本縣長，漢兵起，攻拔棘陽，彭將家屬奔前隊大夫甄阜。阜怒彭不能固守，拘彭母妻令効功自補，彭將賓客戰鬬甚力。

史文明載岑彭既「將家屬」於前，又「將賓客」於後，則彭之爲豪强也審矣。又同書卷十八吳漢傳云：

吳漢字子顏，南陽宛人也……王莽末，以賓客犯法，乃亡命至漁陽，資用乏，以販馬自業，往來燕薊間，所至皆交結豪桀。

吳漢早年雖貧，亦有賓客，其後以販馬自業，所至皆交結豪桀；則其所具勢力，必頗可觀。又同書卷十九耿弇傳云：

耿弇字伯昭，扶風茂陵人也，其先武帝時以吏二千石自鉅鹿徙焉。

耿氏先世即以吏二千石見徙，謂其出身豪族，洵非武斷。又同書卷二十祭遵傳云：

祭遵字弟孫，潁川潁陽人也。少好經書，家富給，而遵恭儉惡衣服，喪母，負土起墳，嘗爲郡吏所侵，結客殺之。

既能結客殺郡吏，豈徒家貲富給所可爲力？祭遵於當地必有相當勢力，此顯然而易知。又同書卷二十一劉植傳云：

劉植字伯先，鉅鹿昌城人也。王郎起，植與弟從兄歆，率宗族賓客，聚兵數千人，據昌城。聞世祖從薊還，迺開門迎。

上文最可注意者，爲「率宗族賓客，聚兵數千」二語，倘非豪族，能臻是乎？又同書同卷耿純傳云：

耿純字伯山，鉅鹿宋子人也……軼奇之，且以其鉅鹿大姓，迺承制拜爲騎都尉。……會王郎反，世祖自薊東南馳，純與從昆弟訢、宿、植共率宗族賓客二千餘人，老病者皆載木自隨，奉迎於育。

耿氏爲鉅鹿大姓，紀軼承制拜爲騎尉，殆欲有以籠絡之耳。若其宗族賓客，數凡二千餘人，則其爲豪族也明矣。其他不在二十八將之數，而出身於豪族者，亦頗不少；姑舉兩例，以概其餘。

後漢書卷二十六馮勤傳云：

馮勤字偉伯，魏郡繁陽人也。曾祖父揚，宣帝時爲弘農太守，有八子，皆爲二千石。趙魏間榮之，號曰萬石君焉。……（勤）初爲太守銚期功曹……期常從光武征伐，政事一以委勤。勤同縣馮巡等舉兵應光武，謀未成而爲豪右焦廉等所反，勤乃率將老母兄弟及宗親歸期。期悉以爲腹心，薦於光武。

馮氏宗族之盛烈，據上節引文即可見之。馮勤所將兄弟及宗親，人數雖不可確知，諒亦頗在不少。又同書卷二十七王丹傳云：

王丹字仲回，京兆下邽人也……家累千金，隱居養志，好施周急。……會前將軍鄧禹西征關中，軍糧乏，丹率宗族上麥二千斛。

王丹家累千金，又可率宗族上麥於鄧禹，其爲豪族出身，理可知矣。參證上舉諸節史料，可見光武之武裝集

景印香港新亞研究所《新亞學報》（第一至三十卷）



團，乃由豪族鳩合而成，而其政權之建立，性質實以豪族爲中心，即所謂豪族政權是也。（註九）且光武集團中之分子，固不僅限普通强宗大姓而已，其中不乏士族階級，諳習儒術，此尤爲其他起事集團所不及。（註十）惟此與本文論旨無大關係，姑不申論。抑更有可論者，即東漢豪族政權與外戚干政二者，其間果有關涉之處耶？茲取史料互相參證，以討論此問題焉。

## （乙）帝室婚姻與外戚之升降

劉氏兄弟之初起也，其中分子，不乏婚姻黨與，非僅限於同姓族人而已。如漢書卷九十九下王莽傳下云：

（王莽）大赦天下，然猶曰：「故漢氏春陵侯羣子劉伯升與其族人婚姻黨與，妄流言惑衆，悖叛天命……」

斯其證也。其後光武集團勢力漸盛，蓋由豪族先後歸附有以致之。豪族之所以肯來歸者，其故非一，惟光武屢藉婚姻關係以資維繫，則絕無可疑。如袁宏後漢紀卷一云：

鄧晨字偉卿，家富於財……世祖與之善，以姊妻之。

又後漢書卷十五鄧晨傳云：

鄧晨字偉卿，南陽新野人也，世吏二千石。父宏，豫章都尉。晨初娶光武姊元……及漢兵起，晨將賓客會棘陽。

鄧晨家富於財，且世吏二千石，其爲豪族，可無疑問。及漢兵起，晨將賓客歸附光武，使非早有婚姻關係，晨恐未必肯來歸也。又後漢書卷十七賈復傳：

賈復字君文，南陽冠軍人。……時下江、新市兵起，復亦聚衆數百人於羽山，自號將軍。更始立，乃將其衆歸漢。

賈復力能聚衆，則非無勢力者可比。本傳又云：

及光武於柏人，因鄧禹得召見。……復創傷甚，光武大驚曰：「我所以不令賈復別將者，爲其輕敵也。果然，失吾名將。聞其婦有孕，生女邪，我子娶之，生男邪，我女嫁之，不令其憂妻子也。」

據此推論，謂光武欲藉嫁娶以獎勉賈氏，恐非臆度之言而已。是則籠制豪族之道，其法非一，然互通婚姻，宜亦可見成效。惟僅此一例，尚未足以抉發光武之用心，茲更舉史例以證實鄙說焉。後漢書卷二十一劉植傳云：

時眞定王劉揚起兵以附王郎，衆十餘萬。世祖遣植說揚，揚廼降。世祖因留眞定，納郭后，后即揚之甥也，故以此結之。廼與揚及諸將置酒郭氏漆里舍，揚擊筑爲歡，因得進兵拔邯鄲，從平河北。

光武之納郭氏，以其爲劉揚之甥也。揚擁衆凡十餘萬，聲勢之盛，非普通豪族可比。光武欲藉其兵衆以破王郎，平河北，故不得不以婚姻關係結納之。至郭后之出身，自爲著姓豪族，後漢書卷十上郭皇后紀載之甚審：

光武郭皇后諱聖通，眞定稾人也。爲郡著姓。父昌，讓田宅財產數百萬與異母弟……娶眞定恭王女，號郭主，生后及子況。

郭昌曾讓田宅財產數百萬與其弟，又可與眞定恭王通婚，使非豪族，寧至是乎！夫光武之示恩賈復，與納郭氏以結劉揚，乍視之，似爲二事，迴不相關，惟細就史文推考，則此二事，實皆有籠絡豪族之用心；藉豪族以成其業，誠可謂光武起事以來，所施行之一貫策畧也。如光武之納陰麗華，雖謂心悅其美，（註十一）惟其籠絡之用心，恐亦有所存焉。考西漢宣帝時，有陰子方者，爲光武陰皇后曾祖，（註十二）暴至巨富，田有七百餘頃，與馬僕隸，比於邦君。（註十三）則西漢之世，陰氏已爲豪族矣。又後漢書卷三十二陰識傳云：

陰識字次伯，南陽新野人也……秦漢之際，始家新野，及劉伯升起義兵，識時游學長安，聞之，委業而歸，率子弟、宗族、賓客千餘人往詣伯升，伯升廼以爲校尉。更始元年（西二三），遷偏將軍……二年（西二四），更始封識陰德侯，行大將軍事。建武元年（西二五），光武遣使迎陰貴人於新野，幷徵識。識隨貴人至，以爲騎都尉，更封陰鄉侯。

陰識有子弟、宗族、賓客凡千餘人，其爲豪族，不喻可知。識其初固附於伯升，迨更始即位，伯升橫遭誅滅，則識已爲更始之臣屬，尋且貴爲陰德侯，行大將軍事。然其後識卒應光武之徵，其故何在？上引史文明謂「識隨貴人至」，是則識倘非光武姻戚，其果肯應召來歸與否，殊未可料也。案光武納陰氏於宛當成里，時維更始元年（西二三）六月，（註十四）方是時也，陰識位居更始之偏將軍，而光武猶未得勢。識雖嘗爲伯升部屬校尉，然更始誅伯升而擢識之名位，其中安撫之心意，昭然易覩。蓋處當日羣雄競起之情勢，豪族之武裝力量，每爲起事爭勝之資本，故更始與光武，不得不各有維繫豪族之政策。光武之與陰氏通婚，其故誠未可以限於一端，惟謂其中並無籠絡豪族之用心，恐與史事之本眞未相符會也。史云陰氏既爲外戚，封侯者凡四人。陰就子豐尙光武女酈邑公主，（註十五）陰躬弟子綱女，亦爲和帝皇后，（註十六）可謂盛矣。

抑又須加辨明者，斯即建武十七年（西四一），郭后以衰離見貶，恚怨成尤，而猶恩加別館，增寵黨戚，（註十七）其中原委，甚可注意，有可得而申論者也。茲先節錄史文如下，以見光武加恩增寵郭氏之措施焉。後漢書卷十上郭皇后紀云：

（建武）十七年（西四一），遂廢（郭后）爲中山王太后，進后中子右翊公輔爲中山王，以常山郡益中山國。徙封況大國，爲陽安侯。后從兄竟，以騎都尉從征伐有功，封爲新郪侯，官至東海相。竟弟匡爲發干侯，官至太中大夫。后叔父梁，早終，無子。其婿南陽陳茂，以恩澤封南䜌侯。二十年（西四四），中山王輔復徙封沛王，后爲沛太后。況遷大鴻臚。帝數幸其第，會公卿諸侯親家飲燕，賞賜金錢縑帛，豐盛莫比，京師號況家爲金穴。二十六年（西五〇），后母郭主薨，帝親臨喪送葬，百官大會，遣使官迎昌喪柩，與主合葬，追贈昌陽安侯印綬，謚曰思侯。……帝憐郭氏，詔況子璜尚淯陽公主，除璜爲郎。

光武所悅者爲陰氏而非郭氏，而郭、陰同爲豪族，就社會勢力言，二者雖可頡頏，惟於光武言之，則不能無所軒輊。光武既無所愛於郭氏，納之僅欲厚結劉揚，故郭氏黜廢於大業締定之後，宜在情理之內，無足詫怪。（註十八）然其中亦有可堪注意者，其事爲郭后黜廢以後，光武仍不斷加恩增寵於郭氏，何也？倘云郭后本無罪，故加恩增寵不絕，（註十九）其言恐非切至。意者光武加恩郭氏之目的，與其初之納郭氏並無殊異，質言之，亦欲有以維繫之耳。蓋郭氏皇后之位，雖已由陰氏所替代，然其宗族勢力，仍未可輕，故光武一則以陰識輔導東宮，守執金吾，（註二十）同時又不斷加恩增寵郭氏，所以防患非常而又示其安撫之意云爾。（註二十一）後漢書卷十上郭皇后紀又云：

顯宗即位，況與帝舅陰識、陰就並爲特進，數授賞賜，恩寵俱渥。禮待陰、郭，每事必均。永平二年（西五九），況卒，贈賜甚厚，帝親自臨喪，謚曰節侯，子璜嗣。元和三年（西八六），肅宗北巡狩，過眞定，會諸郭朝見上壽，引入倡飲甚歡，以太牢具上郭主冢，賜粟萬斛，錢五十萬。永元初，璜爲長樂少府，子舉爲侍中，兼射聲校尉。

由明、章二帝繼續加恩郭氏之史實觀之，益證東漢君主對郭氏之用心，並非徒屬心憐而已。明乎東漢政權之豪族實質，與夫籠制豪族之重要，然後諸帝加恩郭氏黨戚之疑問，方可以豁然通解。故自光武以降，東漢帝室每藉通婚以爲籠絡豪族之手段，其因亦殆在是。雖然，籠絡豪族之道，固非僅限通婚一事，如示以非常恩寵，厚其賞賜，遇以隆典，往往亦足以詣其目的。惟帝室與豪族通婚，無疑爲爭取豪族擁戴帝室之有效方法，故凡確有實力之豪族，光武每以婚姻關係相結，明帝而下，其揆一也。是以東漢所納皇后，多屬豪族出身，徵之於史，信非虛妄。後漢書卷十上皇后紀序云：

漢法，常因八月算人，遣中大夫與掖庭丞及相工，於洛陽鄉中閱視良家童女年十三以上、二十以下，姿色端麗合法相者，載還後宮，擇視可否，廼用登御。

此東漢選納之制也。既云閱視「良家」，可知所選必非寒素者。然則外戚之家，果多爲豪族乎？證以後漢書皇后紀所載諸后及貴人，十九出身豪族，且其母有屬公主者，是可信也。夫互通婚姻，其事自帝室言之，則爲護持國祚之一貫政策，自豪族方面言之，則不過爲爭取操持中央政柄之資本。由是推論，謂東漢帝室與豪族之間，其關係往往藉婚姻以資維繫，諒非穿鑿武斷之言也。茲更就諸后出身，鈎稽史料，以論析東漢帝室與豪族之婚姻關係。

明帝馬皇后，援之女也。後漢書卷二十四馬援傳云：

馬援字文淵，扶風茂陵人也。其先趙奢爲趙將，號曰馬服君，子孫因爲氏。武帝時，以吏二千石自邯鄲徙焉。曾祖父通，以功封通合侯……援三兄況、余、員，並有才能，王莽時皆爲二千石。……（援）爲郡督郵，送囚司命府……哀而縱之，遂亡命北地。遇赦，因留牧畜，賓客多歸附者，遂役屬數百家。……因處田牧，至有牛馬羊數千頭，穀數萬斛。

據此節引文而觀，馬氏之爲豪族，無待辭費。後漢書卷十上馬皇后紀又云：

援征五溪蠻，卒於師，虎賁中郎將梁松、黃門侍郎竇固等譖之，由是家益失埶，又數爲權貴所侵侮。后從兄嚴不勝憂憤，白太夫人絕竇氏婚，求進女掖庭。……永平三年（西六〇）春，遂立爲皇后。

「家益失埶」云云，乃指政治地位言，非謂馬氏宗族，已淪爲寒素之家也。馬氏之得立爲后，太后陰氏頗有力焉，此於下文將加辨析，於茲暫不置論。然其關鍵所繫，恐仍視馬氏爲豪族與否以作先決之條件。又其中馬嚴白太夫人求進女掖庭一事，頗堪注意。 察嚴之用心， 謂非欲藉是以謀馬氏宗族政治勢力之復興，安可得其實乎？馬嚴，后從兄也，由其不惜絕竇氏婚，則當時權貴怙勢凌迫之情，必頗可觀，而進女掖庭之策，亦由嚴所決定，是知凡一族中之分子，其利害安危，實交結而不可分。或問：馬后既立，嚴乃閉門自守，猶復慮致譏嫌，遂更徙北地，斷絕賓客，（註二十二）何也？對曰：嚴之所爲，亦有說焉。史云「慮致譏嫌」，斯其故歟？夫嚴之用心，乃在求馬氏宗族之復興，其間自有私意存焉，故不得不遠徙絕客，以文飾其私意。其後馬后敕嚴使移居洛陽，明帝召見，頗加榮寵。（註二十三）試持此與廖、防諸傳所載馬氏之隆盛侈縱互相參證，（註二十四）則馬氏興復宗族之心意，乃彰然而明矣。後漢書卷二十四馬援等傳贊曰：

明德既升，家祚以興。

則范蔚宗已揭馬氏之用心，明載之於史籍。據是，益可證明東漢帝室與豪族之婚姻關係，其實質有如是者。

章帝竇皇后，融之曾孫，東海恭王彊女沘陽公主之長女也。後漢書卷二十三竇融傳云：

竇融字周公，扶風平陵人也。七世祖廣國，孝文皇后之弟，封章武侯。融高祖父，宣帝時以吏二千石自常山徙焉。王莽居攝中，爲强弩將軍司馬……以軍功封建武男。女弟爲大司空王邑小妻。家居長安，出入貴戚，連結閭里豪傑，以任俠爲名。

則西漢之世，竇氏已爲豪族。本傳又云：

及更始敗……咸以融世任河西爲吏，人所敬向，乃推融行河西五郡大將軍事。……及隴蜀平，詔融與五郡太守奏事京師，官屬賓客相隨，駕乘千餘兩，馬牛羊被野。……引見，就諸侯位，賞賜恩寵，傾動京師。數月，拜爲冀州牧，十餘日，遷大司空。

所載賞賜之厚，封拜之隆，可謂至矣。所以然者，融爲豪族故也。考融當日之勢力，於諸豪族中，殆屬最强，故光武籠絡不遺餘力，恩寵之盛，京師爲之傾動。然則光武果以婚姻關係維繫竇氏耶？證諸後漢書竇融本傳，信不誣也：

融長子穆，尚內黃公主……穆子勳，尚東海恭王彊女沘陽公主。（融弟）友子固，亦尚光武女涅陽公主。……竇氏一公、兩侯、三公主、四二千石，相與並時。自祖及孫，官府第邸相望京邑，奴婢以千數，於親戚、功臣中莫與爲比。

倘明乎東漢豪族政權之本質，與夫帝室籠絡豪族之一貫政策，則光武以竇氏三子尚三公主，其用心所在，不待解釋，自可瞭然。又據後漢書竇融傳載：融在宿衞十餘年，年老，子孫縱誕多不法。其子穆等以封在安豐，欲令姻戚悉據故六安國，遂矯稱陰太后詔令六安侯劉盱去婦，因以女妻之。其後事覺，又坐賂遺小吏，郡捕繫，與子宣俱死平陵獄，勳亦死洛陽獄。案竇氏之衰敗，雖謂與東漢初年抑壓豪族之措施頗有關連，惟其得罪之由，亦屬咎由自取。顧其中可堪注意者，厥爲竇穆不惜矯詔令劉盱去婦，因以女妻之一事。是知東漢帝室，固常用婚姻以爲籠制豪族之政策，而豪族亦每藉婚姻關係，以爲擴展宗族勢力之手段；觀上文所述史實，即可得而推知。穆、勳得罪以後，竇家誠已廢壞，惟百足之蟲，死而不僵，恐其宗族之勢力，於地方仍有留存，故東漢帝室之於竇氏，仍維持若即若離之態度，如穆之從弟固，少以尚涅陽公主爲黃門侍郎，坐穆有罪，廢於家十餘年。明帝十五年（西七二）冬，以固明習邊事，拜爲奉車都尉。章帝即位，加號涅陽公主爲長公主，增邑三千戶，徵固代魏應爲大鴻臚。（註二十五）據是，可見竇氏中人，明帝時已復爲朝廷所重用，洎乎章帝之世，竇氏復盛。史云建初二年（西七七），竇后與女弟俱以選例入見長樂宮，三年（西七八），遂立爲皇后，妹爲貴人。同年，竇固代馬防爲光祿勳，明年，復代馬防爲衞尉。（註二十六）竇憲由郎稍遷侍中、虎賁中郎將，弟篤爲黃門侍郎。兄弟親幸，並侍宮省，賞賜累積，寵貴日盛，自王主及陰馬諸家，莫不畏憚。（註二十七）其興盛之速，享祿之隆，倘非豪族，能至是乎！又據後漢書卷二十四馬嚴傳云：

（嚴）言於帝曰：「……竇勳受誅，其家不宜親近京師。」是時勳女爲皇后，竇氏方寵，時有側聽嚴言者，以告竇憲兄弟，由是失權貴心。

景印香港新亞研究所《新亞學報》（第一至三十卷）



夫竇勳得罪應誅，未及服刑而先死洛陽獄，其事去當時原未甚遠，乃人人所習知。章帝雖非察察為明，亦非昏庸之主，豈不知竇家之「不宜親近京師」耶？惟帝室既以寵絡豪族為其一貫政策，則其加恩示寵之舉措，自以豪族之勢力為其權衡標準。證以竇憲枉奪沁水公主田一事，章帝雖比之指鹿為馬，且斥之為孤雛腐鼠，然終不繩其罪。（註二十八）論史者或以為竇氏所恃者，乃宮闈之勢，然竇氏倘非具有相當實力之豪族，則憲雖以田還主，竇后為毀服深謝，（註二十九）恐章帝亦須論其罪也。且猶須抉而出之者，厥為竇后與女弟俱以例選入見長樂宮一事。夫東漢選納之制，既遣中大夫與掖庭丞及相工閱視良家，則豪族欲謀其女中選，自易聯絡主者，甚或予以賄賂。（參見下文何氏以金帛賂遺主者事）故竇勳雖已得罪，而其二女仍得以例入選，其中關鍵，史籍雖乏明文，然其理實可以推繹而知者也。又桓帝竇皇后，章德皇后從祖弟之孫女也。父武，為融玄孫。（註三十）則其出身豪族，不喻可知。據後漢書卷十下竇皇后紀載：桓帝延熹八年（西一六五），鄧皇后廢，后以選入掖庭為貴人。其冬，立為皇后，而御見甚希。竇皇后之立，並不由寵，其中因素，固非一端，下文將予考辨，今暫不加討論，惟就東漢豪族政權之實質言，則竇后以選入掖庭，其中不無帝室寵絡豪族之用心，而其所得立為后，蓋亦有竇氏宗族勢為其影響。是則東漢帝室與豪族之婚姻關係，其實質若何，即就竇后立不由寵一例，可以得而明矣。

和帝鄧皇后，鄧禹之孫也。父訓，護羌校尉；母陰氏，光烈皇后從弟女也。（註三十一）然則鄧氏者，亦為豪族乎？後漢書卷十六鄧禹傳云：

鄧禹字仲華，南陽新野人也。年十三，能誦詩，受業長安。時光武亦游學京師，禹年雖幼，而光武知非常人，遂相親附。

鄧禹出身士族，較諸富而多客之豪族，自有殊異，然年十三，即能誦詩，又可受業長安，則其必非寒素者矣。且禹夙爲光武所親附，又屬開國功臣，功業彪炳，封賞自厚，降至明帝，已演而爲豪族矣。如建武十三年（西三七），天下平定，光武定封禹爲高密侯。中元元年（西五六），復行司徒事。明帝即位，拜爲太傅。永平元年（西五八），薨，諡曰元侯。帝分禹封爲三國：長子震爲高密侯，襲爲昌安侯，珍爲夷安侯。禹少子鴻，有功，徵行車騎將軍。（註三十二）明帝分禹封爲三國，殆與東漢開國之策略有關，蓋必須削弱功臣之勢力，然後乃可中央集權。而另一方面，帝室亦以婚姻關係籠絡鄧氏，此昭然而易覩。如高密侯震卒，子乾嗣。乾尚明帝女沁水公主。乾卒，子成嗣。成卒，子褒嗣。褒尚安帝妹舞陽公主。昌安侯襲嗣子藩，亦尚明帝女平皋長公主。（註三十三）鄧氏一門，凡尚三公主，豈偶然哉！案和帝鄧皇后，其父訓，爲禹第六子。（註三十四）禹曾孫香之女，亦爲桓帝后。（註三十五）則帝室與鄧氏之婚姻關係，誠密切而無間，倘謂與帝室籠絡豪族之一貫政策全無干連，非審碻矣。又史書載：鄧氏自中興後，累世寵貴，凡侯者二十九人，公二人，大將軍以下十三人，中二千石十四人，列校二十二人，州牧、郡守四十八人，其餘侍中、將、大夫、郎、謁者不可勝數，東京莫與爲比。（註三十六）其宗族之貴盛，誠有可觀。究其貴盛之由，果何在乎？讀史者倘徒知禹之爲開國功臣、鄧后之以女主臨朝，而忽乎鄧氏具有豪族之勢力，與夫帝室與豪族之婚姻實質，則於東漢政治史上之眞相，其所瞭解者，仍有未達一間也。

安帝閻皇后，暢之女也。祖父章，永平中爲尚書，以二妹爲貴人。后有才色，元初元年（西一一四），以選入掖庭。（註三十七）試參證前文所述選納之制，可知閻氏必出身於良家，其宗族雖非豪雄，亦決非寒素者。惟閻氏宗族於安帝前之勢力若何？史籍並無明文，意殆不及前述郭、陰、馬、竇、鄧諸家。今考鄧太后崩前六年，閻后嘗害宮人李氏，時鄧氏宗族猶未得勢，安帝仍未親政也。（註二十八）可見閻氏當時之勢力，雖不足與鄧氏相較，疑亦頗有可觀。又後漢書卷十下閻皇后紀載：鄧太后崩，安帝始親政，閻顯及弟景、耀、晏並卿校，典禁兵。又云：太后臨朝，閻氏兄弟權要，威福自由。則安帝親政前，閻氏不免受鄧氏之抑壓，然鄧太后崩，閻氏兄弟頗與朝權，及閻太后臨朝，權勢更盛，則閻氏已進而爲勢力龐大之豪族矣。夫史籍所載，書闕有間，未足以考見帝室於安帝親政前，有無籠絡閻氏宗族之用心，且未足以肯定閻於安帝前，是否即爲具有龐大勢力之豪族，惟其中不容否認者，厥爲閻后之出身，本屬良家，再證以害李宮人一事，則其時宜已具有相當之實力。若其隆盛，所憑藉者，即因閻后之得選入掖庭。是則其後閻氏兄弟以外戚干政，雖謂與典兵宿衛有關，使無與帝室互通婚姻之關係，又焉克臻乎是？約而言之，閻氏宗族勢力之發展，或在安帝親政之先，而其成爲勢力龐大之豪族，乃在安帝親政之後。由是推繹，謂閻太后臨朝時，其兄弟以外戚干政，即豪族干政之表現，則不但未有掩却東漢政治史上之眞相，且亦與本文論旨相符會也。

順帝梁皇后，商之女，恭懷皇后弟之孫也。順帝崩，桓帝即位，梁太后臨朝。商子冀以大將軍輔政。（註三十九）史書載西漢之世，梁氏即以貲十萬徙茂陵。（註四十）足證其爲豪族。案梁商之曾祖，乃爲梁統，後漢書卷三十四梁統傳云：

更始二年（西二四），召（統）補中郎將，使安集涼州，拜酒泉太守。會更始敗，赤眉入長安，統與竇融及諸郡守起兵保境，謀共立帥。初以位次，咸立推統，統固辭……遂共推融爲河西大將軍，更以統爲武威太守。

梁統與竇融同起兵保境，其位次且在融上，則其勢力，自足與竇氏相埒。其後竇、梁二氏，咸歸光武，此光武籠絡之功也。光武以婚姻關係籠絡竇氏，使爲己用，前文已有述論，然則光武亦以婚姻關係籠絡梁氏，一若其施諸竇氏者乎？證以史籍所載，殆非臆測之詞也。後漢書卷二十四梁松傳云：

松字伯孫，少爲郎，尚光武女舞陽長公主，再遷虎賁中郎將。……光武崩，受遺詔輔政。

梁松爲統之嗣子，光武以公主尚之，又使其受遺詔輔政，意其用心，乃在藉豪族之勢力，以維護其嗣續而已。梁氏倘非具有相當實力，又安可肩輔政之重任哉！降至章帝，籠絡豪族之政策，亦因之而弗改，故章帝納松弟竦之二女，皆爲貴人。及後小貴人生和帝，竇皇后養爲己子，恐梁氏得志，終爲己害，遂譖殺二貴人，而陷竦等以惡逆。（註四十一）其中原委，頗與帝室嗣續及外戚勢力問題相牽涉，下文將有考論，茲暫不加申述。又據後漢書卷三十四梁商傳載：

商字伯夏，雍之子也。……永建元年（西一二六），襲父封乘氏侯。三年（西一二八），順帝選商女及妹入掖庭。……陽嘉元年（西一三二），女立爲皇后，妹爲貴人。……及帝崩，沖帝始在襁褓，太后臨朝。

梁雍，竦之子也。竦受竇氏構陷，宗族勢力誠有挫折，惟竇太后崩，和帝即徵還竦妻子，封子棠爲樂平侯，棠弟雍乘氏侯，雍弟翟單父侯，邑各五千戶，位皆特進，賞賜第宅奴婢車馬兵弩什物以巨萬計，寵遇光於當世。

諸梁內外親疏並以補郎、謁者。（註四十二）則梁氏宗族，已復隆於斯世矣。是以順帝之選商女及妹入掖庭，固可謂帝室有意籠絡梁氏，而梁氏亦藉是以加强干政之資本；二者相結之現象，即以聯姻關係出之。茲更舉述史實，以明帝室與梁氏之婚姻實質焉。後漢書卷十下梁皇后紀云：

桓帝懿獻梁皇后諱女瑩，順帝皇后之女弟也。帝初爲蠡吾族，梁太后徵，欲與后爲婚，未及嘉禮，會質帝崩，因以立帝。……建和元年（西一四七）……八月，立爲皇后。時太后秉政而梁冀專朝，故后獨得寵幸，自下莫得進見。

梁太后徵蠡吾侯，欲與女弟爲婚，乃東漢豪族與帝室中人相結之常有手段。會梁冀鴆殺質帝，太后遂與冀定策禁中，使冀持節以王青蓋車迎帝入南宮，即皇帝位，是爲桓帝。（註四十三）則桓帝之立，乃藉梁氏爲其奧援，其後梁太后女弟得立爲后，自亦勢所必然。而梁氏之尊顯，亦窮極滿盛，威行內外。一門前後七封侯，三皇后，六貴人，二大將軍，夫人、女食邑稱君者七人，尚公主者三人，其餘卿、將、尹、校五十七人。（註四十四）此可見帝室與豪族之間，其婚姻實質，確有利害因素存焉。

靈帝何皇后，家本屠者，以選入掖庭。光和三年（西一八〇），立爲皇后。（註四十五）何皇后之得以當選入宮，乃以金帛賂遺主者，（註四十六）則其家貲之富，必頗可觀。又據後漢書卷六十九何進傳云：

（蹇碩）與中常侍趙忠等書曰：「……中常侍郭勝，（註四十七）進同郡人也，太后及進之貴幸，勝有力焉，故勝親信何氏。」

可知何氏不徒家富貲財，且又能與宮掖中人相結，當亦具有相當勢力。是則何氏雖本屠者，亦地方之豪家矣。

當時帝室有無籠絡何氏之意，史文隱晦，未能確知，然何氏不惜賂遺主者，又藉中常侍之力，使后得以中選入掖庭，其用心所在，蓋亦欲由是干與政事，隆興宗族耳。故皇后何氏方立，即徵進爲侍中、將作大匠、河南尹。黃巾賊起，則以進爲大將軍，封愼侯。洎何太后臨朝，進與太傅袁隗輔政，錄尚書事。（註四十八）據是推論，謂何氏實藉乎聯姻帝室之關係，而得榮寵，位居重權，信不誣也。由何氏之例，亦足證明當時帝室與豪族之婚姻關係，其實質爲何如。

獻帝伏皇后，大司徒湛之八世孫也。興平二年（西一九五），立爲皇后。（註四十九）案伏湛九世祖勝，所謂濟南伏生也。湛高祖父孺，武帝時，客授東武，因家焉。父理，爲當世名儒。湛少傳父業。光武即位，拜爲司直，行大司徒事。（註五十）是則伏氏一門，乃爲名儒士族，光武之所以優禮伏湛，高其位置，實亦與此有關。蓋尊經崇儒，偃武修文，亦治術之一端也。且湛之於青、徐二州，亦頗具有威望，後漢書卷二十六伏湛傳云：

> 賊徐異卿等萬餘人據富平，連攻之不下，唯云願降司徒伏公。帝知湛爲青、徐所信用，遣到平原，異卿等即日歸降。

故東漢帝室之於伏氏，寵遇頗隆，建武三年（西二七），湛竟得代鄧禹爲司徒。而伏氏與帝室之間，亦有婚姻關係存焉。如順帝之世，以伏晨女孫爲貴人。晨曾孫完，亦尚桓帝女陽安長公主。完女爲獻帝皇后。（註五十一）惟伏氏雖屬名儒士族之家，究與具有實力之豪强頗相殊別，故獻帝之世，伏完雖爲外戚，而政柄則在曹操，其中關鍵，自與京師兵柄之控制有關，後漢書卷十下伏皇紀云：

自帝都許，守位而已，宿衞兵侍，莫非曹氏黨舊姻戚。夫操持京師兵柄，與外戚之升降實互爲影響，其詳有待另文申論。伏氏雖爲外戚，而終受制於曹氏，其後伏皇后且遭廢黜，以幽崩。（註五十二）可證外戚徒恃宮闈之勢，殆不足以干政。夫聯姻帝室，目的固在增加干政之資本，惟其宗族本身，必須具有雄厚實力，且亦同時操持京師兵柄，方克以有爲也。伏氏僅爲士族而非豪族，於當時或有令人信向之高名，然其實力，不僅難爲帝室之奧援，且於宗族之安全，仍未足以自保，是可慨也。後漢書卷十下伏皇后紀云：

（伏后）所生二皇子，（操）皆酖殺之。后在位二十年，兄弟及宗族死者百餘人，母盈等十九人徙涿郡。

據是，謂東漢外戚之興敗，每與宗族休戚相關，蓋信而有徵矣。是故東漢外戚之於中央政柄及兵柄，不惜巧取豪奪，於宗族興衰安危言之，亦屬勢所必然。茲依時代先後之次，撮錄史實，以見外戚衰敗與其親族姻故之關連。至外戚宗族興盛之由與帝室聯姻之關係，前文已有敍及，茲可從畧，俾免宂沓之譏焉。

## （丙）親族姻故之休戚與共

後漢書卷二十三竇憲傳云：

憲既負重勞，陵肆滋甚。（永元）四年（西九二），封鄧疊爲穰侯，疊與其弟步兵校尉磊及母元又憲女壻射聲校尉郭舉、舉父長樂少府璜，皆相交結。元、舉並出入禁中，舉得幸太后，遂共圖爲殺害。帝陰知其謀，乃與近幸中常侍鄭衆定議誅之……收捕疊、璜、舉，皆下獄誅，家屬徙合浦。遣謁者僕射收憲大將軍印綬……憲及篤、景、瓌皆遣就國。帝以太后故，不欲名誅憲，爲選賢能相督察之。憲、篤、景到國，皆迫令自殺，宗族賓客以憲爲官者，皆免歸本郡。……永元十年（西九八）……逼瓌令自殺。

竇氏宗族賓客以憲爲官者，必頗不少，及竇氏敗滅，皆免歸本郡，其休戚相關之切，有如是者。而禍端之起，則以疊、磊、元、璜、舉交結共圖不軌，其中璜、舉乃竇氏之姻屬，可見當時親族之禍福，殆非限於一姓，父姓而外，每亦擴至母族與妻族。又後漢書卷十六鄧騭傳云：

及太后崩，宮人先有受罰者，懷怨恚，因誣告悝、弘、閶先從尚書鄧訪取廢帝故事，謀立平原王得。（安）帝聞，追怒，令有司奏悝等大逆無道……騭以不與謀，但免特進，遣就國。宗族皆免官歸故郡，沒入騭等貲財田宅，徙鄧訪及家屬於遠郡。……又徙封騭爲羅侯，騭與子並不食而死。騭從弟河南尹豹、度遼將軍舞陽侯遵、將作大匠暢，皆自殺。

可見親族之禍福，實與族中主要人物之興敗相連，族人爲一己利害計，自不得不支援族中主要人物，而主要人物亦藉乎親族之力以成其勢矣。又後漢書卷十下閻皇后紀云：

及少帝薨，（江）京白太后，徵濟北、河間王子。未至，而中黃門孫程合謀殺江京等，立濟陰王，是爲順帝。顯、景及黨與皆伏誅，遷太后於離宮，家屬徙比景。

閻氏之敗，黨與、家屬咸受牽連，誅滅者有之，遠徙者亦有之，皆可見其休戚之關係。若夫梁氏得罪罹禍，其連及之廣，免黜之多，尤酷於他族。後漢書卷三十四梁冀傳云：

（桓帝）使黃門令具瑗將左右廄騶虎賁羽林都候劍戟士合千餘人，與司隸校尉張彪共圍冀第，使光祿勳袁盱持節收大將軍印綬……冀及妻壽即日皆自殺……諸梁及孫氏中外宗親送詔獄，無少長皆棄市。……其它所連及公卿列校刺史二千石死者數十人，故吏賓客免黜者三百餘人，朝廷爲空。

上文謂外戚親族休戚與共，殆非限於一姓，覘梁氏一例，益信之而愈堅。冀及妻壽既自殺，中外宗親無少長皆棄市，而其黨與、故吏、賓客，或受誅死，或遭免黜，朝廷爲空，則豪族之主要人物，其興衰安危，所影響於他人者，亦云鉅矣。由是言之，豪族勢力之可以得而坐大，而人又肯爲之盡命者，蓋與本身利害休戚相關，勢有不得不然也。是則當時豪族及黨與，不惜盡力擯斥他族，其用心所在，亦以本身利害休戚爲出發而已。又後漢書卷十六竇皇后紀云：

時太后父六將軍竇武謀誅宦官，而中常侍曹節等矯詔殺武，遷太后於南宮雲臺，家屬徙比景。

此節史料，已可見外戚及其親族休戚之關係，惟所載猶未詳悉，茲更徵引史料以爲佐證。後漢書卷六十九竇武傳云：

詔以少府周靖行車騎將軍加節與護匈奴中郎將張奐率五營士討武……武、紹走，諸軍追圍之，皆自殺，梟首洛陽都亭。收捕宗親賓客姻屬，悉誅之，及劉瑜、馮述，皆夷其族，徙武家屬日南，遷太后於雲臺。

竇氏宗親賓客姻屬，咸不免於誅屠，黨附者亦夷族，休戚相依，密切如此，雖欲獨善，以保身名，莫能已也。故東漢一代，凡干政外戚，皆有宗親、賓客、姻屬以爲奧援，其理即在乎是。且夫賓客之衆寡，才智之高下，於豪族勢力之擴展，亦不無助力，故圖謀干政之外戚，多能廣納賓客，甚或優禮才智之士。而具有才智者，亦每藉外戚以爲進身，或實現其理想。故黨附外戚之輩，良莠兼雜，固未可以一丘之貉視之也。又後漢書卷十下何皇后紀云：

后兄大將軍進欲誅宦官，反爲所害……并州牧董卓被徵入洛陽……遂廢少帝爲弘農王而立協，是爲獻帝……董卓又議太后蹴迫永樂宮，至令憂死，逆婦姑之禮，乃遷於永安宮，因進鴆弑而崩。

又同書卷六十九何進傳云：

董卓遂廢帝，又迫殺太后，殺（太后母）舞陽君，何氏遂亡。

何進欲誅宦官，反爲所害，其後董卓將兵入洛陽，兵柄政柄，乃由彼所操持，於是遂廢少帝，又迫殺太后及其母。可見徒以太后之尊，苟乏親族勢力爲其援，殆不足以自保，更無論護持帝室矣。而宗親、姻屬甚或賓客故吏之安危，亦每不克自主，此顯而易知也。是則外戚勢力之消長，與親族姻故實休戚相關，何氏衰亡之史實，斯足以爲證焉。

然則除上述臨朝諸后外，其他外戚勢力之消長，是否亦與親族休戚相關？稽諸載籍，亦猶是焉。如章帝時，馬防兄弟貴盛，奴婢各千人已上，資產巨億，皆買京師膏腴美田。又大起第觀，連閣臨道，彌亘街路，多聚聲樂，曲度比諸郊廟。賓客奔湊，四方畢至。刺史守令，多出其家。歲時賑給鄉閭，故人莫不周給。防又多牧馬畜，賦斂羌胡，帝不喜之，數加譴敕，所以禁遏甚備，由是權執稍損，賓客亦衰。（註五十三）案帝之禁遏馬氏，其事蓋在馬太后崩後。太后崩，馬氏失勢，豫遂投書怨誹，又防、光奢侈好樹黨與，（建初）八年（西八三），有司奏免豫，遣廖、防、光就封，豫隨廖歸國，考擊物故。（註五十四）和帝永元初，郭璜爲長樂

景印香港新亞研究所《新亞學報》（第一至三十卷）



少府，子舉爲侍中，兼射聲校尉。及大將軍竇憲被誅，舉以憲女壻謀逆，故父子俱下獄死，家屬徙合浦。宗族爲郎吏者悉免官。（註五十五）又和帝十四年（西一〇二）夏，有言陰皇后與外祖母鄧朱出入宮掖，共挾巫蠱道，事發覺，朱及二子奉、毅與后弟軼、輔、敞辭語相連及，以爲祠祭詛，大逆無道。奉、毅、輔考死獄中。父綱特進自殺，軼、敞及朱家屬徙日南比景縣，宗親以外昆弟皆免還田里。（註五十六）桓帝八年（西一六五），詔廢鄧皇后，送暴室，以憂死。從父河南尹萬世及會等皆下獄死。統等亦繫暴室，免官爵歸本郡，財物沒入縣官。（註五十七）同時繫暴室之宗親有：侍中泚陽族鄧康、越騎校鄧弼、侍中監羽林左騎鄧德、右騎鄧壽、清陽侯鄧秉、議郎鄧循。（註五十八）靈帝光和元年（西一七八），策收宋皇后璽綬。后自致暴室，以憂死。父及兄弟並被誅。（註五十九）上舉諸例，皆可證明族中主要人物之興敗，勢必有所株連，即爲本身利害計，亦唯有出諸支持一途，此東漢干政外戚，必有親族姻故爲其奧援，其理非在斯歟！

綜而論之，東漢政權之實質，乃以豪族爲中心。故籠制豪族，實爲東漢立國以來之一貫政策。而其籠制之道，雖非一端，然就史籍所載觀之，知東漢帝室，每以姻戚關係結納豪族。故東漢外戚，出身多爲豪族，其理在是。豪族爲求勢力之擴展，宗族之興隆，則又每以聯姻帝室爲手段。東漢帝室與豪族之間，其相結之密切也此。復次，東漢外戚之興敗，亦與親族姻故休戚與共，或福或禍，固非僅限父姓，父姓而外，每亦延及母族及妻族，而其黨與故吏，自亦有所牽連。是以外戚之家，不惜悉力擯斥他族，且又有母族、妻族、黨與、故吏相率爲其奧援，其故亦在於此。明乎上述諸端，然後東漢帝室與外戚之錯綜關係，乃可無所疑滯，碻然易審。若夫外戚之升降，則又每與帝室嗣續相牽涉，顧此非數言可得而盡，下文將加探討焉。

## 附註

註一：楊聯陞先生：東漢的豪族，淸華學校第十一卷第四期。

註二：余英時先生：東漢政權之建立與士族大姓之關係，新亞學報第一卷第二期。

註三：後漢書卷十八吳蓋陳臧列傳傳論。

註四：藝文類聚十二、太平御覽九十引。

註五：同上。

註六：東觀漢記卷一世祖光武皇帝紀云：「光武皇帝諱秀，高帝九世孫也。承文景之統，出自長沙定王發。」又後漢書卷一上光武帝紀上云：「世祖光武皇帝……南陽蔡陽人，高祖九世孫也。」錢大昕廿二史考異卷十云：「按：紀傳所述世數，多不一例。此紀光武爲高祖九世孫。自高祖至光武九世，實八世孫也。」姚範援鶉堂筆記卷二十七後漢書一亦云：「按：高祖至光武始九世，不得云九世之孫。」

註七：太平御覽二百七十九引司馬彪續漢書亦云：「王莽素聞其名，大震懼。」後漢齊武王縯傳章懷太子注引司馬彪續漢書則云：「王莽素震其名，大懼。」

註八：後漢書卷二十二朱景王杜馬劉傳堅馬列傳傳論。

註九：本節內容，大體不出楊聯陞及余英時二先生所已論述之範圍，（參見註一及註二）惟東漢政權之實質與本篇下文所論極有關係，故不憚辭費，畧加申述。

註十：廿二史劄記卷四東漢功臣多近儒條。

註十一：後漢書卷十上陰皇后紀。
註十二：東觀漢記卷六陰皇后傳。
註十三：後漢書卷三十二陰興傳。
註十四：後漢書卷十上陰皇后紀。
註十五：後漢書卷三十二陰興傳。
註十六：後漢書卷三十二陰識傳。
註十七：後漢書卷十上郭皇后紀論。
註十八：何焯義門讀書記後漢書第一卷云：「光武初納郭后，本以結劉揚，出於權計，非由嘉耦，故不終厥位。」
註十九：語見姚範援鶉堂筆記卷二十七後漢書一。
註二十：後漢書卷三十二陰識傳。
註二十一：王夫之讀通鑑論卷六云：「東海雖賢，郭況雖富而自逸，光武不能自信，周旋東海而優郭氏，皆曲意以求安，非果有鳲鳩之仁也。於是日慮明帝之不固，而倚陰氏以爲之援。……」
註二十二：後漢書卷二十四馬嚴傳。
註二十三：同上。
註二十四：參閱後漢書卷二十四馬廖、馬防傳。

註二十五：後漢書卷二十三竇固傳。

註二十六：參閱後漢書卷十上竇皇后紀及同書卷二十三竇固傳。

註二十七：後漢書卷二十三竇憲傳。

註二十八：同上。

註二十九：同上。

註三十：參閱後漢書卷十下竇皇后紀及同書卷六十九竇武傳。

註三十一：後漢書卷十上鄧皇后紀。

註三十二：後漢書卷十六鄧禹傳。

註三十三：同上。

註三十四：後漢書卷十六鄧訓傳。

註三十五：後漢書卷十六鄧騭傳。

註三十六：同上

註三十七：後漢書卷十下閻皇后紀。

註三十八：同上。

註三十九：後漢書卷十下梁皇后紀。

註四十：後漢書卷三四梁統傳。

註四十一：後漢書卷三十四梁竦傳。
註四十二：同上
註四十三：參閱後漢書卷七桓帝紀及同書卷三十四梁冀傳。
註四十四：後漢書卷三十四梁冀傳。
註四十五：後漢書卷十下何皇后紀。
註四十六：後漢書卷十下何皇后紀章懷太子注。
註四十七：案：袁宏後漢紀作郭脈。
註四十八：後漢書卷六十九何進傳。
註四十九：後漢書卷十下伏皇后紀。
註五十：後漢書卷二十六伏湛傳。
註五十一：同上。
註五十二：後漢書卷十下伏皇后紀。
註五十三：後漢書卷二十四馬防傳。
註五十四：後漢書卷二十四馬廖傳。
註五十五：後漢書卷十上郭皇后紀。
註五十六：參閱後漢書卷十上陰皇后紀及同書卷三十二陰識傳。

註五十七：後漢書卷十下鄧皇后紀。

註五十八：續漢志天文志下。

註五十九：後漢書卷十下宋皇后紀。

## (三)帝室嗣續與外戚之升降

東漢君主嗣位之際，輒有外戚勢力參與，察其參與之由，不外欲求中央政柄之操持而已。故東漢之世，中央政柄屢在外戚，而帝室嗣續，亦每由外戚所專決。然外戚彼此之間，政柄時或轉移，考其轉移之迹，則每不出閫闥之外，是則東漢母后及外戚，宜皆與帝室嗣續相牽涉。試持是說求諸史籍，則當時政柄遭替之原委，皆可較然明審，凡史文之隱約難明者，亦咸煥然可通；而其時外戚之升降，亦藉是而見焉。夫東漢外戚操持中央政柄之史實，人所熟知，惟其轉移漸替之迹，則言者罕詳，竊不自揆，爰就所知，述爲斯篇，誠知固陋，恐未足以明達是說也。

### (甲)帝室嗣續與郭陰馬三氏

史云東漢開國未幾，光武即立貴人郭氏爲后，其子彊爲太子。其後后以寵稍衰，數懷怨懟。建武十七年(西四一)，遂廢爲中山王太后。(註一)郭后寵衰怨懟，恐非得罪之由，上文已有辨析。意者陰氏之立，與郭后之黜廢有莫大關係。惟徒言不足以取信，今試掇拾史料，鉤稽推繹，以闡明其事迹。後漢書卷十上陰皇后紀所載，本末頗爲詳悉，茲謹節錄如下，藉資取證焉：

光武即位……以（陰）后爲貴人。帝以后雅性寬仁，欲崇以尊位，后固辭，以郭氏有子，決不肯當，故遂立郭皇后。建武四年（西二八），從征彭寵，生顯宗於元氏。九年（西三三）：：乃詔大司空曰：「吾微賤之時，娶於陰氏……以貴人有母儀之美，宜立爲后，而固辭弗敢當，列於媵妾。……」十七年（西四一），廢皇后郭氏而立貴人。制詔三公曰：「皇后懷執怨懟，數違教令，不能撫循它子，訓長異室。宮闈之內，若是鷹鸇。既無關雎之德，而有呂、霍之風，豈可託以幼孤，恭承明祀。……陰貴人鄉里名家，歸自微賤……宜奉宗廟，爲天下母。」

陰氏麗華本爲光武所心悅，故欲崇以尊位，然陰氏固辭弗肯當，於是遂立郭氏。其後陰氏有子，光武乃有九年（西三三）之詔，以爲陰氏宜立爲后，此十七年（西四一）廢皇后郭氏張本。郭氏僅以寵衰怨懟，並無他罪著明，而光武喻以呂、霍，論者或以爲深文，惟詔書明謂「不能撫循它子，訓長異室」，則宮闈之內，郭、陰二氏，恐有牴牾之情。惜乎史文隱晦，其詳不得而知，然陰氏固辭后位於前，而卒接受於後，則其所謂固辭，必非本意；此中關鍵，誠可注意。史書載云「以郭氏有子，終不肯當」，因疑所涉及者，乃帝室嗣續問題。然則當時皇位之繼承權，果與外戚勢力有關聯耶？後漢書卷四十二東海恭王彊傳云：

建武二年（西二六），立母郭氏爲后，彊爲皇太子。十七年（西四一）而郭后廢，彊常慼慼不自安，數因左右及諸王陳其懇誠，願備蕃王。光武不忍，遲回者數歲，乃許焉。

又同書卷二十九郅惲傳云：

（郭）后既廢而太子意不自安，惲乃說太子曰：「久處疑位，上違孝道，下近危殆。……春秋之義，母以子貴，太子宜因左右及諸皇子引愆退身，奉養母氏，以明聖教，不背所生。」太子從之，帝竟聽許。

倘立必以長，太子名位已定，又何必慼慼不自安？夫唯繼承權之可易，則外戚之活動必不止息。郅惲既云「久處疑位」，可知嗣位之不固定，又謂「下近危殆」，則當時形勢，必有可堪注意者，而太子之不自安，殆與陰氏家族之活動有關，其奈史料難徵，未可確斷。然不容否認者，即爲當時太子嗣位，須有輔翼之外戚，而郭后之黜廢，太子之引愆退身，恐與外戚勢力之消長相連，而外戚升降之迹，亦由是可覘其端倪矣。後漢書卷三十二陰識傳云：

及顯宗立爲皇太子……帝每巡郡國，識常留鎮守京師，委以禁兵。

外戚與太子之關係，稽之上節引文可見。而陰識之職任，又屬統領禁兵，則操持兵柄與輔導東宮關係之重，蓋可知矣。又後漢書卷三十七桓榮傳云：

二十八年（西五二）大會百官，詔問誰可傅太子者。羣臣承望上意，皆言太子舅執金吾原鹿侯陰識可。博士張佚正色曰：「今陛下立太子，爲陰氏乎？爲天下乎？即爲陰氏，則陰侯可，爲天下，則固宜用天下之賢才。」帝稱善曰：「欲置傅者，傅太子也。今博士不難正朕，況太子乎？」即拜佚爲太子太傅，而以榮爲少傅。（註二）

羣臣承望上旨，皆言陰識可傅太子，則光武豈無爲陰氏之心哉！光武蓋世英主，權戚之縱恣，雖較後世爲愈，然壞法者亦不尠，（註三）其所以即拜張佚爲太子太傅，蓋欲塞衆口而掩其私意耳，此亦施用權術之一端也。

雖然，光武誠有爲陰氏之私意，然其最大用心，乃在藉豪族以鞏固嗣續之權益。爲劉氏天下計，自宜用具有實力之豪族，故光武雖以張佚爲太子太傅，然輔導護持之責，則仍歸之於陰識，其理即在乎是。

其後光武崩，太子即位，是爲明帝，而其皇位之不安也如故，此誠可注意也。茲不避繁冗之譏，節取原文以證。後漢書卷四十二廣陵思王荆傳云：

光武崩……（荆）書與彊曰：「君王無罪，猥被斥廢，而兄弟至有束縛入牢獄者……今新帝人之所置，彊者爲右，願君爲高祖陛下所志，無爲扶蘇將閭叫呼天也。」彊得書惶怖，即執其使封書上之。顯宗以荆母弟，祕其事，遣荆出止河南宮。時西羌反，荆不得志，冀天下因羌驚動有變，私迎能爲星者與謀議，帝聞之，乃徙荆廣陵王，遣之國。其後荆復呼相工謂曰：「我貌類先帝，先帝三十得天下，我今亦三十，可起兵未？」相者詣吏告之，荆惶恐自繫獄，帝復加恩不考極其事。荆猶不改，其後使巫祭祀祝詛，有司舉奏，請誅之，荆自殺。

又同書同卷楚王英傳云：

（永平）十三年（西七〇）男子燕廣告英與漁陽王平顏忠等造作圖書，有逆謀，事下案驗，有司奏英招聚姦猾造作圖讖，擅相官秩，置諸侯、王公、將軍、二千石，大逆不道，請誅之。帝以親親不忍，乃廢英徙丹陽涇縣……英至丹陽，自殺。

又同書同卷南安王康傳云：

康在國不循法度，交通賓客，其後人上書告康招來州郡姦猾漁陽顏忠、劉子產等，又多遺其繒帛，案圖書，謀議不軌。事下考，有司舉奏之。顯宗以親親故，不忍窮竟其事，但削祝阿隰陰東朝陽安德西平昌五縣。

又同書同卷阜陵質王延傳云：

永平中，有上書告延與姬兄謝弇及姊館陶主壻駙馬都尉韓光招姦猾，作圖讖，祠祭祝詛，事下案驗，有司奏請誅延，顯宗以延罪薄於楚王英，故特加恩，徙爲阜陵王，食二縣。

綜而觀之，可知當日皇位繼承權之不固，若本極固定者，則此輩何得謀議不軌，妄欲有所舉措耶？光武諸子，因逆謀而得罪者，若是其多，論者或謂明帝苛切嚴明，有以致之，然此爲別一問題，非茲篇所能論及。今所欲抉發者，乃爲明帝所居之皇位，實屢有動搖迹象，若非外戚陰氏爲之輔，則其果能保持皇位與否，殊未可知也。上引史文謂明帝「人之所置，彊者爲右」，雖屬廣陵思王㗇誘之言，殆亦得其眞相。是則方明帝之立爲太子，光武即以陰氏典掌禁兵，輔導東宮，其意即在斯歟？

若夫明帝馬皇后之立，太后陰氏有所助焉。後漢書卷十上馬皇后紀云：

（馬）后從兄嚴……求進女掖庭……由是選后入太子宮……奉承陰后，傍接同列，禮則脩備，上下安之。遂見寵異，常居後堂。顯宗即位，以后爲貴人。時后前母姊女賈氏亦以選入，生肅宗。帝以后無子，命令養之。……皇太后曰：「馬貴人德冠後宮，即其人也。」遂立爲皇后。……及帝崩，肅宗即位，尊后曰皇太后。

章帝本貴人賈氏子，而竟爲馬后所養，諒與奉承太后而又見寵於明帝，有頗大關係。蓋嗣位之君，固須有外戚以爲輔翼，然外戚之升降，亦每與帝室嗣續有所關聯，賈氏本馬后前母姊女，其後卒受排抑，此自與馬氏宗族欲謀專固權勢有關，讀史者可從下舉史料得其消息焉。後漢書卷十上馬皇后紀附傳云：

賈貴人……建武末選入太子宮，中元二年（西五七）生肅宗，而顯宗以爲貴人。帝既爲太后所養，專以馬氏爲外家，故貴人不登極位，賈氏親族無受寵榮者。及太后崩，乃策書加貴人王赤綬，安車一駟，永巷宮人二百，御府雜帛二萬匹，大司農黃金千斤，錢二千金。

賈氏未始不可爲后，且又有子，然馬氏藉太后陰氏之力，既奪養其子，又超登后位，則馬、賈二氏之間，豈無衝突者乎？及章帝即位，專以馬氏爲外家，貴人不登極位，賈氏親族無受寵榮者，此自非章帝本意，其中宜有后族壓抑之情，觀太后崩後，章帝迅即加恩賈氏，理可明焉。然則外戚之升降與夫勢力之消長，誠與援立皇儲有關，斯又一例證矣。

## （乙）帝室嗣續與臨朝諸后

章帝竇氏之得立爲后，馬太后與有力焉。後漢書卷十上竇皇后紀謂：建初二年（西七七），后與女弟俱以選例入見長樂宮，進止有研，風容甚盛，馬太后亦異焉。因入掖庭，見於北宮章德殿。后性敏洽，傾身承接，稱譽日聞。明年，遂立爲皇后，妹爲貴人。考竇后祖穆父勳，永平中坐事死，由是其家廢壞。（註四）然其後后族兄弟並顯貴，擅威權，則亦與帝室之嗣續有關。東觀漢記卷六敬隱宋皇后傳云：

時竇皇后內寵方盛，以貴人名族，節操高妙，內心害之，欲爲萬世長計，陰設方略，讒毀貴人。

又後漢書卷十上竇皇后紀云：

后寵幸特殊，專固後宮。初，宋貴人生皇太子慶，梁貴人生和帝。后既無子，並疾忌之，數閒於帝，漸致疏嫌，因誣宋貴人挾邪媚道，遂自殺，廢慶爲清河王。

由太子慶之廢，益證當時嗣位之無定，其立廢之機，端視輔翼外戚之勢力爲何如耳。宋貴人出身名族，竟罹讒毀自殺之禍，恐竇后「內寵方盛」或「寵幸特殊」諸語，未足以爲近情之解釋。案建初三年（西七八），宋貴人生慶，四年（西七九），立爲太子，時章帝年僅二十四耳，其所以亟亟立慶，貴人豈無寵者耶？然貴人卒自殺，太子亦遭廢，斯證竇后宗族之勢力，必甚有可觀者。史云「欲爲萬世長計」，乃指竇族而言，非所以爲帝室也。又後漢書卷三十四梁竦傳云：

肅宗納其二女，皆爲貴人，小貴人生和帝，竇皇后養以爲己子，而竦家私相慶。後諸竇聞之，恐梁氏得志，終爲己害。建初六年（西八三），遂譖殺二貴人，而陷竦等以惡逆。

帝室嗣續與外戚升降之關聯，即就「竦家私相慶」一語，已可得而推知。又復漢書卷十上竇皇后紀附傳云：

梁貴人者……梁竦之女也。……建初二年（西七七）與中姊俱選入掖庭爲貴人。四年（西七九），生和帝。后養爲己子。欲專名外家而忌梁氏。八年（西八三），乃作飛書以陷竦，竦坐誅。貴人姊妹以憂卒。自是宮房慄息，后愛日隆。及帝崩，和帝即位，尊后爲皇太后。皇太后臨朝——兄憲弟篤、景並顯貴，擅威權。

竇后既養和帝爲己子，又陷梁竦於死，何也？夷考其實，竇氏之所爲，亦欲專名外家而已。則皇位繼承與外戚

景印香港新亞研究所《新亞學報》（第一至三十卷）



升降之間，其關係可得而知矣。史云貴人姊妹以憂卒，其排抑之勢爲何如耶！竇后本無子，然可奪人之子而又害其母，其中豈無后族勢力以爲奧援？且竇后深處宮廷，飛書陷竦，恐非易易，此中必有后族黨類活動於其間也。考章帝時，竇氏已代馬氏而興，其中升降之迹雖不易分析，然史書明謂：建初二年（西七七），竇后立，三年（西七八），帝固即代馬防爲光祿勳，明年，復代馬防爲衞尉。（註五）即此，已可見竇、馬二氏勢力消長之端倪矣。及和帝即位，年十歲，太后臨朝，憲以侍中內幹機密，出宣誥命。憲弟篤爲虎賁中郎將，篤弟景、瓌並中常侍，（註六）於是兄弟皆在親要之地。憲以前太尉鄧彪仁厚委隨，故以爲太傅，令百官總己以聽，其所施爲，輒外令彪奏，內白太后，事無不從。（註七）夫竇氏兄弟之憲盛，太后臨朝故也，太后之得而臨朝，則因養和帝爲己子，於此，可覘帝室嗣續與外戚升降之關係焉。惟苟無太子慶之廢，則和帝又何從而得立？是則當時儲位之決定，乃有外戚勢力以爲影響；外戚輔翼護持之力，殆不可或忽焉，斯又一例證也。

和帝陰皇后，光烈皇后兄執金吾識之曾孫，永元四年（西九二），選入掖庭，以先后近屬，故得爲貴人。有殊寵。八年（西九六），遂立爲皇后。自和熹鄧后入宮，愛寵稍衰，數百恚恨。后外祖母鄧朱出入宮掖。十四年（西一〇二）夏，有言后與朱共挾巫蠱道，事發覺，遷于桐宮，以憂死。（註八）上文所述陰、鄧二氏之牴牾，雖未顯明，惟其迹猶可尋也，後漢書卷十上鄧皇后紀所載較詳，茲藉是以申論焉：

（永元）七年（西九五），（鄧）后復與諸家子俱選入宮。……承事陰后，夙夜戰兢。……陰后見后德稱日盛，不知所爲，遂造祝詛欲以爲害。帝嘗寢病危甚，陰后密言：「我得意，不令鄧氏復有遺類。」后聞，乃對左右流涕言：「我竭誠盡心以事皇后，竟不爲所祐，而當獲罪於天。婦人雖無從死之義，然周公身請武王之命，越姬心誓必死之分，上以報帝之恩，中以解宗族之禍，下不令陰氏有人豕之譏。」即欲飲藥。宮人趙玉者固禁之，因詐言屬有使來，上疾已愈。后信以爲然，乃止。明日，帝果瘳。十四年（西一〇二）夏，陰后以巫蠱事發，后請救不能得……至冬，立爲皇后。

陰后恚恨之言，誠足令人怖懼，然鄧氏平素志在書傳，能力異乎衆庶，（註九）惟一聞陰后言，即欲飲藥死，其惶恐失措若此，則情勢之逼迫，蓋可想見。陰后密言「我得意」云云，自指和帝崩後言，時鄧氏未登后位，擬從死者，冀解宗族之禍耳。及聞帝疾已愈，信以爲然，止不肯死，此益可證后族之升降，實與嗣位之君有關。稍後有言陰后與外祖母鄧朱共挾巫蠱道，事覺被廢，其間陰、鄧二氏勢力衝突之消息，畧可覘其端矣。上引史文謂鄧氏得聞陰后「密言」，則宮闈之內，豈無外戚黨類活動於其中？方陰后之廢，鄧氏嘗加請救，不能得。此事誠或有之，顧必非鄧氏及其家族黨類之本意。蓋古今不乏自願犧牲之烈士，但決無甘爲刀俎之魚肉者也，況親族之安危，每繫於是者乎！玆更徵引史料，以證外戚與嗣君之關係。

後漢書卷四殤帝紀云：

孝殤皇帝……和帝少子也。元興元年（西一〇五）十二月辛未夜，即皇帝位，時誕育百餘日。尊皇后曰皇太后，太后臨朝。……封皇兄勝爲平原王。

又同書卷五安帝紀云：

殤帝崩，太后與兄車騎將軍鄧騭定策禁中。其夜，使騭持節，以王青蓋車迎帝……引拜帝爲長安侯。皇太后詔曰：「……其以祜爲孝和皇帝嗣……。」……讀策畢，太尉奉上璽綬，即皇帝位，年十三。太后猶臨朝。

又同書卷十上鄧皇后紀云：

元興元年（西一〇五），帝崩，長子平原王有疾，而諸王子夭沒，前後十數，後生者輒隱祕養於人間。殤帝生始百日，后乃迎立之，尊后爲皇太后。太后臨朝。……及殤帝崩，太后定策立安帝，猶臨朝政。

據以上所舉，可知殤帝、安帝得而踐祚，皆外戚鄧氏迎立之力也。史云諸王子夭沒，前後十數，後生者輒隱祕養於民間，似其數在不少；而續漢志五行志二云：和帝崩，有皇子二人，一勝，一即殤帝，則又似僅此二子者。其說既不符會，而殤帝乃迎自民間，所生母又無考，其究爲和帝之子乎？誠不能無疑也。後漢書卷五十五清河孝王慶傳云：鄧太后以殤帝襁褓，遠慮不虞，留慶長子祜與適子耿姬居清河邸，至秋，帝崩，遂立祜爲和帝嗣，即皇帝位。則排平原王勝之大計，太后慮之夙矣。後漢書卷三十三周章傳云：

和帝崩，鄧太后以皇子勝有痼疾，不可奉承宗廟，貪殤帝孩抱，養爲己子，故立之，以勝爲平原王。及殤帝崩，羣臣以勝疾非痼，意咸歸之。太后以前既不立，恐爲後怨，乃立和帝兄清河孝王子祜，是爲安帝。章以衆心不附，遂密謀閉宮門……廢太后於南宮，封帝爲遠國王，而立平原王。事覺，策免，章自殺。（註十）

其中所載，與鄧皇后紀頗異。論者因謂：后養殤帝爲己子，故立之，及勝疾非痼，均不過據當時周章所自執之詞。（註十一）然考其實，竊有所疑。案勝有痼疾，本傳及安帝紀雖皆明載，惟此乃范書立言有體，不得不然，實則安帝紀所云「素被痼疾」之語，僅於太后詔書見之，而平原王勝傳載事本甚簡畧，文字以紀爲從，亦無足怪。勝疾誠或有之，恐非痼者耳，司馬彪續漢書謂勝有微疾，（註十二）其說似可信從。太后迎殤帝，殆有預謀，方殤帝立，即留祜居清河邸，其事足資參證。又續漢志五行志四云：

安帝永初元年（西一〇七）……是時鄧太后攝政，以清河王子少號精耳，故立之，是爲安帝。不立皇太子勝，以爲安帝賢，必當德鄧氏也。

則鄧氏立安帝之用心，實爲外戚干政專權而已。且也，姑以勝有痼疾爲事實，苟其奧援强大，亦未嘗不可廢安帝而即位，周章起事，宜有勢力爲其背景，而其敗，益證外戚擁戴輔翼之力，於嗣君言，實不可或缺也。

鄧太后崩，安帝親政，外戚閻氏，由是貴顯。若其勢力擴展之迹，亦與上述史例同軌。後漢書卷十下閻皇后紀云：

后有才色。元初元年（西一一四），以選入掖庭，甚見寵愛，爲貴人。二年（西一一一五）立爲皇后。后專房妒忌，帝幸宮人李氏，生皇子保，遂鴆殺李氏。……后寵既盛，而兄弟頗與朝權，后遂與大長秋江京、中常侍樊豐等共譖皇太子保，廢爲濟陰王。四年（西一一七）春，后從帝幸章陵，帝道疾，崩於葉縣。后、顯兄弟及江京、樊豐等謀曰：「今晏駕道次，濟陰王在內，邂逅公卿立之，還爲大害。」乃僞云帝疾甚……驅馳還宮……其夕，乃發喪。尊后曰皇太后。皇太后臨朝……太后欲久專國政，貪立幼年，與顯等定策禁中，迎濟北惠王子北鄉侯懿，立爲皇帝。

皇子保曾位太子，終以譖廢，其位之不固，無待言矣。閻后鴆殺宮人李氏，匪特專房妒忌而已，亦有爭奪權柄因素存焉。考鄧太后崩於建光元年（西一一二一），宮人李氏死於元初二年（西一一一五），則閻后之害李氏，乃在鄧太后崩前六年，此亦可見閻氏勢力增長之漸，而北鄉侯立，自屬外戚閻氏擁戴之力，此不待辨析而可見也。又後漢書卷六順帝紀云：

安帝崩，北鄉侯立……及北鄉侯薨，車騎將軍閻顯及江京與中常侍劉安、陳達等白太后，祕不發喪，而更徵立諸國王子。

又同書卷十下閻皇后紀云：

少帝立二百餘日而疾篤，顯兄弟及江京等皆在左右。……及少帝薨，京白太后，徵濟北、河間諸王子。未至，而中黃門孫程合謀殺江京等，立濟陰王，是爲順帝。

東漢外戚之擅權，其故不止一端，要亦與皇位之繼承權，頗有關係。上引史文謂少帝薨，祕不發喪，更徵立諸國王子，此誠外戚及其黨類恣縱之表現，然其同心，亦在專固外戚之權勢耳。若夫順帝之踐位，自屬中黃門孫程等合謀之功，而其謀之得逞，則又與溝通北軍一事有關鍵，另篇已有分析，今可不必置論。（註十三）自斯以降，外戚、宦官，乃相比亂政矣。

順帝陽嘉元年（西一三二），立貴人梁氏爲后，加后父梁商位特進，更增國土，三年（西一三四），以商爲大將軍，因稱疾不起，四年（西一三五），使太常桓焉奉策就第即拜，商乃詣闕受命。（註十四）商性愼弱無威斷，獨少過失，及薨，其子冀嗣爲大將軍，專擅威柄，凶恣日積，若其勢力，亦與帝室嗣續互爲影響。後漢書卷六沖帝紀云：

孝沖皇帝諱炳，順帝之子也，母曰虞貴人，建康元年（西一四四）立爲皇太子，其年八月庚午，即皇帝位，年二歲。尊皇后曰皇太后。太后臨朝。……永熹元年（西一四五）春正月戊戌，帝崩於玉堂前殿，年三歲。

又同書同卷質帝紀云：

沖帝不豫，大將軍梁冀徵帝到洛陽都亭。及沖帝崩，皇太后與冀定策禁中，丙辰，使冀持節，以王青蓋車迎帝入南宮。丁巳，封爲建平侯，其日即皇帝位，年八歲。……大將軍梁冀潛行鴆殺……年九歲。

又同書卷七桓帝紀云：

本初元年（西一四六），梁太后徵帝到夏門亭，將妻以女弟。會質帝崩，太后遂與兄大將軍冀定策禁中，閏月庚寅，使冀持節，以王青蓋車迎帝入南宮，其日即皇帝位。時年十五。太后猶臨朝政。

夫三帝即位，咸外戚梁氏援立之功，三后皆非梁太后子，梁氏豈有所愛？僅爲后族利益計耳。茲舉例以爲證，凡所未能詳者，以義類推之可也。後漢書卷六十三李固傳云：

固以清河王蒜年長有德，欲立之……冀不從，乃立樂安王子纘，年八歲，是爲質帝。……冀忌帝聰慧，恐爲後患，遂令左右進鴆。……因議立嗣……固、（胡）廣、（趙）戒及大鴻臚杜喬皆以爲清河王蒜明德著聞，又屬最尊親，宜立爲嗣。先是蠡吾侯志當取冀妹，時在京師，冀欲立之。……中常侍曹騰等聞而夜往說冀曰：「將軍累世有椒房之親，秉攝萬機，賓客縱橫，多有過差。清河王嚴明，若果立，則將軍受禍不久矣。不如立蠡吾侯，富貴可長保也。」冀然其言……竟立蠡吾侯，是爲桓帝。

梁氏不立清河王蒜，以其嚴明，恐受禍也。爲長保后族富貴計，自以幼弱爲利。惟援立雖與外戚有關，若其繼承權本有定制，不可移易，則外戚何從得居援立之功？抑且外戚之家，倘非豪雄之族，或未操持京師兵柄，則親子雖爲皇帝，其母及其親族，勢亦不足有爲，今試節取有關史料，以爲證明：史云沖帝母虞美人，以良家子年十三選入掖庭，順帝既未加美人爵號，而沖帝早夭，大將軍梁冀秉政，忌惡佗族，故虞氏抑而不登，但稱「大家」而已。質帝母陳夫人，少以聲伎入孝王宮，得幸生質帝，亦以梁氏故，榮寵不及焉。孝崇匽皇后，本蠡吾侯翼媵妾，生桓帝。桓帝即位，明年，追尊翼爲孝崇皇，陵曰博陵，以后爲博陵貴人。和平元年（西一五〇），梁太后崩，乃就博陵尊后爲孝崇皇后。（註十五）夫桓帝母始制於梁太后，繼復爲梁冀所制，冀未誅而后已崩，雖尊爲后，未得一日供養京師，梁氏排抑他族之切，有如是者。而當日閨閫之內，竟亦爲外戚勢力之所及，下例足可見之。後漢書卷十下梁皇后紀云：

桓帝懿獻梁皇后諱女瑩，順烈皇后之女弟也。……建和元年（西一四七）六月，始入掖庭，八月，立爲皇后。時太后秉政而梁冀專朝，故后獨見寵幸，自下莫得進見。……每宮人孕育，鮮得全者。帝雖迫畏梁冀，不敢譴怒，然見御轉稀。

梁皇后刻忍若此，雖或有怨忌嫉妒之心存焉，然與外戚干預皇儲一事，恐亦不無關連。蓋外戚之升降，關鍵雖由兵柄所決，惟援立嗣君，亦有重大影響。

梁冀誅後，桓帝立鄧香女猛爲皇后。後漢書卷十下鄧皇后紀云：

桓帝鄧皇后……和熹皇后從兄子鄧香之女也。母宣，初適香，生后。改嫁梁紀，紀者，大將軍梁冀妻孫壽之舅也。后少孤，隨母爲居，因冒姓梁氏。掖妻見后貌美，永興中進入掖庭，爲采女，絕幸。……及懿獻后崩，梁冀誅，立后爲皇后。……而后恃尊驕忌，與帝所幸郭貴人更相譖訴。八年（西一六五），詔廢后，送暴室，以憂死。

鄧猛之進掖庭，由冀妻壽援引，即外戚梁氏之力也。若其援引用心，亦欲有以專固其權勢耳。如後漢書卷三十四梁冀傳所載，文意極爲明顯，茲引述如下，藉資參證：

壽引猛入掖庭，見幸爲貴人，冀因欲認猛爲其女以自固，乃易猛姓爲梁。

且猶有可堪注意者，即鄧猛入宮，雖由梁氏之力，然梁冀既誅，猛竟不受牽連，又得更立爲后，此自與桓帝之愛寵有關。其後與帝所幸郭貴人譖訴，竟遭詔廢，則郭貴人宜立爲后矣。然考諸史實，是又不然。然則其中有無足資疏解之處，可以得而言者？後漢書卷十下竇皇后紀云：

延熹八年（西一六五），鄧皇后廢，后以選入掖庭爲貴人。其冬，立爲皇后，而御見甚希，所寵唯采女田聖等。永康元年（西一六七）冬，帝寢疾，遂以聖等九女皆爲貴人。及崩，無嗣，后爲皇太后。……太后素忌忍，積怒田聖等……遂殺田聖。又欲盡誅諸貴人，中常侍管霸、蘇康苦諫，乃止。

郭貴人者，桓帝所寵也，而卒不得立爲后。設或郭氏與鄧后同時失寵，桓帝亦未嘗不可別立，如田聖者，非其選乎？然皆弗得立。竇皇后立不由寵，御見甚希，其故安在？豈其中另有隱情耶？後漢書卷六十六陳蕃傳云：

初，桓帝欲立所幸田貴人爲皇后。蕃以田氏卑微，竇族良家，爭之甚固。帝不得已，乃立竇后。及后臨朝，乃委用於蕃。蕃與后父大將軍武，同心盡力，徵用名賢，共參政事，天下之士，莫不延頸想望太平。

桓帝不立田聖，恐非嫌其卑微，亦諒非陳蕃一人固爭所可爲力，蓋當時竇族之勢力，有不可輕忽者焉，而其間又有外朝清流之壓力，使桓帝不得不立竇氏者。茲引史實就此畧加論證，並一言當時外戚之清濁焉。

> 竇武，融之玄孫。父奉，定襄太守。武少以經行著稱，常教授於大澤中。不交時事，名顯關西。（註十六）

則竇氏於當時，實爲地方名門大族。竇憲之誅，於竇氏宗族言，挫折誠大，然餘勢仍存，則無可疑也。若夫竇氏宗族自中興以來之勢力，上文已加申述，今可不論。是則桓帝延熹八年（西一六五）以竇氏爲貴人，其冬即立爲皇后者，豈無宗族勢力影響於其間？且竇武少以經行著稱，名顯關西，則陳蕃樂爲之固爭者，理宜然矣。後漢書卷六十九竇武傳又云：

> 在位多辟名士，清身疾惡，禮路不通，妻子衣食，裁充足而已。是時羌蠻寇難，歲儉民飢，武得兩宮賞賜，委散與太學諸生，乃載肴糧於路，匄施貧民。

是則竇武之所爲，殆與一般外戚異。太學諸生，黨錮前後最稱譽者，爲李膺、陳蕃、王暢三人，顧後來最尊之名，則有三君之目；君者，言一世之所宗也。三君者誰？竇武、劉淑、陳蕃是也。（註十七）袁山松後漢書云：

> 天下忠誠竇游平，天下義府陳仲舉，天下德弘劉仲承。（註十八）

游平，竇武字也，當時名聲之大，可以概見。三君以次，曰八俊曰八顧曰八及曰八厨，猶古之八元八凱也。（註十九）三君爲三十二位清流之首，自得太學諸生所擁戴。竇武廁位三君，雖在其女立爲皇后之後，顧前此亦以經行著稱而名顯關西矣。高名之來，原非一蹴可至，竇武位列清流，實亦有其本身條件。然則桓帝欲立所幸田聖爲后，陳蕃爭之甚固，帝不得已，乃立竇后者，此非一人之功，蓋有外朝清流促壓之力，又有外戚宗族勢力以爲影響。雖然，東漢外戚，本多驕橫恣縱之徒，其與閹寺共屬濁流也固宜。竇氏亦外戚也，雖屬三君之一，然於帝室嗣續之決定，仍不欲輕易放棄。後漢書卷六十九竇武傳云：

永康元年（西一六七）……其冬，（桓）帝崩，無嗣。武召侍御史河間劉儵參問國中王子侯之賢者。儵稱解帝亭侯宏。武入白太后，遂徵立之，是爲靈帝。拜武爲大將軍，常居禁中。

考東漢之世，昏庸之主，必稱桓、靈。其中又以靈帝貪聚淫侈爲尤甚。則竇氏所立之「賢者」，誠不能令人無疑。（註二十）意竇氏之立靈帝，其所考慮者，未嘗無爲天下之心意，顧宗族興衰安危所繫，諒亦有私心存焉。竇武之行事，雖與前此外戚頗異，然亦有可異議者。如當其立靈帝受封也，盧植上書說武曰：「今同宗相後，披圖案牒，以次建之，何勳之有？豈橫叨天功以爲己力乎？宜辭大賞，以全身名。」武不能用。（註二十一）其後謀誅宦官，事泄，王甫讓陳蕃曰：「先帝新棄天下，山陵未成，竇武何功？兄弟父子，一門三侯。又多取掖庭宮人作樂飲讌，旬月之間，貲財億計。大臣若此，是爲道邪？」（註二十二）王甫所讓，殆屬誣罔之辭。案後漢書卷六十九竇武傳載：武兄子紹爲虎賁中郎將，性疏閒奢侈，武數切厲，獨不覺悟，乃上書求退紹位。又自責不能訓導，當先受罪。此或竇武矯情以示公，惟矯情者必好名，安有好名而多取掖庭宮人，作樂飲讌，旬月之間，貲財億計者耶？然其一門三侯，不能辭退大賞，則爲事實。可見身屬清流之外戚，雖或有清正之志節，究不能免乎權勢之欲；況此乃宗族升降所繫，勢有不得不然者乎！顧盧植、王甫同謂竇氏無功於帝室，則有未諦。苟無竇氏之定策迎立，靈帝又何從而即位？至若竇武以外戚而置身清流，自屬陳蕃諸人推翕之功，其推翕之故，則欲有以連結之也。蓋士大夫處女后臨政之朝，如欲匡濟生靈，非藉外戚之力，不足以有爲也。後漢書卷六十六陳蕃傳論曰：

桓、靈之世，若陳蕃之徒，咸能樹立風聲，抗論惛俗，而馳驅嶮阸之中，與刑人腐夫同朝爭衡，終取滅亡之禍，彼非不能絜情志，違埃霧也，愍夫世士以離俗爲高，而人倫莫相恤也。以遯世爲非義，故屢退而不去，以仁心爲己任，故道遠而彌厲。及遭際會，協策竇武，自謂萬世一遇也，懍懍乎伊望之業矣。功雖不終，然其信義足以攜持民心，漢世亂而不亡，百餘年間，數公之力也。

則陳蕃、竇武，雖同居乎清流之首，然其公私之心，允宜有所別異，未可相提比論也。

及竇氏誅，宦官得志，無所憚畏，父兄子弟，皆爲公卿，列校牧守令長，布滿天下。然閨閫之內，外戚黨類之活動猶未止息，而皇位繼承之決定權，仍出之於攘奪，此可注意者也。後漢書卷十下董皇后紀云：

孝仁董皇后……生靈帝。……及竇太后崩，始與朝政。……中平五年（西一八八），以后兄子衞尉脩侯重爲票騎將軍，領兵千餘人。初，后自養皇子協，數勸帝立爲太子，而何皇后恨之，議未定而帝崩。何太后臨朝，重與太后兄大將軍權執相害，后每欲參干政事，太后輒相禁塞。后忿恚詈言曰：「汝今輈張，怙汝兄耶？當勑票騎斷何進頭來。」何太后聞，以告進……何進遂舉兵圍驃騎府，收重，重免官自殺。后憂怖，疾病暴崩。

又同書卷六十九何進傳云：

初，何皇后生皇子辯，王貴人生皇子協。羣臣請立太子，帝以辯輕佻無威儀，不可爲人主，然皇后有寵，且進又居重權，故久不決。六年（西一八九），帝疾篤，屬協於蹇碩。……及帝崩，碩時在內，欲先誅進而立協。……進驚……引兵入屯百郡邸，因稱疾不入。碩謀不行，皇子辯乃即位，何太后臨朝，進與太傅袁隗輔政，錄尚書事。

靈帝不敢立協爲太子，雖謂皇后有寵，實則與進居重權有極大關係。帝室嗣續與外戚勢力之間，其關聯之密切也如此。及靈帝崩，辯得即位，此外戚何氏維護之力也。帝室嗣續若無外戚以爲奧援，則其皇位繼承權是否穩定，殆可推論而知也。董太后自養協，數勸靈帝立爲太子，意其所欲，乃在參干政事，隆興宗族，而其仗恃，即爲兄子重之兵力，此亦可見干政外戚與兵柄之關係。其後董氏敗滅，力不足也，何氏兵猛勢雄，董氏自非其敵，此上引史文所易見者。抑且何氏之勝，宦寺之徒，亦有力焉，史書明謂靈帝怒欲廢何氏，而諸宦官爲之固請得止。（註二十三）宦官力足以止帝廢后，固足見其權勢之隆盛，而何氏有宦官以爲奧援，亦史事之本眞也。（註二十四）使何后不幸早廢，欲與董氏互爭長短，庸可得乎？靈帝崩於中平六年（西一八九），皇子辯即位，尊皇后何氏爲太后。太后臨朝。后兄進欲誅宦官，反爲所害。幷州牧董卓被徵，將軍入洛陽，遂廢少帝爲弘農王而立協，是爲獻帝。（註二十五）夫董卓秉性麤猛，其立獻帝之故，以其爲董太后所養，而自與太后同族。（註二十六）則當時宗族之觀念，深入於人心爲何如！

東漢君主與外戚，其關係之密切，可考知者，已概述如上。當夫新舊君主交替，外戚勢力，輒干預於其間。明帝以降，畧同一揆。而帝室嗣續之專決，幾全經由外戚，其中僅順帝之立，乃中黃門孫程等合謀之功，然踐祚以後，仍須藉外戚梁氏父子爲之輔，則東漢外戚之勢力，所影響於帝室嗣續，亦云鉅矣。

## （丙）嗣子之數與舅權之重

東漢諸帝嗣子之多寡有無，與本篇前文所考論者，亦有相當關係，玆特爲之辨析於此，俾免有所疑滯焉。考東漢諸帝嗣子之數，光武帝十子，明帝九子，章帝八子，至和帝則僅二子。安帝唯一子，順帝又僅一子。質帝、桓帝皆無子，靈帝二子，長爲董卓所弑，次即獻帝也。廿二史箚記卷四東漢諸帝多不永年條總論其因曰：

光武乃定王發之後，本屬旁支，譬如數百年老榦之上，特爲一枝，雖極暢茂，而生氣已薄。迨枝上生枝，則枝益小而力益弱，更易摧折矣。……皆氣運使然，非人力所能爲也。

夫氣運之說，言者頗多，茶餘飯後，借爲談助，固無不可，惟治史者則不應漫無辨別，遽爾信從。然則和帝以降，諸帝嗣子之所以或寡或無者，其故安在？約而言之，理有二端：一曰權勢之專固，二曰女后之嫉妒。至於外戚專固權勢與夫帝室嗣續關係之史料，前文已多引述，申論亦詳，玆可不贅。然專固權勢，是否於諸帝嗣子之多寡有無，確有影響？而女后之嫉妒，是否與此亦有關聯？則猶有待今之抉發也。玆就專權與嫉妒二事，鉤取史料，試加合併論證如下：

後漢書卷十上鄧皇后紀云：

（和帝）元興元年（西一〇五），帝崩，長子平原王有疾，而諸王子夭沒，前後十數，後生者輒隱祕養於人間。

則和帝嗣子之數，本在不少，而諸王子夭沒，前後竟凡十數，其中原委，自與外戚鄧氏欲謀專固權勢有關，前文已加辨析。然則其中有無女后嫉妒之因素，導至王子之夭沒？今案史文隱晦，書闕有間，誠不易遽下論斷，惟衡以常情，推以義例，女后嫉妒與王子夭沒之間，恐亦有所關連，並非徒事臆測而已。如安帝之世，閻后鴆殺宮人李氏，即有「專房妒忌」之意。至皇太子保遭譖廢爲濟陰王，則與外戚閻氏之欲專固權勢有關，此史籍所明載者。（註二十七）惟其事之得以明載，則亦有故。後漢書卷十下閻皇后紀云：

中黃門孫程合謀殺江京等，立濟陰王，是爲順帝。……帝母李氏瘞在洛陽城北，帝初不知，莫敢以聞。及太后崩，左右白之，帝感悟發哀，親到瘞所，更以禮殯，上尊謚恭愍皇后。

使濟陰王不得立，左右又不白其事，則宮人李氏之遭害，是否亦可見諸史籍，殊未可知。史書既云閻后專房妒忌，則慘遭閻后毒手者，諒不止李氏一人。安帝崩時三十二歲，未必僅得一子，其中或有遭戕害之禍者歟？蓋閻后本無子，爲專固外戚權勢計，自須排除安帝親子而以外藩入繼。夫入繼者經由外戚定策選立，皆屬幼弱之君，闈闥之內，既無根植之勢，朝廷之上，又乏擁戴之臣，於是女后臨朝，外戚秉政，而大權自無旁落之虞矣。惟閻氏有否因嫉妒及專權而戕害安帝親子？則史乏明文，姑試推臆如此。至順帝之僅有一子，沖帝母虞氏之抑而不登，諒與梁冀之專權暴濫、兇頑恣縱、忌害他族有關，前文已有引述，可置弗論。又後漢書卷十下梁皇后紀云：

后既無子，潛懷怨忌，每宮人孕育，鮮得全者。

此節史料，似可說明東漢諸帝嗣子或寡或無之故。梁后之枉害孕育宮人，自與其潛懷怨忌有關，然后之獨得寵幸，則因太后之秉政及梁冀之專朝，是則桓帝之所以無子者，固與女后之嫉妒有直接關係，而於外戚之欲謀專固權勢，諒亦有所聯繫，此理至易明也。試持此例與和帝諸子夭沒及順帝母李氏遭鴆兩事互相參證，則和帝二子，安帝僅一子，無足怪矣。又後漢書卷十下何皇后紀云：

靈思何皇后……性彊忍，後宮莫不震懾。光和三年（西一八〇），立爲皇后。……時王美人妊娠，畏后，乃服藥欲除之，而胎安不動……四年（西一八一），生皇子協，后遂酖殺美人。

何皇后之酖殺王美人，其意固在維護皇子辯之繼承權，然史文明謂其性彊忍，後宮莫不震懾，王美人妊娠，竟服藥欲除之，則靈帝嗣子之慘遭戕害，其數殆在不少，此理可推知也。故靈帝嗣子之數，僅有二人，理即在乎是歟？是則東漢諸帝嗣子之或寡或無，乃人力之所爲，宜無關乎氣運，廿二史箚記之說，非其實矣。

復次，東漢之世，母舅地位頗受尊崇。夫母系社會大多重舅權，而父系社會亦有重舅權者，故僅就舅權重否一點言，在文化人類學上，誠不視爲證明母系之條件。然西漢初年，母系遺俗遺存頗多，而當時帝室舅權尊重之史實，又碻然可審，吾師　潤孫先生嘗加辨析，可爲定論。（註二十八）然則東漢帝室母系遺俗是否仍未盡泯？此則猶待詳考，未宜遽加斷定。惟其時外戚之擅政，則頗疑與舅權之重有相當關聯。爰就東漢足以表見舅權尊重之史料，畧加闡釋，非敢妄謂有所論斷，僅欲爲本篇論旨添一佐證云爾。

後漢書卷三十二樊宏傳云：

樊宏……世祖之舅……更始立，欲以宏爲將軍。宏叩頭辭曰：「書生不習兵事。」竟得免歸，與宗家親屬作營塹自守。……世祖即位，拜光祿大夫，位特進，次三公。建武五年（西二九），封長羅侯。十三年（西三七），封弟丹爲射陽侯……十五年（西三九），定封宏壽張侯。……及病困，車駕臨視留宿，問其所欲言。宏頓首自陳無功享食大國，恐子孫不能保全……二十七年（西五一）卒……賻錢千萬，布萬匹，謚曰恭侯，贈以印綬，車駕親送葬。……樊氏侯者凡五國。

上舉引文，可注意者約凡三事：光武由起事至建國，樊宏並無軍功，其作營塹自守，亦欲保護宗家親屬而已。雖然，彼所保護之人，其中自有與光武關係較深之戚屬，惟仍不足以謂建立殊勳，故宏「自陳無功享食大國」，其理在是。可見光武之尊崇樊宏，本非由其軍功，而實以其具有母舅身份。此其一。及宏病困，車駕臨親留宿；夫車駕臨視，已屬殊寵，況又留宿乎？倘宏非光武之母舅，恐不至乎是。此其二。宏卒，賻賜特厚，車駕親臨送葬；宏非開國功臣，使非其舅，或未必尊崇如此。此其三。持是數端以謂光武尊崇母舅，或不至甚穿鑿武斷也。後漢書卷四十二廣陵思王荊傳云：

廣陵思王荊……令蒼頭詐稱東海王彊舅大鴻臚郭況書與彊曰：「……今新帝人所置……願君王爲高祖陛下所志……」

案彊本爲皇太子，郭后廢而封爲東海王。（註二十九）荊性刻急隱害，說彊固欲有所圖謀，然說彊必詐稱況，則不能不謂以母舅之故矣。後漢書卷三十二陰識傳云：

及顯宗立爲皇太子，以識守執金吾，輔導東宮。

又同書卷十上郭皇后紀云：

顯宗即位，（郭）況與帝舅陰識、陰就並爲特進，恩寵俱渥。

景印香港新亞研究所《新亞學報》（第一至三十卷）



光武以陰識輔導東宮，其中自有借重豪族勢力之意，然設非當時重視舅氏，則肩輔導之責者，又何必陰識耶？明帝即位，帝舅並爲特進，此亦可證當時帝舅地位之尊重也。後漢書卷十上馬皇后紀云：

> 建初元年（西七六），（章帝）欲封爵諸舅，太后不聽。明年夏旱，言事者以爲不封外戚之故，有司因此上奏，宜依舊典。

草懷太子注云：

> 漢制，外戚以恩澤封侯，故曰舊典也。

章帝非馬太后所出，欲封諸舅，冀極意承懽耳。言事者以爲夏旱乃不封外戚之故，有司因此上奏，此固可云意在媚太后以要福，惟若非帝舅地位尊重，則言事者及有司何敢以封爵諸舅與災異相提並論？於此亦可見母舅地位之重焉。章帝以後，諸帝沖齡即位者多，且有以外藩入繼者，於是太后乃多稱制臨朝，而外戚之權位重矣。今考諸帝即位之年歲：和帝即位時，年僅十歲；殤帝即位時，生僅百餘日；安帝即位時，年十三；順帝由宦官擁立，時年十一；沖帝即位纔二歲，質帝即位纔八歲，桓帝即位年十五，靈帝即位年十二，宏農王即位年十七，獻帝即位纔九歲。其外藩入繼者，安帝由清河王子入繼，質帝由千乘王子入繼，桓帝由蠡吾侯子入繼，靈帝由解瀆亭侯子入繼。此四帝也。然安帝崩，閻太后立北鄉侯懿嗣位，當時稱少帝。是則四帝之外，尚有一帝也。（註三十）是以當時太后父兄權尊勢重，乃屬理所當然，固不可以爲論證舅權尊重之條件。惟安帝本清河孝王慶子，爲閻太后所立，即位時年僅十三耳，其力豈足自行封賞親族？耿寶並無策立之功，又非具有淩駕外戚閻氏之勢，而竟得擢居大將軍之位，謂非以母舅之故，其可得乎？後漢書卷十九耿弇傳云：

竇女弟爲清河孝王妃，及安帝立，尊孝王，母爲孝德皇后，以妃爲甘園大貴人。（註三十一）帝以竇元舅之重，使監羽林左車騎，位至大將軍。

此節引文，最可注意者，爲「元舅之重」一語，此實東漢舅權尊重之證也。（註三十二）蓋安帝即位之初，閻氏權勢已固，使非當時舅權尊重，閻氏不可施其抑壓之力，使耿竇不得躋身高位耶？然終不肯爲之，則閻氏不敢不恤人言之心意，殆可得而推知矣。故就竇以元舅之重而位至大將軍一事言，可知東漢舅權之尊重也。

夫東漢之世，太后稱制臨朝者多，在名義上，太后之兄弟即爲諸帝舅氏，故當時舅權尊重之事實，殆亦與外戚易於干政一事有所關聯。其奈史料不足，未容詳論，爰就若干史料，鉤索推闡，試發其覆於此，其亦爲治東漢史者所不廢歟？

## 附註

註一：後漢書卷十上郭皇后紀。

註二：參閱東觀漢記卷十六張佚傳。

註三：參閱後漢書卷七十七酷吏董宣傳及卷二十六蔡茂傳。

註四：後漢書卷二十三竇融傳。

註五：後漢書卷二十三竇固傳。

註六：錢大昕三史拾遺卷四云：「中常侍，宦者之職，非外戚所宜居，恐有誤。」

註七：參閱後漢書卷四和帝紀及卷二十三竇憲傳。

景印香港新亞研究所《新亞學報》（第一至三十卷）



註八：後漢書卷十上陰皇后紀。

註九：參閱東觀漢記卷六鄧皇后傳及後漢書卷十上鄧皇后紀。

註十：原文爲：「而立平原王事覺策免章自殺」，王先謙集解引黃山語曰：「此文勝字當在事覺上。安帝紀永初元年『司空周密謀廢立，策免自殺』，平原懷王勝傳：延平元年封，八年薨，與紀合，則勝無策免事，諸王之廢，亦不得爲策免，此策免自屬章也。」

註十一：語見後漢書卷三十三周章傳王先謙集解。

註十二：太平御覽百三十引司馬彪續漢書云：「及和帝崩，是日倉卒，上下憂惶，后乃收斂皇子。皇子勝長有微疾，殤帝甚百餘日，后欲自養長，立爲皇子，其夜即位，尊皇后爲太后。」

註十三：詳見拙文「東漢外戚存亡與洛陽北宮建置形勢的關係」，中國學人第一期，新亞研究所出版。

註十四：後漢書卷三十四梁商傳。

註十五：均見後漢書卷十下梁皇后附傳。

註十六：後漢書卷六十九竇武傳。

註十七：後漢書卷六十七黨錮列傳序。

註十八：丁福保編全漢三國晉南北朝詩之全漢詩卷五雜歌謠辭引。

註十九：後漢書卷六十七黨錮列傳序云：「李膺、荀昱、杜密、王暢、劉祐、魏朗、趙典、朱寓爲八俊，俊者，言人之英也。郭林宗、宗慈、巴肅、夏馥、范滂、尹勳、蔡衍、羊陟爲八顧，顧者，言能以德行引人者也。張儉、岑晊、劉表、陳翔、孔昱、范康、檀敷、翟超爲八及，及者，言其能導人追宗者也。度尚、張邈、王考、劉儒、胡母班、秦周、蕃嚮、王章爲八廚，廚者，言能以財救人者也。」

註二十：史云靈帝開西邸賣官，自關內侯、虎賁、羽林入錢各有差。私令左右賣公卿，公千萬、卿五百萬。作列肆於後宮，使諸采女販賣，更相盜竊爭鬭。帝著商估服飲宴爲樂。又於西園弄狗，著進賢冠帶綬。又駕四驢，帝躬自操轡驅馳周旋。（見後漢書卷八靈帝紀）斂天下田畝稅十錢，以修宮室。發太原河東狄道諸郡材木及文石，（錢大昕廿二史考異卷十二云：狄道非郡名，當云隴西。）每州郡部送至京師。黃門常侍輒令譴呵不中者，因强折錢買，十分雇一。因復貨之於宦官，復不爲即受，材木遂至腐積，宮室連年不成。刺史二千石及茂才孝廉遷除，皆責助軍修宮錢，大郡至二三千萬，餘各有差。當之官者，皆先至西園諧價，然後得去。有錢不畢者，或至自殺。其守清者，乞不之官，皆迫遣之。又造萬金堂於西園，引司農金錢繒帛，仞積其中。又遷河間買田宅起第觀。（王先謙集解曰：官本遷作還，疑當作於。）帝本侯家宿貧，每歎桓帝不能作家居，故聚爲私藏，復藏寄小黃門常侍數各數千萬。常云張常侍是我父，趙常侍是我母。（見後漢書卷七十八宦者張讓傳）其侈虐之迹，不可勝計，則劉儵之所稱，與夫竇氏之所立，恐非國中王子侯之最賢者。

註二十一：後漢書卷二十四盧植傳。

註二十二：後漢書卷六十六陳蕃傳。

註二十三：後漢書卷十下何皇后紀。

景印香港新亞研究所《新亞學報》（第一至三十卷）



註二十四：後漢書卷六十九何進傳載何后之得中選入宮，乃中常侍郭勝之力，又謂何后及進之貴幸，中常侍郭勝有力焉。斯可證也。

註二十五：參閱後漢書卷八靈帝紀及卷十下何皇后紀。

註二十六：後漢書卷七十二董卓傳。

註二十七：後漢書卷十下閻皇后紀。

註二十八：詳見注史齋叢稿：漢初公主及外戚在帝室中之地位試釋。

註二十九：後漢書卷四十二東海恭王彊傳。

註三十：參閱後漢書諸帝紀及廿二史劄記卷四東漢諸帝多不永年與東漢多母后臨朝外藩入繼兩條。

註三十一：後漢書卷十九耿弇傳云：「寶女弟爲淸河孝王妃及安帝立尊孝王母爲孝德皇后以妃爲甘園大貴人」。錢大昕廿二史考異卷十一云：「按，安帝紀：建光元年，追尊皇考淸河孝王曰孝德皇，皇妣左氏曰孝德皇后，祖妣宋貴人曰敬隱皇后，又追尊孝德皇元妃耿氏爲甘陵大貴人。此傳以孝德皇后爲孝王之母，誤矣。」今案：范書此傳不誤。「尊孝王」句宜斷，錢氏以此屬下，故誤以爲「尊孝王母爲孝德皇后」耳。中華書局標點本後漢書（一九六五年五月第一版）不誤，今從之。

註三十二：案：後漢書卷六十九何進傳載袁紹說進誅宦官，亦有「元舅之重」一語，可參證。

## （四）結語

前漢自成、哀以下，天地縱橫，人皆有冀於非望。光武漢室遠房枝裔，遭逢王莽之簒，隨兄伯升崛起南陽，族人姻戚，乃其所憑。除王莽之稗政，噓高皇之死灰，謀臣武將，破堅摧剛，執猛攫戾，洪規遠略，海內一統。東都之業，炳炳麟麟。夫光武初興，勢非最强，然終能廓清四海，位舉羣雄，雖曰贍智寬博，計慮如神，使非羣材畢湊，豪族景附，則其中興之業，庸有成乎？故欲藉劉揚之兵衆，則納郭氏以結其心；冀陰識之來歸，則先聯姻於陰氏；考諸載籍，彰彰然矣。明、章二帝，亦爲令主，方諸文、景，無所遜焉。惟欲示恩豪族，每亦聯姻是用。此蓋光武立國之遺意，亦東漢君主固其國祚之道也。和帝以後，皇統屢絕，諸帝嗣子，或寡或無，入繼者多外藩，繼體者必幼主，斯皆外戚專固權勢所使然，亦女后嫉妒有以促成之也。自是權歸女主，母后稱制，而外戚擅權之迹，乃昭然易見矣。夫得勢外戚，出身多自豪族，故外戚干政，猶豪族干政耳。當斯之時，人主不勝脅迫，公卿而下，又多外戚之附從，欲加斧鉞，唯藉閹寺，於是宦豎用事，寵加私愛，志士窮棲，海內嗟毒，故自章帝以降，外戚、宦官之亂政，洵爲東漢一代之大事。夫宦官亂政，非本文範圍，可置弗論，而外戚擅政之史實，本亦人所詳知，不俟多所論述。惟其擅政之由，果何在乎？外戚集團之升降，其關鍵又爲何？倘昧乎東漢政權之實質，又弗深究帝室、豪族聯姻之用心，則凡有所論述，必不得其深解。至外戚親族姻故之休戚，帝室之嗣續，與夫當時舅權之尊重，苟爲論述所及，亦畧加措意焉。篇中所論，豈敢云其必是，姑作管窺，仍同蠡測云爾。茲總結本文論證之要點如下：

（子）東漢政權之建立，乃以豪族爲根柢，帝室與豪族之間，其關係往往藉婚姻以資維繫。此自帝室言之，當爲爭取豪族擁戴之手段；自豪族言之，則不外爲增加操持中央政柄之資本。

（丑）東漢外戚之升降，不僅爲一家之榮辱，即其親族姻故，每亦休戚與共。是以外戚之家，不惜悉力擯斥他族，其家之母族、妻族、黨與、故吏相率爲其援，理由即在此。

（寅）外戚彼此之間，政柄時或轉移，而其勢力消長，則又每與帝室嗣續相牽涉，故當時帝室嗣續之決定，頗多經由外戚，而闈闥之內，牴牾時生，夷考其實，知與皇位之繼承有莫大關係。是故謂帝室嗣續有豪族勢力爲之影響，殆非武斷之論。

（卯）東漢諸帝嗣子非寡即無，故多外藩入繼，其所以致是者，約而言之，理有二端：外戚欲謀專固權勢，一也；女后之嫉妒，二也；廿二史劄記委諸氣運，蓋推想之論耳。

（辰）東漢之世，母舅地位頗受尊崇，此雖不足證明當時仍有母系遺俗，惟外戚擅政之難易與否，必與之有關連，是可斷言。

in-laws. Power waxe and wane in accordance with the settlement of succession which was often decided by the struggles between the concubines of the late king and their respective relations.

(d) The Eastern Han rulers had no sons to succeed them. The adoption of a heirs outside direct line of the royal family was prevalent. The practice was caused by the ambition of the in-laws to consolidate their power and the jealousy of the queen. That the Eastern Han kings died leaving few heirs or none to all is said to be pre-destined according to the author of the "Notes on Chinese History" ( 廿二史劄記 ). Such a statement is purely unfounded in the writer's opinion.

(c) Throughout the Eastern Han dynasty, the maternal uncles were very much respected. This does not suffice to prove the existence of a maternal society, but to have access to the royal power was certainly facilitated by the fact.

# A DISCUSSION ON THE RELATIONSHIP BETWEEN ROYAL MARRIAGE AND SUCCESSION AND THE RISE AND FALL OF THE IMPERIAL IN-LAWS IN TERMS OF THE NATURE OF THE POLITICAL POWER OF EASTERN HAN

# 從東漢政權實質論其時帝室婚姻嗣續與外戚升降之關係

By Lee Hok-ming（李學銘）

That the imperial in-laws of the royal family of Eastern Han exercised an usurpation of political power is a fact universally known. Two reasons prompted me to write on the present topic: (1) Though writings to explain the rise and fall of the in-laws in terms of the royal marriage and succession are many, it seems to me that hardly any originality or in-sight can be discerned among them. (2) Whether the rise and fall of the in-laws was affected also by the rise and fall of their relations, the number of successors avaible to the deceased king and the much respect ascribed to the maternal uncles of the time have not yet been discussed by former scholars.

The conclusions of the present article are as follows:

(a) The political power of Eastern Han was founded on the powerful families. The relationship thereof was maintained through marriage. From the royal family's point of view, it was a means to gain support, whereas from the powerful families's a means to control the royal court.

(b) The rise or fall of the royal in-laws of Eastern Han brought honor relations whether by blood or by marriage. Whenever there was a rival for power, support for the involved parties could be expected from relations on the mother's side, the wife's and their followers's.

(c) The actual control of power was subject to change of the

# AN OUTLINE ON THE BRANCHING OF THE YING PING ROAD

# 陰平道辨

By Yen Keng Wang (嚴耕望)

Ying ping (陰平道) is in to-day's district of Wen (文縣) the province of Kansu (甘肅省). Ying Ping Road (陰平道) is usually referred to as the road through which people travel from Ying Ping to Shu (蜀 which is also called Szechuan 四川). This road has become famous since Teng Ai (鄧艾) attacked Shu. People in general think that Ying Ping Road is the very road that Teng Ai took. But it is not true. In the Chinese history, the so-called Ying Ping Road can be divided into *three routes*: the main road, the by-road, and the short-cut. The main road has been the highway through which people travel from Ying Ping to Shu since the Western Han. From Ying Ping,this main road runs south-eastward along Pe Shui (白水) (to-day's Wen Hsien Ho 文縣河), and comes to Ch'iao T'ou (橋頭) where Pe Shui and Ch'iang Shui (羌水) (to-day's Pe Lung Kiang (白龍江) meet. Running along Pe Shui further onward, it reaches the district of Chao Hua (昭化縣) from which it enters Chien Ko (劍閣). This road is winding and remote, but it is the evenest. Ying Ping by-road is the road through which Teng Ai travelled. Running along Pe Shui, this by-road crosses Ch'iao T'ou; and when it comes to Ching Ku (景谷), it branches off south-westward from the above mentioned main road. Then it climbs over mountains, runs through the district of Kiang Yu (江油縣) and arrives at the district of Mien Yang (綿陽縣). As for the Ying Ping short-cut, from the district of Wen, it runs southward, climbs over Tai Pe Shan (太白山), leads to the district of Ping Wu (平武縣), and meets the by-road in the east.

# LA CHINE IN THE WRITINGS OF VOLTAIRE

# 服爾德著作中所見之中國

By Wang Teh-chao (王德昭)

Against the eighteenth-century *philosophes*' conception of Chinese civilization, modern Western scholars have some allegations which are not soundly based and, therefore, unfair both to the *philosophes* and to the Chinese civilization which they admired. Of these allegations, one which is mainly held by scholars interested in Western intellectual history says, it was the favorite method of the *philosophes* that, for the purpose of discrediting customs they disliked, they gave high-flown praises to distant alien civilizations. Another is mainly held by sinologists. The latter admit that the eighteenth-century *philosophes* did base their arguments on evidences provided by the rich stream of information sent back to Europe from China by the Jesuit missionaries. But they say nevertheless that, in view of the difficult and discouraging conditions in which China was involved in the seventeenth and early eighteenth centuries, i.e. in the time of late Ming and early Ch'ing dynasties, the China which the Jesuit missionaries for various purposes extolled was a myth, not a reality. The present article is an attempt to prove what these allegations said are not true and, taking Voltaire as an example, to demonstrate that the eighteenth-century *philosophes* possessed as good a knowledge of China as was available in their time, they believed they really knew China, and when they wrote on the achievements of the Chinese people in history, they followed the evidences in his age's possession closely. And, as regards the Jesuits' extolling of the virtues of Chinese civilization, it can also be safely said that the missionaries did not overdo their duty as reporters too much as they were appraising China against the background of a Europe of the ancient regime. China was then in many respects still more advanced than most European states were.

景印本・第九卷・第二期

to punish his act for providing false information to the Emperor.

The Chinese mission caused great suspicion in Manila as the Chinese officials were accompanied by a number of Chinese merchant vessels and traders during their Philippine visit. The Spanish Governor took it upon himself to prepare for war with the Chinese Emperor. When the Chinese saw the Spaniards' war preparations, they were fearful of what the Spaniards were about to do to them. The Chinese in Manila therefore took an upper hand and started a revolt on October 3, 1603. However, the Chinese were repelled by the Spanish troops and the number of the Chinese who were said to have died because of the revolt were over 20,000.

Upon being informed of the killing of the Chinese in the Philippines, the Chinese Governor in Fukien sent, in June 1605, an official letter to the Spanish Governor in the Philippines demanding the release of Chinese captives and the return of Chinese properties seized by the Spaniards in the Philippines. The demands of the Chinese Governor were met partly by the Spanish authorities as the Spaniards knew very well that they had to depend on the Chinese in bringing in goods and daily necessities for their living in the islands. The Spanish authorities, revenue in the Philippines at that time were also provided in a great proportion by the Chinese there.

Because of the need to trade with China, the Spaniards quickly put an end to their unfriendly acts against the Chinese who were also anxious to earn the Spaniards' Mexican silver through trades. The trade relations between the Spaniards and the Chinese in the Philippines were thus restored in a short span of few years as if nothing had happened in 1603.

景印香港新亞研究所《新亞學報》（第一至三十卷）

# A CRITICAL STUDY OF THE MASSACRE OF THE CHINESE IN THE PHILIPPINES IN 1603

## 一六〇三年菲律賓華僑慘殺案始末

By Yue Wai（余　煒）

The relations between the Chinese and the Philippine islands have a very long history. The Chinese probably began to establish trading relations with the Filipinos early in the 13th Century of the Sung Dynasty of China. The trading relations of the two peoples continued to be harmonious and friendly for a few centuries until the coming of the Spaniards to the Philippine islands in 1571 in the middle of the Ming Dynasty. Following the occupation of the Philippines by the Spanish Crown, more and more Chinese entered the Philippine islands for trade.

The present study is confined to an unpleasant incident in early 17th Century, which resulted in the killing of over 20,000 Chinese in and around Manila for the first time by the Spaniards, and the destruction of the Chinese community, the Parian, in October 1603.

In the 30th year of Wan-li (萬曆) of the Ming Dynasty (1602), a Chinese in Fukien by the name of Tiongeng (張嶷) tried to persuade, through an official Yanglion (閻應隆), the Chinese Emperor to send an expedition to Luzon in the Philippines to explore a mountain of gold reported to be found in Carvite. The Chinese Emperor of the Ming Dynasty, against the advice of his ministers, sent three officials, Assistant District Magistrate of Hai-teng (海澄) Wang Sze-ho (王時和), Lieutenant Kan I-cheng (于一成) and Eunuch Cochay (高寀), to Manila to study Tiongeng's report. Upon their arrival in the Philippines, the three Mandarins, however, found out that Tiongeng's story was untrue. After a short stay, the Chinese officials returned to China, and Tiongeng was later executed by the Emperor index for the northern border to show the general rice price trend during the Ming period. This index shows that in Liao-tung the rice price index increased from a base of 100 in 1,450 to 4,000 in 1,558 and finally to 5,000 in 1,621. Rice price fluctuations also occurred in the central and western parts of the northern border. Seasonal rice price fluctuations and other aspects of frontier rice price movements were also examined.

districts like Liang Huai. Many salt merchants were attracted by the high profits from salt sales and began to exchange their rice or grain for salt. But the cost of transporting grain to the frontier was extremely high. To evade paying these costs, merchants invested their capital to improve land on the frontier to promote grain production instead of transporting rice directly from the hinterland to the frontier. They employed immigrants to farm the land, and much border land which had long been waste land was converted into productive farm land producing enough grain each year to satisfy the needs of the garrison armies. Consequently rice prices were further depressed in border areas.

When warfare broke out on the northern frontier during the mid-Ming period, much of the land given to military colonists was abandoned. Grain output quickly declined. In 1492 the government also revised its salt barter policy. It now ordered that the *yen-yin* would be sold for silver instead of rice or millet. The merchants recognized they no longer had to produce grain along the border to exchange for salt. So they abandoned their efforts of improving the land and promoting farming; in quick order more land reverted to waste land. As this process accelerated, rice prices rapidly rose.

After the mid-Ming period the troops in the border areas could not obtain enough grain to prevent prices from rising. Each year the government had to send large quantities of silver to enable its troops to buy grain. Government expenditures for silver to support its northern frontier troops continued to increase, especially after more soldiers were despatched to the border when fighting erupted. As the supply of rice failed to keep pace with demand on the northern borders, rice prices became higher and higher.

From scattered rice price data I have constructed a rice price



景印香港新亞研究所《新亞學報》（第一至三十卷）

# RICE PRICE FLUCTUATIONS IN CHINA'S NORTHERN FRONTIER REGION DURING THE MING PERIOD

# 明代北邊米糧價格的變動

By Han-sheng Chuan（全漢昇）

By the early Ming period the Mongol forces had been driven out of China. In spite of their defeat, the Mongols still kept their military power intact, retaliating occasionally to launch a counter-attack on the Ming. Thus, they constituted a continuing threat to China's northern frontier. For national security reasons, the Ming government established nine strategic posts or garrisons on its northern border from the Ya-lu river in the east to Kansu in the West. Each strategic post contained large numbers of troops under the command of a general. It became a very serious problem to feed such large concentrations of troops which were located in sparsely settled areas. Furthermore, these areas produced little food because of their poor soil, insufficient rainfall, and long cold winter.

In order to obtain enough food for its frontier army, the early Ming government stipulated that 70 per cent of the soldiers were to become military colonists to grow food while the remaining 30 per cent were to serve in strictly a military capacity. The frontier soldiers were successfully mobilized to improve and farm the land; soon the output of rice and other grains had greatly increased. As a result, rice prices were stabilized and kept low.

Salt production had always been a government monopoly. The Ming government sold its salt for the rice or millet produced in the north in order to encourage greater grain production. It did this by permitting any merchants who contributed a certain amount of rice or millet to the frontier army to receive a *yen-yin* or certificate to obtain two hundred catties of salt. Such salt could be obtained from

# A SURVEY OF THE TUN-HUANG MANUSCRIPTS, MAO-SHIH YIN, NO. S. 2729 (LONDON) AND NO. 1517 (LENINGRAD)

# 倫敦藏斯二七二九號暨列寧格勒藏一五一七號敦煌卷子毛詩音殘卷綴合寫定題記

By Pan Chung-kwei（潘重規）

Both No. S. 2729 (London) and No. 1517 (Leningrad) of the Tun-huang manuscripts contain part of the Mao-shih Yin（毛詩音）. According to the opinion of the author, these two Manuscripts are of the same origin. They are identified as part of Liu Hsuan's book entitled Mao-shih Yin, which was written in the Sui Dynasty. The author's new discovery is different from the findings out of Prof. Wang Chung-min's research.



景印香港新亞研究所《新亞學報》（第一至三十卷）

*Aknowledgement*

The Institute of Advanced Chinese Studies and Research of New Asia College, Hong Kong, wishes to acknowledge with gratitude the generous contribution of the Harvard-Yenching Institute towards the cost of publication of this Journal.

一九七零年九月一日初版

新亞學報 第九卷・第二期

定價 港幣三十元 美金五元

編輯者 新亞研究所 九龍新亞書院

發行者 新亞書院圖書館 九龍農圃道六號

承印者 人文印務公司 九龍浙江街二十六號地下

版權所有 不准翻印

景印本・第九卷・第二期

# THE NEW ASIA JOURNAL

Volume 9 | September 1970 | Number 2



THE NEW ASIA RESEARCH INSTITUTE